本书为国家社科基金西部项目“政府信息资源开发中的公私合作研究”（13XTQ005）的研究成果

ZHENGFU XINXI ZIYUAN KAIFA ZHONG DE GONGSI HEZUO YANJIU

政府信息资源开发中的公私合作研究

范丽莉 著

人民出版社

目　　录

绪　论 …… 1

第一章　政府信息资源开发公私合作基本理论概述 …… 20

第一节　公私合作制概述 …… 20

第二节　政府信息资源开发的相关概念界定 …… 28

第二章　政府信息资源的物品属性分析 …… 43

第一节　国内外关于信息资源物品属性的表述 …… 43

第二节　政府信息资源的纯公共物品属性 …… 45

第三节　政府信息资源的私人物品属性 …… 47

第四节　政府信息资源的准公共物品属性 …… 49

第三章　政府信息资源开发机制：理论阐释与实践模式 …… 52

第一节　政府信息资源开发机制的理论阐释 …… 52

第二节　政府信息资源开发机制的实践模式 …… 73

第三节　政府信息资源开发模式选择的影响因素分析 …… 89

第四章　我国政府信息资源开发及公私合作的发展历程 …… 93

第一节　政府信息资源开发由单一制向混合制发展（1978—2007 年） …… 93

第二节　政府信息资源开发由混合制向多元制发展
（2008 年至今）………………………………………………… 103

第五章　我国政府信息资源开发公私合作的现状调查与案例分析……… 118
第一节　我国政府信息资源开发公私合作的背景分析……………… 118
第二节　我国政府信息资源开发公私合作的现状调查分析………… 133
第三节　政府信息资源开发公私合作的案例分析…………………… 147

第六章　政府信息资源开发公私合作困境的关键因素与个案分析……… 178
第一节　政府信息资源开发公私合作困境的关键因素识别………… 180
第二节　公私合作困境的个案分析——数字信息亭的运营之惑…… 198

第七章　完善我国政府信息资源开发公私合作的对策建议……………… 207
第一节　微观层面…………………………………………………… 207
第二节　环境层面…………………………………………………… 238

结　语……………………………………………………………………… 262

参考文献　………………………………………………………………… 264

绪　论

第一节　研究缘起

一、研究的现实背景

（一）信息环境的变化导致信息需求日益扩大

信息时代，社会战略资源由资本转移到了信息。信息从过去的经济发展促进因素转变为重要的生产要素和经济资源，是社会发展和经济增长的重要源泉，与物质、能源共同构成了现代社会发展的三大支柱。因此，信息的传播、共享和创新得到了格外的重视，社会公众对信息的依赖越来越强，信息消费需求日益扩大，呈现出主体多元化、层次多样化、内容复杂化等特征。作为信息资源家族中数量最多、内容最丰富、价值最大、质量和可信度较高的成员，政府信息资源更是成为人们利用信息的首选。联合国教科文组织全力动员各国政府“努力使任何人都有权使用四类属于公众的信息”的第一类就是政府信息。2013 年《国务院关于促进信息消费扩大内需的若干意见》（国发[2013]32 号）将信息消费视为有效拉动需求，催生新的经济增长点的重要力量，从加快推动信息消费角度提出“促进公共信息资源共享和开发利用”。2020 年，中共中央、国务院《关于构建更加完善的要素市场化配置体制机制的意见》明确将“数据”纳入生产要素，充分反映随着信息经济发展，以大数据为代表的信息资源向生产要素的形态演进，信息资源已和其他要素一起融入经济价值创造过程，对生产力发展有广泛影响。如何使政府掌握和拥有的信息资源能够及时地转化为现实的社会财富，保障公民知情权，满足社会各界对政府信息资源的需求，促进政府信息合理利用，最大化发挥政府信息资源的价值，成为信息社会中政府的重要职责之一。

（二）政府信息资源开发能力与公众日益多元化的信息需求之间存在反差

目前，世界各国政府面对社会公众不断高涨的信息需求和期望，都在积极应对。信息高速公路建设、电子政府构建、政府信息公开与政府数据开放共享法制建设等活动在改善政府运作效率的同时，也极大地提高了社会对政府信息资源的开发利用。我国在政府信息资源的管理、开发利用方面出台了一系列政策（见表0-1），加大了政府信息资源的开放共享力度，推动了政府信息资源多元开发格局的日益形成，极大地改变了以前政府信息资源封闭管理、秘而不宣、公众无法及时获取的局面。

表0-1　我国中央政府层面关于政府信息资源管理与开发利用的政策一览表

序号	政策名称	发文字号	年份
1	《关于加强信息资源开发利用工作的若干意见》	中办发[2004]34号	2004
2	《2006—2020年国家信息化发展战略》	中办发[2006]11号	2006
3	《中华人民共和国政府信息公开条例》	国令第492号	2008
4	《电子政务“十二五”规划》	工信部[2011]567号	2011
5	《关于大力推进信息化发展和切实保障信息安全的若干意见》	国发[2012]23号	2012
6	《关于数据中心建设布局的指导意见》	工信部联通[2013]13号	2013
7	《关于促进电子政务协调发展的指导意见》	国办发[2014]66号	2014
8	《关于印发促进智慧城市健康发展的指导意见的通知》	发改高技[2014]1770号	2014

续表

序号	政策名称	发文字号	年份
9	《关于积极推进“互联网+”行动的指导意见》	国发[2015]40号	2015
10	《促进大数据发展行动纲要》	国发[2015]50号	2015
11	《关于运用大数据加强对市场主体服务和监管的若干意见》	国办发[2015]51号	2015
12	《国家信息化发展战略纲要》	中办发[2016]23号	2016
13	《关于组织实施促进大数据发展重大工程的通知》	发改办高技[2016]42号	2016
14	《关于印发政务信息资源共享管理暂行办法的通知》	国发[2016]51号	2016
15	《关于加快推进“互联网+政务服务”工作的指导意见》	国发[2016]55号	2016
16	《“十三五”国家信息化规划》	国发[2016]73号	2016
17	《关于全面推进政务公开工作的意见》	国办发[2016]80号	2016
18	《关于印发政务信息系统整合共享实施方案的通知》	国办发[2017]39号	2017
19	《“十三五”国家政务信息化工程建设规划》	发改高技[2017]1449号	2017
20	《公共信息资源开放试点工作方案》	中网办发文[2017]24号	2017
21	《中华人民共和国政府信息公开条例》	国务院令第711号	2019
22	《国家政务信息化项目建设管理办法》	国办发[2019]57号	2019
23	《“十四五”大数据产业发展规划》	工信部规[2021]179号	2021
24	《“十四五”推进国家政务信息化规划》	发改高技[2021]1898号	2021
25	《“十四五”国家信息化规划》		2021

然而现实中,政府信息资源开发利用却是泛滥与稀缺现象同时并存,且矛盾日益突出。信息泛滥在一定程度上是指原始信息的大量出现,而组织有序、深度加工的信息不足,往往导致信息有序化程度锐减。需要通过对政府信息资源进行有效开发,从而避免信息过载给信息用户造成获取障碍。总体而言,我国的政府信息资源开发存在不及时、与公众信息需求脱节、内容简单的问题。尤其是在大数据环境下,公众已经从原有信息的单向接受者变为信息内

容的生产者、提供者，会积极主动寻求信息的获取，对信息的需求呈现高质量、个性化的要求，更加凸显当前政府信息资源开发存在质与量上的低效率。上述现象使得社会生活中信息不充分、信息不对称、信息不准确的现象大量存在，导致投资、交易等决策在质上产生偏差甚至错误，从而出现信息失灵问题。① 这与信息论奠基人申农关于"信息是不确定的减少"之经典定义相矛盾，因而从侧面说明：一方面，目前的信息环境对于信息用户来说十分"恶劣"；另一方面，我国政府信息资源的开发能力不足，与公众日益多元化的信息需求之间存在着强烈的反差，存在"人民日益增长的信息需要和不平衡不充分的供给之间的矛盾"。

（三）政府信息资源的商业化开发活动日益频繁

自 20 世纪 80 年代以来，世界各国公共部门特别是政府部门的管理和服务实践发生着深刻的变化，管理和服务方式日益呈现出市场化与社会化取向，尤其是在公共物品和服务的供给方面，肯定了市场与社会力量在公共物品和服务提供中的积极作用，打破了政府是公共物品和服务唯一提供者的固有观念，让私营部门和非营利部门参与到公共物品与服务的生产和提供中来，促进公共物品和服务有效供给。

政府信息资源因其共享性和使用上的非竞争性与非排他性，属于公共物品/服务范畴。多年来，政府一直是政府信息资源的主要开发提供者，但因其在体制、观念、人力与财力等方面的障碍，所以出现了上述的种种开发不足的问题。随着信息的商品属性和经济价值日益得到认可和重视，在交通、信用、天气、环境、地理等领域越来越多的商业信息机构介入政府信息资源的开发活动中，出现了大量市场化的政府信息产品和服务，例如，利用国家企业信用信息公示系统的信息进行工商信息商业化服务的企查查、整合民航官方信息提

---

① 应飞虎：《信息失灵的制度克服研究》，博士学位论文，西南政法大学，2002。

供移动互联民航信息服务的航旅纵横等。这些产品与服务在一定程度上满足了人们对政府信息资源的需求，从而使得商业信息机构成为政府信息资源开发的一支重要力量。

（四）政府信息资源开发中的公私合作日益走向共生型合作

随着对政府信息资源价值红利的日益关注，在一些国家，政府机构将实体公共物品供给的市场化运作方式也引入政府信息资源这种无形公共物品的供给之中，与私营部门建立合作关系，采用合同外包、特许经营等方式，将政府信息资源的开发和提供职责交由市场主体来完成。而且随着合作的日益深化，政府信息资源开发中的公私合作日益从情境型走向共生型，即从早期政府机构是出于资金压力、专业技能或技术资源不足的需求才寻求与私营部门合作，发展成为政府机构和私营机构因在目标、价值上一致而产生合作。一个典型直接的表现是政府信息资源开发中的公私合作从最早的信息基础设施建设（包括网络、数据库建设、技术平台等）外包走向双方数据的融合共享与开发利用。例如，高德地图已经不仅仅是一个地图、导航产品，而是通过与全国各地交警部门、原国家旅游局、环境保护部宣传教育中心、中国气象局等进行合作，变成为公众提供交通、旅游、环境、气象等信息的立体化和全域化的一站式出行服务平台。例如，在交通信息领域，高德地图与北京、上海、广州、深圳、天津、哈尔滨、济南、厦门、成都、重庆、武汉、郑州、长沙、西安、南京、杭州、南宁等交警部门实现了交管信息和高德公司数据的深度融合，在交通数据分析、数据资源共享、交通信息公众服务等方面开展合作，达到政府、企业、公众三赢的局面。高德地图可获得各交警部门有关交通管制、道路施工、交通事故等交通及路况信息，将其融合到自己的交通信息发布平台进行发布，提高自己导航产品的用户黏性；交警部门借助高德公司的交通信息分析平台及技术，掌握权威交通事件、堵点异常监测、出行预测等信息，提升交通管理的时效性和决策水平；公众则通过交警部门和高德地图获得更加权威可靠的交通信息参考以及智能出行方案，大大提升了出行效率和出行体验。

这些新的政府信息资源开发方式要求我们认真分析其可行性，不仅需要构建出一个有效的政府信息资源多元开发体系，而且要实现政府、市场以及社会力量的协同合作开发，最大化便利公众获取政府信息资源，这就是本研究提出政府信息资源公私合作开发的现实背景。

二、研究的理论背景

研究政府信息资源开发公私合作，一方面需要分析政府信息资源的物品属性，说明政府应承担的责任以及私营部门开发的动机与领域；另一方面要求我们把握政府和私营部门的优劣势和作用边界，分析政府与私营部门合作的理论逻辑与基础，目前的公共物品理论、当代公共管理理论、资源依赖理论提供了很好的理论借鉴意义，它们构成了本研究的理论背景。

（一）公共物品理论

公共物品（Public Goods）理论是研究公共物品和服务供给方式与体制的基础，该理论从正面为公共物品的私人生产提供了理论依据。对公共物品的研究源于人们对公共性问题的讨论。经济学历来重视对公共物品理论的研究，因为它为解释经济学中问题之一的“市场自由”与“政府干预”的关系提供了系统的方法。

最早对这一个问题作出贡献的经济学家是大卫·休谟（David Hume），而系统的公共物品理论最初出现于 19 世纪 80 年代，它是边际革命在财政学领域产生的最重要的成果之一。公共物品理论对什么是公共物品，公共物品的特征是什么，为什么公共物品的配置会出现市场失灵现象，如何保证公共物品的有效生产和提供及其他相关问题做出系统分析。

保罗·萨缪尔森（Paul A. Samuelson）1954 年发表的《公共支出的纯理论》标志着现代公共物品理论的出现。以萨缪尔森为代表的新古典范式公共物品理论强调物品和服务本身的特性——非排他性和非竞争性对人的行为的影响,并在此基础上得出具有强烈规范含义的逻辑推论“公共物品应当通过政府代表的社会福利函数来提供”,从而解决公共物品导致的市场失灵。[①] 但该理论受到了来自科斯(Ronald H.Coase)、布坎南(James M.Buchanan)等人的批评。

布坎南在《公共物品的需求与供给》一书中指出,通过政治制度而非市场制度实现需求与供给的物品和服务称为公共物品。[②] 可见,以布坎南为代表的交易范式下的公共物品理论是从提供手段而非物品固有属性来定义公共物品。“一种物品是否属于公共物品,关键在于人们是否诉诸集体决策”,“人的行为决定物品特性”[③]。布坎南关于公共物品的定义使大家看到了政府所提供物品种类如此繁杂,甚至包括了传统由市场提供的私人物品,那么政府独家垄断统一供给就不再是顺理成章的事情。事实上,“物品分类”理论并不能很好解决“提供什么”的问题,倒为市场参与下的多中心供给提供了依据。

沿着这一思路,经济学家做了大量的工作,布鲁贝克尔(W.F.Brubaker)和肯尼斯·D. 戈丁(Kenneth D.Goldin)讨论了使公共物品具有像私人物品那样的排他性问题。哈罗德·德姆塞茨(Harold Demsetz)从理论角度证明,可排他性物品在竞争的市场中能够被私人有效提供。科斯从经验的角度论证了“灯塔”之类的公共物品由私人提供的可能性,说明即使是纯公共物品,私人提供也未必无效。在本研究中,公共物品理论有助于分析政府信息资源开发中政府的职能边界及私营部门参与政府信息资源开发的领域。

(二)当代公共管理理论

西方公共管理改革中市场化运动的风行是与近年来政治、经济理论的发

① 张琦:《公共物品理论的分歧与融合》,《经济学动态》2015 年第 11 期。

② [美]詹姆斯·M.布坎南:《公共物品的需求与供给》,马珺译,上海人民出版社 2009 年版,第 1 页。

③ 张琦:《布坎南与公共物品研究新范式》,《经济学动态》2014 年第 4 期。

展分不开的。针对政府部门机构臃肿、服务质量与效率低下、运作成本居高不下、资金不足、发展滞后等一系列问题，各理论学派从不同的角度对产生这种现象的原因进行了深入细致的分析，并提出了解决这些问题的方法，给公共物品和服务供给改革提供了有力的理论指导。

当代西方公共管理改革主要围绕3条主线展开：一是调整政府与社会、政府与市场的关系，转变政府职能；二是利用社会力量，实现公共服务社会化；三是改革政府部门内部的管理体制，提高行政效率和效能，由此形成了主要包括公共选择理论、新公共管理理论与治理理论的当代公共管理理论。

公共选择理论的核心是所谓的“市场价值的重新发现和利用”，主张重新界定政府、市场、社会三者之间在提供公共物品与服务中的作用，主张缩小政府在提供公共物品与公共服务中的职能与作用，强调扩大个人自由和市场作用，打破政府垄断，建立公私机构之间的竞争机制，从而使公众获得自由选择的机会，并认为这是解决政府困境的根本出路。

新公共管理理论是当代国外行政改革的主要理论基础，提倡将私营部门的管理理念和管理技术应用于公共部门，打破公私管理之间的界限，主张在公共部门内部创立市场竞争机制，通过竞争实现高效率和低成本，以改进政府公共服务的绩效，其基本价值取向是采用工商管理的理论、方法及技术，引入市场竞争机制，强调顾客导向以及提高公共管理水平及服务质量。

新公共管理理论与公共选择理论的共同点是尊崇市场力量、市场作用、市场机制。两者之间的主要区别在于：公共选择理论关注的焦点是政府与市场、社会的关系，主张减少政府干预，充分发挥市场的力量解决政府面临的困境；新公共管理理论关注的重点是公共部门内部，主张通过引进市场机制来完善公共部门。这两个理论从反面论证了政府生产公共物品低效的可能性。

治理(governance)理论是20世纪90年代兴起的一种公共管理理论，重点研究治理的方式和价值，主张建立政府与社会合作的公共管理模式，即善治模式。它认为治理是各种公共的和私人的个人和机构管理其共同事务的诸多方式的总和,主要通过合作、协商、伙伴关系,确立认同和共同的目标等方式实施对公共事务的管理,其实质是建立在市场原则、公共利益和认同之上的合作,其管理机制并不主要依靠政府的权威,而是依靠合作网络的权威。

这些理论有助于理解政府、市场、社会三者的比较优势、分工与各自的作用范围,确定政府的职能边界。基于这些理论的国内外公共部门市场化改革实践充分说明了公私合作的可行性与有效性。

(三)资源依赖理论

资源依赖理论是研究组织间关系的理论中具有代表性的理论,发源于20世纪40年代,20世纪70年代后被广泛应用到对组织关系的研究。1978年,杰弗里·菲佛(Jeffrey Pfeffer)与杰勒尔德·R.萨兰基克(Gerald R.Salancik)出版的《组织的外部控制——对组织资源依赖的分析》(*The External Control of Organizations—A resource Dependence Perspective*),标志着资源依赖理论正式形成。

资源依赖理论的核心假设是:组织生存的关键是获取和维持资源的能力。没有一个组织可以实现对资源的完全控制,对其他的组织由于资源的需求而具有依赖性,因此组织生存建立在组织控制它与其他组织关系的能力基础上。[①] 资源依赖理论“建议组织要基于资源间的相互依赖,发展与其他的组织关系”,任何组织都根植于相互联系以及由各种各样联系组成的网络之中。

资源依赖理论中的“依赖”概念涵盖了权力不平衡和相互依赖。该理论认为,一旦组织因对资源的需求而对外部环境产生了依赖,环境中各种要素往往会对组织提出要求,因此也就产生了组织的外部控制,拥有了对组织的权力。当一个组织的依赖性大于另一个组织时,权力变得不平等。组织作为具备大量权力和能量的社会能动者,所有策略的选择都倾向于扩增组织的权力,

① [美]杰弗里·菲佛、杰勒尔德·R.萨兰基克:《组织的外部控制——对组织资源依赖的分析》,闫蕊译,东方出版社2006年版。

减少对外部环境的依赖情境,维持组织自治度。不同的资源依赖结构形成不同的权力平衡关系,而这种权力平衡关系决定了双方如何合作。

政府和私营部门都是拥有不同资源禀赋的主体,两者的合作关系并非完全是单方面的顺从与服务关系,应是彼此相互依赖的关系。资源依赖理论作为分析组织为了管理与其环境中其他组织的互依性而采取的策略行动的理论,能够为分析公私之间互动合作的基础、策略选择提供一定的途径。

第二节　国内外研究现状综述

一、国内研究现状述评

以“政府信息/政务信息/行政信息 * 开发/再利用”为检索词在 CNKI“篇名”字段中精确匹配进行跨库检索,获得 243 篇文献。从图 0-1 可以看出,研究成果主要集中于 2005—2012 年,这与 2004 年中共中央办公厅、国务院办公厅发布《关于加强信息资源开发利用工作的若干意见》(中办发[2004]34 号)一文的引导推动有关。而 2012 年相关研究直线下降,部分原因可以归为 2012 年进入大数据时代①,数据成为国家基础性战略资源,使得研究对象转向“数据”层面。以“政府数据”为检索词在 CNKI“篇名”字段中精确匹配进行跨库检索,获得 1079 篇文献,从图 0-2 可以看出,相关研究从 2012 年之后呈现上升趋势。

“‘政企合作’作为一个研究领域,其实一直都不是热点”(郑春勇、朱永莉,2021)②。这个同样适用政府信息资源开发应用领域。“当前对数字治理领域的公私合作展开的研究尚处于初步探索阶段,呈现总量较少、分布松散的

① 2012 年 2 月 13 日,《纽约时报》刊载文章称,“大数据时代”已经降临。

② 郑春勇、朱永莉:《论政企合作型技术治理及其在重大疫情防控中的应用——基于中国实践的一个框架性研究》,《经济社会体制比较》2021 年第 2 期。

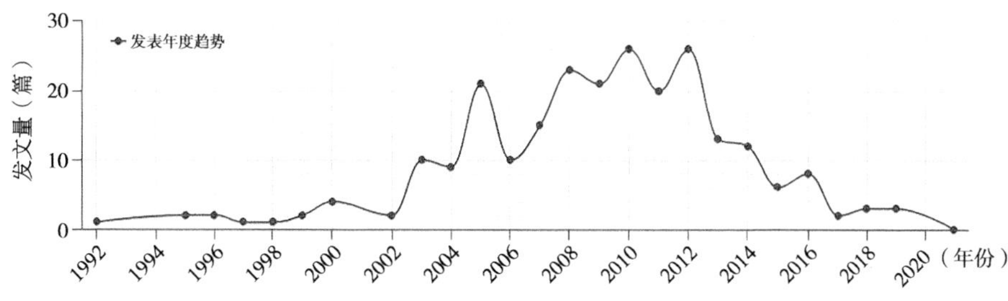

图 0-1　政府信息资源开发相关研究历年分布

图 0-2　政府数据相关研究历年分布

特征”（杨学敏等，2020）。①

以“政府信息资源/政府数据＊公私合作/政企合作/PPP/政府与社会资本合作”在 CNKI 中检索仅获得 20 篇相关研究。总体而言，这些研究支持公私合作，认为通过公私合作可以解决公共信息服务供给不足和供给质量不高的问题（田井夫，2015）。② 但是也指出由于利益差异、制度设计缺陷、“信息公地悲剧”等原因造成公私合作中存在大量困境（陈怀平、金栋昌，2017）。③ 一

① 杨学敏、刘特、郑跃平：《数字治理领域公私合作研究述评：实践、议题与展望》，《公共管理与政策评论》2020 年第 9 期。

② 田井夫：《公共信息服务供给中政府与通信运营商合作问题研究》，硕士学位论文，天津师范大学，2015。

③ 陈怀平、金栋昌：《基于大数据时代的公共信息服务政企合作路径分析》，《图书馆工作与研究》2014 年第 8 期。

些研究分析了公私合作的某一具体问题，例如合作风险（刘晓轩，2021）①、合作收益分配机制（樊自甫、樊可欣，2021）②、个人隐私保护（刘嘉玉，2020）③等，但是这些研究多为规范性理论分析或基于财政部PPP综合信息平台上传项目文档、法律条文的分析。随着公私合作实践的日益开展，也出现了一些基于案例的研究，对吉林省综合交通出行信息共享应用科技示范工程（庞小培，2017）④、交通运输部"出行云"平台建设（王翔等，2018）⑤、杭州健康码（刘欢，2021）⑥等项目中的公私合作/政企合作进行方案构想或实践分析。这些案例研究充分反映出政府信息资源开发领域中的公私合作起步晚且合作深度较为有限。

但是不可否认，分散在政府信息资源/政府数据开发开放、再利用、共享、供给、服务等方面有关开发机制或模式的研究成果都与本研究相关。

在有关政府信息资源开发机制的研究中，一些研究强调了政府的信息开发职能，分析了政府机制的优势及现存问题（邓集文，2011）。⑦ 一些研究运用萨缪尔森等对公共物品的界定标准，指出政府信息具备公共物品的典型特征（夏义堃，2007）⑧，但"更像是一件准公共物品"（马费成、龙鹫，2002）⑨，应打

---

① 刘晓轩：《政府和社会资本合作的公共信息服务项目风险评价研究》，硕士学位论文，河北大学，2021。

② 樊自甫、樊可欣：《基于微分博弈的政企合作数据开放策略研究》，《重庆邮电大学学报（社会科学版）》2021年第6期。

③ 刘嘉玉：《政府数据开放中的个人信息保护——基于政企合作》，硕士学位论文，暨南大学，2020。

④ 庞小培：《基于政企合作模式的吉林省综合交通出行信息共享应用科技示范工程研究》，《公路交通科技（应用技术版）》2017年第1期。

⑤ 王翔等：《我国公共数据开放的促进与阻碍因素——基于交通运输部"出行云"平台的案例研究》，《电子政务》2018年第9期。

⑥ 刘欢：《数字治理时代政企合作机制研究》，硕士学位论文，浙江师范大学，2021。

⑦ 邓集文：《当代中国政府公共信息服务研究》，中国政法大学出版社2011年版。

⑧ 夏义堃：《公共信息资源属性、分类及管理结构分析》，《图书情报工作》2007年第5期。

⑨ 马费成、龙鹫：《信息经济学（五） 第五讲 信息商品和服务的公共物品理论》，《情报理论与实践》2002年第5期。

破政府单一开发机制,吸引市场、公益组织介入。《关于加强信息资源开发利用工作的若干意见》提出商业、公益、政府3种机制后,商业化/市场化、公益性开发文章渐增。陈雅芝(2010)①等探讨了商业化开发的动因与制约因素;程万高(2010)②等分析了市场机制的运作形式;丁波涛(2010)③、陈兰杰等(2014)④探讨了商业化开发的对策、保障机制;周毅(2007)⑤等探讨了公益性开发的优势、政策构建等。这些研究对于政府、市场、公益组织在政府信息资源开发中的优劣势、开发模式的分析都为公私合作分析提供了基础。

进入大数据时代,政府数据开放共享运动改变了政府信息开发再利用的环境,进一步"突出了企业在政府信息再利用中的主体地位"(古岩松、夏义堃,2017)。黄如花、陈闯(2016)总结了美国政府数据开发共享中的合作模式,将政企合作分为:政府主动开放数据吸引企业参与的政府主导型,企业开放数据支持政府决策、创新监管模式的企业主导型,政府通过与企业签订合作协议、授予特许经营权等方式的政府主导市场化运作型。但是这些研究多为"理论分析+例证"的形式,未能围绕某一案例进行详细分析。

综上所述,国内直接以政府信息资源开发公私合作为主题的研究较少,相关研究基本回答了两个问题,第一,政府信息资源开发为什么需要公私合作:回答了公私合作的必要性。这些研究基于对政府信息资源物品属性的分析,倡导发挥政府、市场、公益组织3种主体的作用;第二,政府信息资源开发如何合作:现有研究以规范分析或案例研究分析了公私合作的模式、困境并提出相

① 陈雅芝:《政府信息资源商业化开发的驱动力与制约因素剖析》,《情报资料工作》2010年第1期。

② 程万高:《基于公共物品理论的政府信息资源增值服务供给机制研究》,博士学位论文,武汉大学,2010。

③ 丁波涛:《推进我国政府信息资源商业化开发的对策研究》,《情报资料工作》2010年第6期。

④ 陈兰杰、和婧、刘建平:《政府信息商业化开发保障机制研究》,《图书馆》2014年第2期。

⑤ 周毅:《政府信息资源公益性开发服务的政策问题研究》,《中国图书馆学报》2007年第4期。

应完善措施。但是现有研究多为理论分析或例证,而并非案例研究,对政府、市场、社会三者之间的合作模式、合作成效及合作困境依旧存在理论研究欠缺与实证分析不足。

二、国外研究现状述评

政府信息资源开发在国外起步较早,相关研究发表的时间也较早。

早期的国外研究主要议题也是围绕"政府信息应该由谁开发"展开,也是基于公共物品属性的分析(James Love,1995①;Sharon S.Dawes,2006②),探讨政府信息开发的不同机制选择,需要多方参与(James A.Jacobs,2005③),观点与国内基本一致。由于国外信息公开、再利用政策及信息市场相对成熟,政府部门信息商业化(commercialization)/私有化(privatization)开发的研究大量出现,分析了商业化/私有化带来的经济收益、利益冲突与反思(G. Aichholzer,2004④)。马克·菲茨杰拉德(Mark Fitzgerald,1995)⑤认为政府信息私营化是政府和私营机构勾结来排除公众对信息的获取。苏珊·马克马伦(Susan McMullen,2000)⑥分析了政府与私营机构之间的竞争,倡导公私合作。约翰·帕斯

① James Love,"Pricing Government Information", *Journal of Government Information*, Vol.22, No.2(September-October 1995), pp.363-387.

② Sharon S.Dawes et al.,"Challenges of Treating Information as a Public Resource:The Case of Parcel Data", *Proceedings of the 39th Hawaii International Conference on System Sciences*, January 4-7, 2006.

③ James A.Jacobs et al.,"Government Information in the Digital Age:The Once and Future Federal Depository Library Program", *Journal of Academic Librarianship*, Vol.31, No.3(May 2005), pp. 198-208.

④ Georg Aichholzer, H.Burkert,"*Public Sector Information in the Digital Age:Between Markets, Public Management and Citizens' Rights*", Northampton:Edward Elgar Publishing, Inc, 2004.

⑤ Mark Fitzgerald,"Should Government Information be Privatized?", *Editor & Publisher*, Vol. 128, No.45(September 1995), pp.30.

⑥ Susan McMullen,"US Government Information:Selected Current Issues in Public Access vs. Private Competition", *Journal of Government Information*, Vol.27, No.5(September-October 2000), pp. 581-593.

(Johan Pas,2004)①要求规制欧洲公共部门信息的商业化,重塑公私合作关系。

在 Web of knowledge 和 Elsevier 数据库中以"cooperation/partnership * government information/government data/public sector information"进行检索,相关记录也不多,共 14 条。这些研究涉及交通信息②、旅游信息③、地理空间数据④、医疗健康数据⑤、房地产数据⑥等领域,描述了公私双方在相关技术研究、运营模式以及数据利用方式等方面的具体做法。现有研究肯定了"公私合作伙伴关系(PPP)在增强公共信息服务(Public Information Service,PIS)和实现经济增长和转型方面的作用"⑦,但是也指出公私合作会面临各种政治与社会问题,例如公众反对数据商业化、数据所有权不清晰、立法不完善、政府机构封闭等。⑧⑨

---

① Johan Pas, De Vuyst, "Re-establishing the Balance between the Public and the Private Sector: Regulating Public Sector Information Commercialization in Europe", *The Journal of Information, Law and Technology*, Vol.24, No.2(April 2004), pp.16-20.

② Saeed Asadi Bagloee, Mohammad Kermanshah, Claire Bozic, "Assessment of Public-Private Partnership in Traveler Information Provision Case Study of a Developing Country", *Journal of the Transportation Research Board*, Vol.2394, No.1(January 2013), pp.19-29.

③ Tsuyoshi Maita, "Utilization of Open Data via Public-Private Cooperation in Tourism Sector", *Fujitsu Scientific & Technical Journal*, Vol.54, No.2(April 2018), pp.9-15.

④ June-Hwan Koh, Kim Moon-Gie, "The Efficient Public Private Partnerships for the Geospatial Data", *Spatial Information Research*, Vol.20, No.2(April 2012), pp.71-79.

⑤ Angela Ballantyne, "Cameron Stewart, Big Data and Public-Private Partnerships in Healthcare and Research: The Application of an Ethics Framework for Big Data in Health and Research", *Asian Bioethics Review*, Vol.11, No.3(September 2019), pp.315-326.

⑥ Shih-Kung Lai, "Creating Public-Private Partnership of a Real Estate Database through Web Geographic Information Systems", *Journal of Urban Management*, Vol.10, No.4(December 2021), pp. 311-313.

⑦ Temesgen A.Weseni, Richard T.Watson, Salehu Anteneh, "A Review of Soft Factors for Adapting Public-Private Partnerships to Deliver Public Information Services in Ethiopia: A Conceptual Framework", *Proceedings of the 12th AFRICON International Conference*, September 14-17, 2015.

⑧ Angela Ballantyne, "Cameron Stewart, Big Data and Public-Private Partnerships in Healthcare and Research: The Application of an Ethics Framework for Big Data in Health and Research", *Asian Bioethics Review*, Vol.11, No.3(September 2019), pp.315-326.

⑨ June-Hwan Koh, Kim Moon-Gie, "The Efficient Public Private Partnerships for the Geospatial Data", *Spatial Information Research*, Vol.20, No.2(April 2012), pp.71-79.

相对国内研究，国外研究的问题更聚焦，往往基于具体案例提出系统性的解决框架。例如，安吉拉·巴拉坦（Angela Ballantyne，2019）提出构建包括公共利益、管理、透明度和参与 4 个特定的价值观的协商框架来支持涉及生物医学大数据的 PPP 的道德治理。① 博利亚纳·鲁坎诺瓦（Boriana Rukanova，2020）针对如何推进公私部门自愿进行信息共享构建了包含障碍因素、驱动因素、收益的分析框架以及推动自愿共享信息的治理流程。②

“尽管认识到政府在信息服务中的作用，但需进一步考虑的是政府在推进一个多样和生机勃勃的信息市场中应扮演的角色”（X. R. Lopez，1996）③，“要审查政府的信息政策，政府应确保尽可能广泛地提供公共部门信息以供下游市场使用”（S.Saxby，2008）。④ 国外对于美国、欧盟等国不同的政府信息政策对信息资源产业和政府收益影响的研究也具有较强的借鉴意义。⑤⑥ 20 世纪 90 年代，美国实行“完全开放（Open and Full）”数据共享政策，极大推动了地理、气象等信息市场的发展，带来巨大的经济价值，而欧洲允许对政府信息拥有版权、鼓励政府机构与市场主体进行竞争，反而大大影响了信息经济价值的创造。⑦ 2019 年，欧盟修订了“开放数据和公共部门信息再利用的指令

---

① Angela Ballantyne，“Cameron Stewart，Big Data and Public-Private Partnerships in Healthcare and Research：The Application of an Ethics Framework for Big Data in Health and Research”，*Asian Bioethics Review*，Vol.11，No.3（September 2019），pp.315-326.

② Boriana Rukanova et al.，“A Framework for Voluntary Business-Government Information Sharing”，*Government Information Quarterly*，Vol.37，No.4（October 2020），pp.101-501.

③ Xavier R. Lopez，“The Impact of Government Information Policy on the Dissemination of Spatial Data：A North American-European Comparative Study”，*Doctoral Dissertation of University of Maine*，1996，p.34.

④ Stephen Saxby，“Public Sector Information-To Sell or Not to Sell?”，*Computer Law & Security Review*，Vol.24，No.3（March 2008），pp.187-188.

⑤ Harold C. Relyea，“Federal Government Information Policy and Public Policy Analysis：A Brief Overview”，*Library & Information Science Research*，Vol.30，No.1（March 2008），pp.2-21.

⑥ H.H.Perritt，“Commercialization of Government Information：Comparisons Between the European Union and the United States”，*Internet Research*，Vol.4，No.2（June 1994），pp.7-23.

⑦ Katleen Janssen，“The Influence of the PSI Directive on Open Government Data：An Overview of Recent Developments”，*Government Information Quarterly*，Vol.19，No.4（October 2011），pp.446-456.

(PSI)”,并将其重新命名为《开放数据与公共部门信息再利用指令》,消除欧盟内部市场中重复使用公共数据的主要障碍。① 此外,美国 2009 年颁布《开放和透明政府备忘录》《开放政府指令》拉开开放政府运动的序幕后,相继出台了大量政策推动政府数据开放不断升级,引发了大量关于美国政府数据开放政策的研究。例如,格蕾丝·贝格尼(Grace M.Begany)等(2020)以美国卫生机构公开政府数据(OGD)出版物的演变,说明了卫生领域 OGD 活动背后的隐含逻辑以及发展演进,体现出开放政府数据政策已经从早期专注于发布大量数据转变为更加以需求为导向,以促进有意义的用户对数据的参与。②

综上所述,国内外在政府信息资源开发公私合作方面的基本研究问题一致。相对于国内理论性、宏观性与规范性的分析,国外研究更多立足于案例和实例展开,更加聚焦“如何更好推进公私合作”。此外,国外研究对政府信息资源商业化开发的反思,对欧美等国不同政府信息政策对政府信息资源开发的影响研究,都极具借鉴意义。

第三节　研究内容、方法与价值

一、研究内容

本研究基于公共物品理论、新公共管理理论及信息资源管理理论,运用问卷调查、专家访谈、案例分析等方法,规范分析与实证分析相结合,对政府信息资源开发公私合作中涉及的“为什么合作”“合作模式”“合作过程”“合作困

① Min Ho Kim, Bo-ok Lee,“Recent Trends of the Amendment of the Public Sector Information Directive in EU and Its Implications to the Republic of Korea”, *Sung Kyun Kwan Law Review*, Vol.32, No.1(March 2020), pp.1-30.

② Grace M.Begany, Erika G. Martin, “Moving Towards Open Government Data 2.0 in U.S. Health Agencies: Engaging Data Users and Promoting Use”, *Information Polity*, Vol.25, No.3(June 2020), pp.301-322.

境”等进行了分析，并探讨了完善公私合作运行所需的各种管理措施与制度安排。

1. 为什么合作。基于公共物品理论、新公共管理理论等，分析了政府信息资源的公共物品属性及政府信息资源开发中政府机制、市场机制的优劣势和作用边界，为公私合作提供理论依据。

2. 合作模式。基于案例和调查，依据政府和市场主体在政府信息资源生命周期的信息收集、信息融合与加工处理、信息发布与服务等环节的分工与协作，将合作模式总体归纳为公办公营型、合同外包型、特许经营型、公私合营型和完全私有化型，分析了各个模式的优缺点、作用边界与条件。

3. 合作过程。采用案例分析方法，对 X 市“互联网+路况”大数据平台等 4 个案例从合作的情境（项目性质、项目领域的市场竞争程度、合作动因等）、合作中的管理行为（选择合作企业的方式、合作的模式、合作中的关系类型、合作中服务监测与评价的内容与形式）、合作效果（降低成本、提高效率、增加供给、培育市场）等进行详细分析。

4. 合作困境。基于访谈结果，采取扎根理论，对原始访谈记录编码形成政府信息资源开发公私合作困境的影响因素列表，并以数字信息亭为例进行合作困境个案分析。

5. 完善对策。从微观运作层面、环境保障层面提出完善建议。微观层面包括转变观念、界定角色、流程管理、风险管理、回报机制、关系治理等方面；环境层面包括数据确权、政策体系、市场培育、融资支持、隐私保护立法等方面。

二、研究方法

为了能够充分真实反映政府信息资源开发公私合作的现状，本研究采取了问卷调查法、案例分析法、访谈法等形式。

1. 问卷调查法。分别设计了针对政府和企业的调查问卷。政府方面，主要面向省级、市级政府部门中实施政府信息化建设的机构发放问卷；企业方面，主要面向与政府部门合作过的企业发放问卷，既包括调研中掌握的与政府部门有合作项目的企业，也包括利用政府采购网中标公告选择的政府信息资源开发项目的中标企业。此次问卷共计发放问卷 308 份，回收问卷 207 份，有效问卷 145 份，问卷回收率为 67.2%，问卷有效率为 70%。

2. 案例分析法。(1)基于问卷调查的反馈、网络搜集，获得一些项目信息，到北京、上海、山东、安徽、陕西等进行实地访谈。(2)登录国家财政部政府与社会资本合作网站，检索相关信息，查阅相关项目的“两评一案”、可行性研究报告、合约等资料，充实研究论据。

3. 访谈法。基于案例访谈的结果，进一步扩大访谈对象，更为广泛收集相关信息，访谈对象共计 31 人次，形成访谈记录约 5 万字。

三、学术创新与价值

1. 基于个案分析的研究。关于政府信息资源开发公私合作实际运作的研究比较少，很多的研究限于对合作模式(例如合同外包、特许经营等)的一般性描述，缺少详细的个案分析。本研究基于问卷调查、访谈等形式获取了有效的一手调研数据，一定程度上真实反映了公私合作的历程、合作过程与困境。

2. 学科交叉融合分析。本研究应用了公共管理学科、信息管理学科两个学科的相关理论，例如公共物品理论、新公共管理理论、信息生命周期理论等。

3. 理论阐释与实证分析相结合。一方面运用理论进行规范性分析，探讨了政府信息资源的物品属性、政府机制与市场机制的运行逻辑、作用边界等内容；另一方面基于问卷、访谈等收集大量一手资料，运用量化分析、扎根方法等进行实证分析，所提出的一些对策建议具有一定的参考借鉴意义。

第一章　政府信息资源开发公私合作基本理论概述

第一节　公私合作制概述

一、公私合作制的概念界定

公私合作,顾名思义,是指公方——政府部门与私方——私营机构之间的合作。由于政府与私营企业合作提供公共服务或基础设施历史悠久,现代意义的公私合作一般用 PPP(Public-Private Partnerships)表述。PPP 已经成为目前学术领域的研究热点以及全球范围内基础设施与公共服务供给增长最快的一种模式。目前关于 PPP 的称谓及其概念界定并未形成统一认识。PPP,在我国通常译为"公私合作伙伴关系""公私伙伴关系""公私合伙""公私合营""公私合作""政企合作""政企合营"等。2014 年后,随着中国出台《关于推广运用政府和社会资本合作模式有关问题的通知》(财金[2014]76 号)《政府和社会资本合作模式操作指南(试行)》《关于开展政府和社会资本合作的指导意见》(发改委资[2014]2724 号)等,在我国形成了"政府和社会资本合作"的官方表达。

(一)政府、机构及学者对 PPP 的概念界定

1. 政府机构的界定

美国 PPP 国家委员会(2002):PPP 是"介于外包和私有化之间并结合两

者特点的一种公共产品提供方式；表现为充分利用私人资源进行设计、建设、投资、经营和维护公共基础设施，并提供相关服务以满足公共需求”。

加拿大PPP国家委员会(2004)：PPP是“公共部门与私营部门基于双方的知识和经验开展的合作，通过资源、风险与收益的合理分配从而能够更好地满足社会公众的需求”。

澳大利亚维多利亚政府(2008)：PPP是“公共部门与私营部门之间的长期契约关系，政府通过付费方式让私营部门提供基础设施及相关服务以代表或支持政府更广泛的服务职责”。

英国财政部(2008)：PPP是“公共部门与私营部门以共同工作为特征的一种制度安排。广义上讲，它涵盖了公共部门同私营部门之间通过合作、风险分担来提供政策、服务和基础设施的所有合作类型”。

我国财政部(2014)：PPP是“政府采取竞争性方式择优选择具有投资、运营管理能力的社会资本，双方按照平等协商原则订立合同，明确责权利关系，由社会资本提供公共服务，政府依据公共服务绩效评价结果向社会资本支付相应对价，保证社会资本获得合理收益”。

我国国家发改委(2014)：政府和社会资本合作(PPP)模式是指“政府为增强公共产品和服务供给能力、提高供给效率，通过特许经营、购买服务、股权合作等方式，与社会资本建立的利益共享、风险分担及长期合作关系”。

2. 组织机构的界定

欧盟(2003)：PPP是“公共部门和私营部门之间的一种合作，目的在于更好地提供那些传统由公共部门提供的项目和服务”。

国际货币基金组织(IMF)(2006)：PPP是“一种私营部门提供传统由政府提供的基础设施及相关服务的制度安排”。

世界银行(2007)：PPP是“政府和私营企业之间的协议，让私营企业以获取回报的方式提供某项设施、服务或两者、这些回报一定程度上取决于提供服务的长期质量或其他特征”。

经合组织(OECD)(2008):PPP是"政府与一个或多个私人合作者(包括运营商和投资者等)之间的协议。根据协议私人合作者以政府服务目标与私人合作者盈利目标相一致方式提供服务,目标的一致性取决于风险转移给私人合作者的充分性"。

亚洲开发银行(ADB)(2008):PPP是"为开展基础设施建设和提供其他服务,公共部门和私营部门实体之间可能建立的一系列合作伙伴关系"。

3. 学者的观点

斯蒂芬·H.林德(S.H.Linder):PPP是"一个描述政府部门与国有企业和私营企业之间合作经营的名称"①。

E.S.萨瓦斯(E.S.Savas):PPP可界定为"政府和私营部门之间的多样化安排,其结果是部分或传统上由政府承担的公共活动由私营部门来承担"。并进一步阐释:"第一,广义是指公共和私营部门共同参与生产和提供物品和服务的任何安排,合同承包、特许经营、补助等符合这一定义;第二,是指一些复杂的、多方参与并被民营化的基础设施项目;第三,指企业、社会贤达和地方政府官员为改善城市状况进行的一种正式合作"②。

王守清:PPP是"指公共部门通过与私营部门建立伙伴关系以更高效地提供公共产品或服务的一种交付模式,本质上是公共部门由传统方式下公共产品的提供者变为规制者、合作者、购买者和监管者,是管理制度的一种创新"③。

贾康、孙洁:PPP是"政府公共部门与民营部门合作过程中,让非公共部门所掌握的资源参与提供公共产品和服务,从而实现政府公共部门的职能并同时

---

① S.H.Linder,"Coming to Terms With the Public-Private Partnership",*American Behavioral Scientist*,Vol.43,No.1(March 1999),pp.35-51.

② [美]E.S.萨瓦斯:《民营化与公私部门的伙伴关系》,周志忍等译,中国人民大学出版社2002年版,第105页。

③ 王守清:《PPP在中国——内涵、现状与发展趋势》,2018年6月16日,见https://www.pmreview.com.cn/index.php/Home/zlzz/zlzz2/id/5998/cate_id/9.html。

也为民营部门带来利益。其管理模式包含与此相符的诸多具体形式。通过这种合作和管理过程,可以在不排除、并适当满足私营部门的投资营利目标的同时,为社会更有效率地提供公共产品和服务,使有限的资源发挥更大的作用”①。

通过对上述定义的分析,可以看出,对于 PPP 的定义,主要观点涉及:

目的——指出 PPP 是政府职能履行、基础设施与公共服务供给的新方式;

过程——指出 PPP 涉及公私部门之间在设计、投资建设运营等环节的合作;

特征——指出 PPP 的核心特征是伙伴关系、收益分享、风险分担;

本质——指出 PPP 的本质是基于契约或协议的合作关系。

总体而言,PPP 已经从最早视为表现为 BOT、BOO 等形式的融资模式转变到关系层面的阐释,强调长期合作、收益分享、风险分担是 PPP 的核心特质。PPP 的定义主要可以从广义和狭义两个方面进行理解:

广义:泛指公共部门与私营部门为提供基础设施、公共产品或服务而建立的各种合作关系。

狭义:有两种界定,一种观点将 PPP 狭义理解为一系列项目融资模式的总称,包括 BOT、TOT、DBFO 等多种模式;另一种观点认为狭义的 PPP 是指为了实现公共产品的需求,公共部门和私营部门围绕某一具体项目的投资、建设、运营等环节而展开的合作,共享收益、共担风险。

本研究采用最广义的 PPP 概念界定,泛指公共部门与私营部门为提供基础设施、公共产品或服务而建立的各种合作关系。

二、PPP 模式的运作类型

PPP 模式的运作类型,是指政府和私营部门在项目投融资、设计、建设、

① 贾康、孙洁:《公私伙伴关系(PPP)的概念、起源、特征与功能》,《财政研究》2009 年第 10 期。

运营、管理等环节的不同安排或者公共责任(规划、设计、建造、融资、运营管理、维护、用户服务)和项目风险(通常随同公共责任一并转移)向社会资本转移的程度。

世界银行将 PPP 模式划分为服务外包、管理外包、特许经营、租赁、剥离、BOT/BOO 6 种类型。

欧盟委员会分为传统项目承包、一体化开发经营、合伙开发经营 3 种类型。

美国政府问责局(GAO)根据融资和管理合作模式、私营部门的参与程度,将 PPP 模式划分为 18 类,包括 O&M(运营和维护),OMM(运营—维护—管理),DB(设计—建造),DBM(设计—建造—维护),DBO(设计—建造—运营),DBOM(设计—建造—运营—维护),DBFOM(设计—建造—融资—运营—维护),DBFOMT(设计—建造—融资—运营—维护—移交),BOT(建造—运营—移交),BOO(建造—拥有—运营),BBO(购买—建造—运营),Developer Finance:开发者融资,EUL:增强使用租赁或未充分使用资产,LDO / BDO(租赁—发展—运营或建造—发展—运营),Lease/Purchase:租赁购买,Sale/Lease-back:售后回租,Tax-Exempt Lease:免税租赁,Turnkey:交钥匙(全包式合约)。

总体而言,国内现有研究对于 PPP 的运作模式基本上形成了一致观点,将 PPP 按照运作方式划分为合同外包类、特许经营类和私有化类三大类①,具体类型如图 1-1 所示。

我国财政部在《政府和社会资本合作模式操作指南》中指出项目运作方式主要包括委托运营、管理合同、建设—运营—移交、建设—拥有—运营、转让—运营—移交和改建—运营—移交等。国家发改委发布的《关于开展政府和社会资本合作的指导意见》针对经营性项目、准经营性项目、非经营性项目提出不同的运作方式(见表 1-1)。从两份文件可以看出,特许经营类合作模式是我国目前主推的模式。

---

① 王灏:《PPP 的定义和分类研究》,《都市快轨交通》2004 年第 5 期。

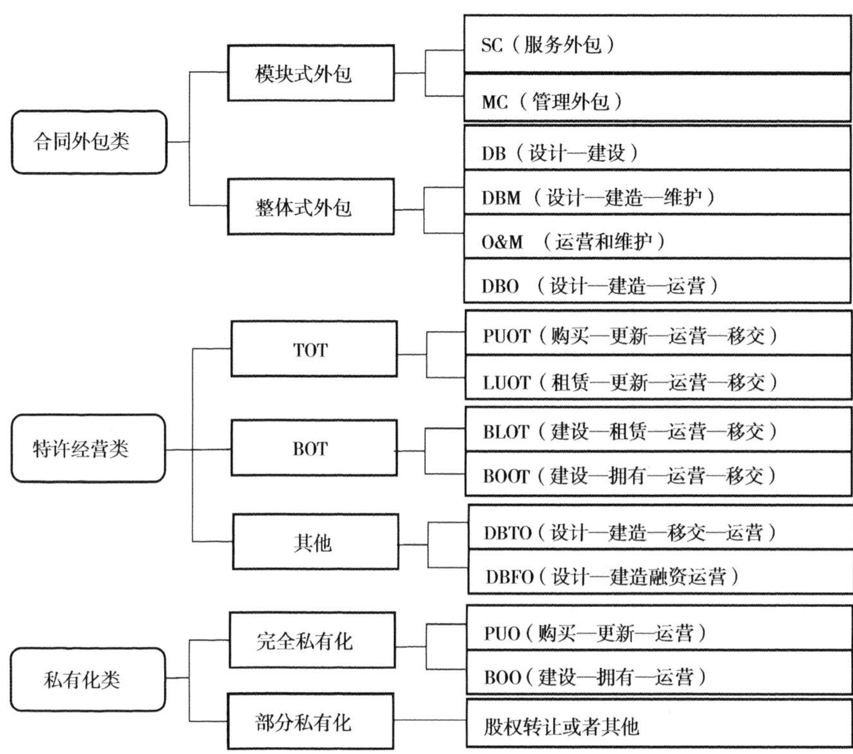

图 1-1　PPP 模式的主要运作方式

表 1-1　我国关于 PPP 模式项目运作方式的规定

文件名称	颁布机构	项目运作方式
《政府和社会资本合作模式操作指南》（财金[2014]113 号）	财政部	运营和维护（O&M）
		管理外包（MC）
		建设—运营—移交（BOT）
		建设—拥有—运营（BOO）
		转让—运营—移交（TOT）
		改建—运营—移交（ROT）

续表

文件名称	颁布机构	项目运作方式	
《关于开展政府和社会资本合作的指导意见》(发改投资[2014]2724号)	国家发改委	经营性项目	建设—运营—移交(BOT) 建设—拥有—运营—移交(BOOT)
		准经营性项目	建设—运营—移交(BOT) 建设—拥有—运营(BOO)
		非经营性项目	建设—拥有—运营(BOO) 运营和维护(O&M)

按照我国对PPP(政府与社会资本合作)运作方式的界定,政府信息资源开发领域严格意义上的PPP项目很少,所以本研究主要参考借鉴E.S萨瓦斯《民营化与公私部门的伙伴关系》的相关观点,公私合作(PPP)是指公共部门和私营部门共同参与生产、提供物品和服务的任何安排,包括合同承包、特许经营(BOT、BOOT等)、民营化等多种形式。

三、公私合作制在我国的发展历程

公私合作制在我国的应用始于20世纪80年代中期,国内基础设施难以适应经济的高速发展,地方财政也无法支持基础设施建设的经费支出。国内最早的BOT项目是1984年的由外资参与的深圳沙角B电厂建设项目。1992年,邓小平南方谈话提出要建立社会主义市场经济体制,中共十四大明确提出我国经济体制改革的目标是建立社会主义市场经济体制,为推动基础设施和公用事业市场化投融资改革提供了依据。国家和地方层面相继开展了PPP项目试点,例如,广西来宾B电厂项目、广东电白高速公路项目等。

2001年,我国加入WTO,对基础设施领域的投资需求急剧增加。2002年,建设部发布《关于加快市政公用行业市场化进程的意见》(建城[2002]272号),吸引国内外投资者以特许经营方式投资供水、供气、供热、污水处理、垃圾处理及公共交通等公共事业领域。2003年,党的十六届三中全会提出"让民营资本进入公共领域"。2004年,建设部出台《市政公用事业特许经营管理办法》(建设部令第126号)。这些政策及各地出台的特许经营条例成为开展PPP项目的基本法律依据,全国兴起了PPP高潮,形成了国有、民营、上市公司及国外企业同台竞争的局面。北京鸟巢体育馆被视为我国第一个官方的PPP体育场馆项目。

但随着失败案例的不断增加,2007年开始,出现了对市政公用事业市场化改革的质疑。2008年金融危机后,为了应对金融危机,我国推出4万亿经济刺激计划,依赖地方政府的投融资平台来实施城市开发投资,使得PPP模式受到很大冲击,但也使得地方政府形成了庞大的政府性债务。直到2010年,国务院出台鼓励和引导民间投资健康发展"新36条"意见,鼓励和引导民间资本进入基础产业、基础设施、市政公用事业、政策性住房建设、社会事业、金融服务、商贸流通和国防科技工业等领域,并为民间投资创造良好环境,加强对民间投资的服务提供指导和规范管理。

但PPP发展成为我国经济发展的一种常态模式是在2013年后。此时,地方政府的债务风险日益暴露,使得PPP成为城市基础设施建设融资的主要方式。党的十八届三中全会指出"经济体制改革是全面深化改革的重点,核心问题是处理好政府和市场的关系,使市场在资源配置中起决定性作用和更好发挥政府的作用"。国务院多次作出重要批示指示,要求推广项目融资、特许经营等模式,吸引更多社会资本参与建设运营,积极推动相关立法,为鼓励民间资本进入相关领域提供法律政策保障,为PPP的发展提供了土壤。

2014年5月,财政部政府和社会资本合作(PPP)工作领导小组正式设立。2014年9月,国务院发布《关于加强地方政府性债务管理的意见》(国发[2014]43号),"鼓励社会资本通过特许经营等方式,参与城市基础设施等有一定收益的公益性事业投资和运营"。2014年9月23日,财政部出台《关于推广运用政府和社会资本合作模式有关问题的通知》(财金[2014]76号)后,我国密集型出台了一系列的有关PPP的政策文件,对PPP适用的范围、PPP运作方式、PPP项目运作流程、PPP项目的合同管理等形成明确规定,推动

PPP进入应用推广的新高潮。截至2021年9月底,全国PPP综合信息平台项目管理库累计入库项目10115个,入库项目金额15.9万亿元。累计签约落地项目7528个、投资额12.4万亿元,签约落地率78.2%。

第二节 政府信息资源开发的相关概念界定

一、政府信息资源的概念界定及构成

(一)政府信息资源的概念界定

目前对于政府生产、收集、发布和处置的信息,存在多种表述,如"政府信息""政府信息资源""政务信息""行政信息""政务信息资源"等表述,这些概念主要是依据对政府和信息资源的不同范畴界定,形成了广义和狭义两种观点。

1. 国家政策法规、专家学者有关政府信息资源的概念界定

《中华人民共和国政府信息公开条例》(国务院令第711号):政府信息是"指行政机关在履行行政管理职能过程中制作或者获取的,以一定形式记录、保存的信息"①。将政府限定在行政机关,即国务院和地方各级人民政府以及"法律、法规授权的具有管理公共事务职能的组织"。

《政务信息资源共享管理暂行办法》(国发[2016]51号):政务信息资源是指"政务部门在履行职责过程中制作或获取的,以一定形式记录、保存的文件、资料、图表和数据等各类信息资源,包括政务部门直接或通过第三方依法采集的、依法授权管理的和因履行职责需要依托政务信息系统形成的信息资源等"。该文件声明"政务部门是指政府部门及法律法规授权具有行政职能

① 《中华人民共和国政府信息公开条例》(国务院令第711号)。

的事业单位和社会组织”①。

美国A-130号通报《联邦政府信息资源管理》(OMB Circular A-130, 1996):作为美国联邦政府信息资源管理的总体政策框架,将政府信息(government information)理解为“由或为联邦政府而生产、收集、处理、传播或处置的信息”②,并将信息资源的范围扩展到“信息本身以及与信息相关的人员、设备、资金、技术等方面”③。

一些较具代表性的专家学者及相关研究中的表述主要有以下观点:

董宝青认为,“政府信息资源是政府部门为履行职能而采集、加工、使用的信息资源,既包括政府在业务过程中产生的信息资源,也包括政府从外部采购的信息资源”④。

马费成认为,“政府信息资源是一切产生于政府内部或虽然产生于政府外部,但却对政府各项业务活动有影响的信息的统称”⑤。

中国信息协会《政府信息资源的管理与立法》课题组,指出“政府信息资源是政府活动所涉及的信息资源的集合。它包括信息内容资源以及收集、处理、传输、发布、使用、储存信息内容的技术、设备、网络和人力资源”。并指出“信息内容资源是由政府产生的和通过收集、处理、传输、发布、使用、储存和整理的信息,包括社会、经济、政治、军事等方面的信息,可称作狭义的政府信息资源”⑥。

国务院发展研究中心课题组在《中国信息化国研报告(一)信用体系建设与政府信息公开立法基本框架》中认为“政府信息是指政府在行使行政职能

① 《关于印发政务信息系统整合共享实施方案的通知》(国办发[2017]39号)。

② 谢阳群:《美国联邦政府的信息资源管理》,《国外社会科学》2001年第5期。

③ 徐步陆:《从美国〈文书削减法〉和A-130通报看我国政府信息资源管理》,《现代信息技术》2003年第8期。

④ 董宝青:《信息资源开发利用的公共政策设计》,《中国教育网络》2005年第4期。

⑤ 马费成:《信息资源开发与管理》,电子工业出版社2004年版,第385—386页。

⑥ 中国信息协会《政府信息资源的管理与立法》课题组:《政府信息资源的管理与立法》,2000年4月15日,见http://www.doc88.com/p-90594047206.html。

过程中产生、收集、整理、传输、发布、使用、储存和清理的所有信息”①。

2. 政府信息资源在本研究中的概念界定

现有概念主要是依据对政府和信息资源的不同界定，形成了广义和狭义的对政府信息资源的见解。

首先，对“信息资源”的界定存在广义与狭义的理解。

现有部分研究认为信息并非必然就是资源，如徐引篪等认为“信息是信息资源的源泉，但并不是所有信息堆积起来就成为了信息资源，只有经过了人的认知和创造过程之后以符号形式存储在一定载体上可供利用的全部信息才可以称作信息资源”②。因此，狭义角度的理解，认为信息资源是指人类社会活动中经过加工处理有序化并大量积累起来的有用信息的集合；广义角度的理解，认为信息资源是人类社会信息活动中积累起来的信息、信息生产者、信息设备、信息技术、资金等信息活动要素的集合。美国《文书削减法》给“信息资源”的定义是“与信息相关的资源，包括人力、设备、资金以及信息技术”③。

本研究取狭义的信息资源之理解来界定政府信息资源，即政府在运行、管理与服务过程中生产、收集、加工处理、传播的信息集合。

其次，对“政府”的范畴界定存在广义与狭义的理解。

在我国，广义的政府泛指国家的立法、司法、行政等各种机关，狭义的政府则专指国家权力机关的执行机关，即国家行政机关，例如我国的国务院和地方各级人民政府。广义与狭义之分就使相关概念之间呈现出不同的包含关系。根据我国行政许可法、行政诉讼法、行政复议法、行政处罚法、国家赔偿

① 国务院发展研究中心课题组：《中国信息化国研报告（一）信用体系建设与政府信息公开立法基本框架》，《中国信息界》2005 年第 12 期。

② 徐引篪、霍国庆：《现代图书馆学理论》，北京图书馆出版社 1999 年版，第 16 页。

③ ［美］G.戴维 · 加森等：《公共部门信息技术：政策与管理》，刘五一译，清华大学出版社 2005 年版，第 61 页。

法等法律的规定，能够成为行政管理主体、独立行使行政权力、承担行政责任的是行政机关和法律、法规授权的具有管理公共事务职能的组织。因此，本研究采纳2019年修订发布的《中华人民共和国政府信息公开条例》（国务院令711号）中的表述，将“政府”限定在“行政机关及法律法规授权具有管理公共事务职能的组织”。

综上所述，本研究认为政府信息资源是指政府在运行、管理与服务过程生产、收集、加工处理、传播的信息集合。这里的政府包括我国行政机关及法律法规授权具有管理公共事务职能的组织。

3. 概念界定的相关规定

如前所述，目前存在“政府信息”“行政信息”“政务信息”这些表述，为了避免混淆，以及便于研究下文展开，笔者纵观国内相关文献中对三者概念的界定，对这三者之间的关系作出以下规定。

（1）政府信息等同于行政信息

行政信息一般地理解为“行政行为主体在实施行政行为的过程中生产和获得的一切与行政行为直接相关的信息”①，“属于人类信息或社会信息范畴的一部分，是对行政管理活动和管理对象的产生、发展、变化情况及行政管理活动与其他管理活动联系的反映，是反映整个行政管理过程的各种消息、情报、数据、指令、密码、符号、文字、语言等讯号的总称”②。对“政府”范畴的界定有上述广义与狭义之分，本研究取狭义之界定，政府的狭义之概念即“行政机关”，在这一层面上，“政府信息”和“行政信息”是一个概念，政府信息等同于行政信息，不过政府信息多是信息管理领域的表述，而行政信息则多是行政管理领域的表述。

（2）政府信息包含政务信息

“政务”顾名思义就是行政事务，目前对于“政务”的认识主要有两种。一

---

① 李振良：《行政信息不对称的原因分析——对行政公开制度功能的一种考察》，《行政论坛》2004年第5期。

② 黄达强、刘怡昌：《行政学》，中国人民大学出版社1988年版，第175页。

种从广义的政府角度界定政府事务，认为政务范围很广，还包括党务、检务、村务等，所以从这个角度来看，政务信息包括政府信息。例如，董宝青认为“政务信息资源”除政府信息资源以外，还包括党委、人大、政协等在履行相应职能中采集、加工、使用的信息资源[①]，杨薇薇认为“广义的政务信息资源包括政府信息、经济信息、科技信息、军事信息、文化信息等”[②]。但本研究取目前对“政务”的第二种认识，即从狭义的政府角度界定行政事务，即政务仅限于政府机关范围内，指政府机构的行政事务。所以政务信息仅指政府机构在行政过程中所产生的信息（如业务活动、人事任免、财政预算等方面的信息）。而实际上，政府为了维持自身的正常运作，还从社会上收集、购买了很多属于社会、公共领域的信息，所以笔者认为政府信息包括了政务信息。这种观点在很多的文章中得到反映，例如，刘谊、刘星将政府信息分为内生的政务信息和外生的政府管理的公共信息两类，认为政务信息是政府在行政过程中所积累的工作与业务资料，主要是政府部门在活动中直接产生的信息。[③] 陈秀珍在其文中将政府信息资源分为政府机构信息、政务信息、政策法规信息、为社会各界服务的信息和反馈信息五类，并指出“政务信息”包括政府文件、政府公报、重大会议活动、政府实施项目等信息。[④] 2015 年后，国家相继出台了《政务信息资源共享管理暂行办法》《政务信息系统整合共享实施方案》等，在这些文件中，政务信息资源等同于政府信息资源，只是不同的称谓。

（3）政府信息资源包括政府数据资源

信息技术与经济社会的交汇融合引发了数据迅猛增长，数据已成为国家基础性战略资源。为了释放数据红利，促进数据增值开发与创新应用，2015 年，我国发布了《促进大数据发展行动纲要》，提出“大力推动政府部门数据共

① 董宝青：《信息资源开发利用的公共政策设计》，《中国教育网络》2005 年第 4 期。

② 杨薇薇：《如何多途径获取政务信息资源》，《秘书之友》2006 年第 4 期。

③ 刘谊、刘星：《我国政府信息透明度的思考》，《中国软科学》2004 年第 9 期。

④ 陈秀珍：《政府信息资源管理与开发》，《学会》2002 年第 4 期。

享”“稳步推动公共数据资源开放”,以共享开放政府和公共数据方式“带动社会公众进行大数据增值性、公益性开发和创新性应用”。《关于贵阳市加快推进政府数据共享开放的实施意见》(筑府发[2017]6号)也呼吁加强数据增值服务,“通过数据共享开放,释放数据红利,充分挖掘数据价值,创建各类行业应用与民生服务产品”,因此,开发应用的对象已经从“信息”层面扩展到“数据”层面。

关于信息和数据的区别与联系,理论研究的观点基本趋于一致,认为“数据”是第一手的原始记录,未经加工与解读,不具有明确意义,而“信息”相对而言,是经过连接、加工或解读之后被赋予意义的数据。① 数据是反映客观事物属性的记录,是信息的具体表现形式。信息是数据包含的内容,数据经过加工处理之后,就成为信息。然而在实践中,并未针对两者做出太多的区分,很多人认为两者仅是载体或形态等方面的差异。王芳等(2018)认为,与“信息资源”概念相比,“数据”一词更加适用于在电子政务环境下产生的数字化与结构化信息。② 穆勇等(2019)认为,“由于技术和成本的原因,政府原来处理的信息多集中在结构化信息和文档信息,现在随着新一代信息技术的快速发展,已经能够大量存储和快速处理大数据……开发利用对象从信息下延到数据”③。

一些文件中关于“政府数据资源”概念的界定,基本也延续了对“政府信息资源”界定的思路,认为政府数据资源是政府部门在履行职能、办理业务和事项中而产生、采集、加工、使用的数据资源。④ 我国首个以大数据立法形式

---

① 郑磊:《开放政府数据研究:概念辨析、关键因素及其互动关系》,《中国行政管理》2015年第11期。

② 王芳等:《跨部门政府数据共享:一个五力模型的构建》,《信息资源管理学报》2018年第1期。

③ 穆勇等:《新技术环境下政务数据资源开发利用的研究》,《电子政务》2019年第5期。

④ 国脉研究院:《政务数据资源体系建设白皮书》,2016年6月1日,见http://www.echinagov.com/report/53098.htm。

出台的地方性法规《贵阳市政府数据共享开放条例》将“政府数据资源”界定为“市、区(市、县)人民政府及其工作部门和派出机构、乡(镇)人民政府(简称行政机关)在依法履行职责过程中制作或者获取的,以一定形式记录、保存的各类数据资源”①。《贵阳市政府数据共享开放实施办法》进一步指明,政府数据资源包括行政机关直接或者通过第三方依法采集、依法授权管理和因履行职责需要依托政务信息系统形成的数据资源等。②《国际开放数据宪章》(International Open Data Chapter)认为,“政府数据不仅包括国家、区域和地方政府、国际政府组织以及广义的公共部门所掌握的数据,同时也包括外部机构为政府所创建的数据,以及掌握在外部机构手中但与政府项目和服务相关并具有重大公共利益的数据(例如采掘行业数据和交通基础设施数据等)”③。

因此,本研究的研究对象也从“政府信息资源”扩展到“政府数据资源”,对政府信息资源的开发利用包含着对政府数据资源的开发利用。

(二)政府信息资源的构成

对政府信息资源构成的分析有助于反映政府信息资源的多样性,从而揭示政府信息资源管理与开发利用对象的多样复杂性。

目前对于政府信息资源的构成,人们普遍认可政府信息资源分为内部生产和外部收集而来的信息。这从目前我国学者对政府信息资源的概念界定可以看出。

政府信息资源是指“政府部门为履行职能而采集、加工、使用的信息资源,既包括政府在业务过程中产生的信息资源,也包括政府从外部采购的信息资源”④。

---

① 《贵阳市政府数据共享开放条例》(贵阳市人大字[2017]4号)。

② 《贵阳市政府数据共享开放实施办法》(贵阳市人民政府令第55号)。

③ 王翔等:《我国公共数据开放的促进与阻碍因素——基于交通运输部“出行云”平台的案例研究》,《电子政务》2018年第9期。

④ 董宝青:《信息资源开发利用的公共政策设计》,《中国教育网络》2005年第4期。

政府信息资源是指“一切产生于政府内部或虽然产生于政府外部，但却对政府各项业务活动有影响的信息的统称”①。

政府信息资源是指“与政府运行和管理活动有关的有序的信息集合，主要包括两大部分：其一，政府自身在履行政府职能时所生产、收集、处理、传播或处置的信息；其二，政府在履行职能时需要政府系统之外的其他个人、组织、社团、社区等来生产、收集、处理、传播或处置的信息”②。

王安耕将政府信息资源分为3种，“政府根据法律法规采集的信息（最典型的就是企业工商登记）；政府履行行政职责的过程中产生的信息（各种文件、信函、档案等）；政府使用的公共财政资金购买的信息”③。

国务院信息化工作办公室“政府信息资源开发利用政策研究课题组”认为“政府信息资源包括政府部门为履行管理国家行政事务的职责而采集、加工、使用的信息资源；政府部门在业务过程中产生和生成的信息资源；由政府投资建设的信息资源以及政府部门直接管理的信息资源”④。

纵观上述对政府信息资源构成的理解，我们认为：政府信息资源作为与政府的运行、管理和服务活动有关的有序的信息集合，主要包括两大部分：其一，是政府在自身履行政府职能时所产生和生成的信息资源；其二，是政府在履行政府职能和服务时从政府系统之外采集或购买而来的信息资源。其内容构成上包括以下两方面。

1. 政务类信息。一方面包括静态的政府机构信息，如政府机构设置、部门职责、职能、业务管理办法、服务指南以及领导成员履历及分工信息、联系人、通信方式等；另一方面包括政府内部以及部门之间在行政管理过程中所形成的各种决策类、业务类、管理类信息，如法规政策、决策公文、总结公报、政务

① 马费成：《信息资源开发与管理》，电子工业出版社2004年版，第385—386页。

② 朱晓峰、王忠军：《政府信息资源基本理论研究》，《情报理论与实践》2005年第1期。

③ 王安耕：《如何更好地开发利用政府信息资源》，《电子商务》2005年第7期。

④ 国务院信息化工作办公室“政府信息资源开发利用政策研究课题组”：《中国信息化趋势报告（五）——加强我国政府信息资源开发利用的若干问题》，《中国信息界》2003年第14期。

动态、工作数据以及事权、财权、人权等信息。这类信息我国已经通过良好的信息公开与政务公开的制度要求取得很大成效,政府信息公开与政务公开已经成为政府行政机关重要的法定职责与义务。另外,也出现了一些对政务类信息开发的市场化产品,例如提供政策法规服务的北大法宝。

2. 公共服务类信息。主要指政府在管理和公共服务过程中所产生、收集、购买和投资建设的与公众生活密切相关的信息,例如,信用、交通、医疗、地理、文化、教育、科技、资源、农业、环境等民生保障服务相关领域的政府信息。这类信息具有较高的增值价值而且与民生相关,是政府信息资源开发利用的重点,也是信息企业高度关注的领域。

我国近两年出台多项政策积极促进公共服务类信息的开放利用。《促进大数据发展行动纲要》提出率先在信用、交通、医疗、卫生、就业、社保、地理、文化、教育、科技、资源、农业、环境、安监、金融、质量、统计、气象、海洋、企业登记监管等重要领域实现公共数据资源向社会开放。《"十四五"推进政务信息化规划》要求优先推动企业登记监管、卫生、教育、交通、气象等高价值数据集向社会开放。《关于构建更加完善的要素市场化配置体制机制的意见》要求建立促进企业登记、交通运输、气象等公共数据开放和数据资源有效流动的制度规范;构建农业、工业、交通、教育、安防、城市管理、公共资源交易等领域规范化数据开发利用的场景。

二、政府信息资源开发的概念界定及影响

(一)政府信息资源开发的概念界定

有关政府信息资源开发的表述也存在多种形式,如政府信息资源开发利用、政府信息资源增值利用、政府信息资源再利用等。

陈传夫等人使用了"增值利用"一词,以公共部门信息资源为对象,指出"公共部门信息资源增值利用是指公共部门信息资源在履行公共服务的

基本功能外，通过授权或许可由公共部门以外的力量进行深度开发，产生增值效应，提供给社会使用。这种增值利用既可以是商业性的，也可以是公益性的"①。

2003 年，欧盟推出《公共部门信息再利用指令》②（2003/98/EC）后，我国学者开始使用"再利用"一概念。冉从敬、王璟璇等沿用了欧盟的定义，即"再利用"是指个人或法人出于商业或非商业目的而不是文档得以生成的公务的初始目的，对公共部门所拥有文档的利用，公共部门之间履行公务而进行的文档交换不构成再利用。谭必勇认为，"政府信息资源再利用是指政府以外的个人、法律实体以商业或非商业目的对政府部门拥有的信息资源进行的开发利用，信息在初产生时的使用（例如政府部门之间出于行政职责或公共任务而进行的信息交换、再开发等活动）则不属于政府信息资源再利用的范畴"③。

孙宇等人立足生命周期，将政务信息资源开发利用定义为"利用信息通信技术采集、传播、使用和维护及归宿政务信息资源的活动，以促进政务信息资源得到科学开发和合理使用，实现其价值最大化"④。

对于信息资源开发概念界定的代表性观点有：

赖茂生等人认为，"信息资源开发利用是指根据社会需要，对信息资源进行采集、处理、存储、传播、服务、交换、共享和应用的过程"⑤。

马费成认为，"广义的信息资源开发包括信息本体开发、信息技术研究、信息系统建设、信息设备的制造以及信息机构建立、信息规则设定、信息环境

---

① 陈传夫、冉从敬：《欧美政府信息增值开发制度及其对我国的启示》，《情报资料工作》2008 年第 4 期。

② European Parliament, European Council, "Directive 2003 /98/EC of the European Parliament and of the Council of 17 November 2003 on the Reuse of Public Sector Information", *Official Journal of the European Union*, No.345 (November 2003), pp.90-96.

③ 谭必勇：《政府信息资源再利用问题初探》，《档案学研究》2007 年第 4 期。

④ 孙宇等：《中国政务信息资源开发利用政策的演进特征及价值嬗变》，《情报杂志》2018 年第 7 期。

⑤ 赖茂生等：《信息资源开发利用基本理论研究》，《情报理论与实践》2004 年第 3 期。

维护、信息人员培养等活动”,“狭义的信息资源开发仅仅是指信息本体的开发,主要包括信息的生产、表示、搜集、整序、组织、存储、检索、重组、转化、传播、评价、应用等”①。

乌家培指出,“开发狭义的信息资源有两重含义:一是从外延上发掘信息来源、开拓信息渠道、建立信息库存、加速信息流动,二是从内涵上不断重组和加工信息内容本身”②。

李绪蓉等倾向较为宽泛的信息资源开发概念,即“人类通过对信息的搜集、组织、加工、传递使信息价值增值的活动和为了使这一活动得以有效进行而开展的信息系统建设、信息环境维护等活动”③。

综合上述观点,可以看出,现有概念多是狭义角度的界定,即主要是从信息资源内容本身开发的角度进行界定。但是随着信息资源开发对信息技术的依赖性越来越强,越来越多的信息资源开发涉及信息系统建设、数据平台建设等内容。如芝加哥市政府与企业合作的“路灯杆装上传感器”项目旨在通过“灯柱传感器”进行城市政府信息资源挖掘,收集城市的路面信息,检测环境政府信息资源,如空气质量、光照强度、噪声水平、温度、风速等。思科、英特尔、高通、斑马技术、摩托罗拉以及施耐德等公司为该项目提供技术和资金支持。④ 迪比克市政府与 IBM 合作,利用物联网技术将城市的所有资源(水、电、油、气、交通、公共服务等)数字化并连接起来,进行监测、分析和整合各种数据,智能化地响应市民的需求。⑤

基于上述专家学者的概念界定,本研究基于乌家培先生的分析,将政府信息资源开发界定为:为了满足用户对政府信息资源的需求,对政府信息资源进行采集、加工、传播和再加工、再生产、再创造,从而提供各种政府信息产品或

① 马费成:《信息资源开发与管理》,电子工业出版社 2004 年版,第 60—63 页。

② 乌家培:《信息资源与信息经济学》,东北财经大学出版社 1986 年版,第 12—26 页。

③ 李绪蓉、徐焕良:《政府信息资源开发利用体系初探》,《电子政务》2005 年第 Z4 期。

④ 黄如花、陈闯:《美国政府数据开放共享的合作模式》,《图书情报工作》2016 年第 19 期。

⑤ 黄如花、陈闯:《美国政府数据开放共享的合作模式》,《图书情报工作》2016 年第 19 期。

服务的活动(见图 1-2)。所有对政府信息资源内容进行重组加工的工作(如“X 市交警大数据+路况平台建设”案例),所有为了建立政府信息资源库存(如“L 市人口健康信息化平台”案例、“C 市社会服务管理信息化平台”案例)、增加政府信息资源来源(如“D 省空气质量监测数据采集”案例)、促进政府信息资源流通、传播,便于利用者获取政府信息资源(如“数字信息亭”案例)所进行的活动都属于开发范畴。

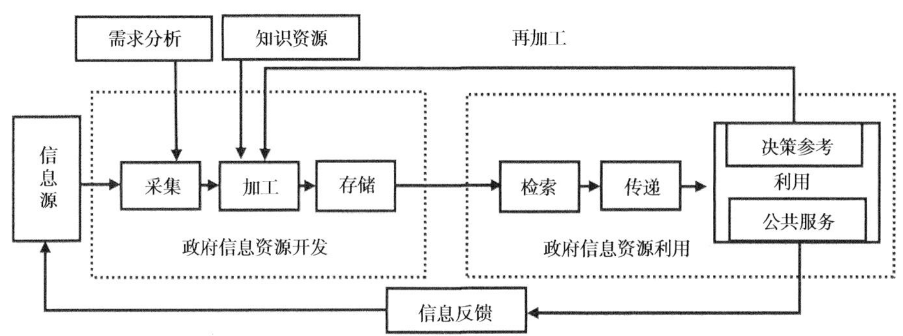

图 1-2　政府信息资源开发利用过程

(二)政府数据开放对政府信息资源开发的影响

1. 开放数据的内涵

现有研究通过阐释“开放”两字的意涵形成对“开放数据”的不同解析:

根据开放数据晴雨表(Open Data Barometer)(第三版),真正意义“开放”的数据应该满足:(1)在线获取(available online);(2)开放许可(open-licensed);(3)机器可读(machine-readable);(4)批量获取(available in bulk);(5)免费(free of charge)。①

开放知识基金(Open Knowledge Foundation)指出“开放”应满足:(1)开放

① World Wide Web Foundation,“OpenData Barometer(Third Edition)”,http://www.opendatabarometer.org.

许可或状态(open license or status);(2) 获取性(access);(3)机器可读(machine readability);(4)开放格式(open format)。①

开放政府工作组(Open Government Working Group)提出政府数据满足如下8点才属于"开放"范畴:(1)完整(complete);(2)原生态(primary);(3)及时(timely);(4)可获取(accessible);(5)机器可处理的(machine processable);(6)非歧视的(non-discriminatory);(7)非专有的(non-proprietary);(8)免于许可(license-free)。②

从上述对"开放"的不同阐释可以看出,"开放数据"应具备两个维度的特性,一为技术性开放,即数据应为可机读、非专属性的电子格式;二为法律性开放,即这些数据属于公有领域,对其自由利用设置最低限制③,即允许公众自由、免费、不受利用目的限制地获取政府数据。

2. 开放政府数据对政府信息资源开发活动的影响

2009年,开放政府数据运动开始兴起,以美国通过《开放政府令》及美国政府数据开放门户Data.gov上线为标志。2011年9月20日,美国、英国、墨西哥、挪威等8个国家签署《开放数据声明》,成立开放政府合作伙伴关系(Open Government Partnership,OGP)。根据《2020联合国电子政务调查报告》,截至2020年,全球范围内设有政府数据开放平台的国家从2014年的46个增加到2020年的153个,59%的接受调查的成员国家制定了开放政府数据政策。④

如前所述,开放政府数据意味着数据可以免费、自由、不受限制的访问、获取与利用,这对政府信息资源开发活动的影响主要体现在以下几个方面。

① Open Knowledge Foundation,"Open Definition",http://opendefinition.org/od/2.1/en/.

② Open Government Working Group,"The 8 Principles of Open Government Data",https://opengovdata.org/.

③ 郑磊、熊久阳:《中国地方政府开放数据研究:技术与法律特性》,《公共行政评论》2017年第1期。

④ 联合国经济和社会事务部:《2020联合国电子政务调查报告》,中共中央党校(国家行政学院)电子政务研究中心译,纽约:联合国,2020。

(1)开发对象从“信息”层面深入“数据”层面

如前所述,开放数据不仅仅涉及技术层面的开放,即数据提供时采用的格式是计算机程序可以读取并处理的标准格式,更涉及法律层面的开放,即数据提供时采用的许可协议能保障利用者获取、利用、再传播数据时不受各类限制。因此,开放数据意味着利用者可以自由、免费、非歧视、不限目的地利用数据。从而从格式规范、法律属性等角度提出更高的要求,对政府的数据治理能力、政府数据资源的产权安排提出更大的挑战,形成影响政府信息资源开发的制约因素。

(2)开发主体更加多元化

传统政府信息资源开发活动中,开发内容受政府的垄断或限制,形成以政府为主,市场、社会组织为辅的信息资源开发格局。开放数据环境下,大大降低了数据获取的门槛,任何企业、社会团队、个人爱好者都可以直接基于开放的数据进行数据开发应用,每一开发主体在数据生产加工与传播中,积极谋求在数据价值链中地位的延伸与业务范围的扩张①,从而导致政府的开发优势相比传统政府主导或垄断开发时期大大降低,更加推动政府信息资源多元开发格局的形成。

(3)开放政府数据推动政府信息资源开发的协同化

传统政府信息资源开发过程中,属于直线式单向的开发流程,经过信息的采集→初加工处理→存储→传递→再加工,形成信息产品或信息服务,然后被利用或消费,信息资源开发价值链得以完成。在这个过程中,信息的采集、初加工处理、存储、传递多为政府业务活动的副产品,主要由政府进行,信息价值的实现主要取决于开发的产品或提供的服务,开发的关键环节主要集中于“再加工”。开放数据环境下,信息开发价值链由于深入“数据”层面,使得信息资源开发价值链得以延伸拓展,“借助数据利用手段和方法与工具的创新,

① 夏义堃:《开放数据开发利用的产业特征与价值链分析》,《电子政务》2016年第10期。

通过内容增值和应用程序软件等衍生数据服务产品的开发,不断延伸数据开发利用价值链的长度”。此外,“数据”价值的生成更加复杂,取决于“各环节数据综合价值的集成创造”,数据采集→数据处理→数据应用实际上是由多个环节相互支撑、相互融合完成的。数据应用的结果被进一步关联、融合到数据源中,循环往复……因此,信息或数据价值实现或释放程度取决于价值链各个主体的合作程度。寻求有效的大数据处理技术、方法和手段已经成为现实世界以及政府部门的迫切需求,从而为政府与私营部门合作提供了技术驱动力。

综上所述,开放数据不仅有利于形成政府开放数据、私营部门通过获取进而实现信息增值开发的态势,而且有助于推动政府和私营部门在信息开发中的互动与融合。

第二章　政府信息资源的物品属性分析

政府信息资源开发机制的多元化主要源于政府信息资源的多样化。多样化分类的依据就是政府信息资源所具有的物品属性。物品属性决定了消费者的付费意愿,从而决定了生产者的供给意愿。依据公共物品理论确定政府信息资源物品属性的不同类别为进一步讨论其开发机制奠定了基础。

物品属性是指物品满足人们需要的特性。物品具有自然属性和经济属性。经济学中所研究的物品自然属性是指能够满足人们某种需要的属性,即物品的有价值属性,体现在物品的用途上面。物品的经济属性体现在人们的生产和交易活动中,它影响着人们的行为选择。人们对物品经济属性的分析多从物品的产权界定来理解,将物品的属性分为:私人物品、公共物品和准公共物品。物品经济属性的制度含义更多体现为可以行使和实施的物品有价值属性的排他性权利。① 通过明确产权主体的权益和责任,就能激励产权主体追求长远利益,使资源得到有效利用。

第一节　国内外关于信息资源物品属性的表述

政府信息是最大的单一信息源,属于信息资源的子集,所以信息资源具有

① 吴剑辉:《物品属性及其制度涵义》,《商业经济》2005 年第 6 期。

的一些性质必然是政府信息资源的性质。目前，国内外学者普遍认为信息资源是一种公共物品，但因现实环境影响会呈现一定的排他性。

马费成等人在其文中指出："公共物品性是信息商品和服务的一个重要特征。信息资源具有许多其他资源无法替代的经济功能，其中共享性以及消费无损耗性是信息资源的两个重要特征，这就决定了信息具有公共物品的非排他性和非竞争性的特点，因此，信息明显地具有一定的公共性。"但文章经过分析说明，"信息并不是一种纯粹的纯公共物品，而更像是一件'准公共物品'，或者说是一种特殊的公共物品"。①

美国经济学家哈尔·瓦里安（Hal R.Varian）认为"信息具有公共产品的性质，因为信息物品普遍具有非竞争性，并且有时候很难实现排他性"，但他也指出"信息商品是否具有排他性则取决于法律体制。大多数国家承认知识产权，允许信息商品具有排他性"。②

美国学者詹姆斯·洛夫斯（James Loves）在其《对政府信息定价》一文中指出，"信息在很多方面符合公共物品在消费上的非竞争性标准，共享的人越多，信息的价值就越大，因此，信息属于公共物品。但是知识产权法、专利法以及技术等机制可以阻止未经授权或未购买的用户消费特定信息，所以信息有时又是'准公共物品'。因此，信息物品是否是公共物品，答案有时是'是'，有时是'否'，有时候对半，这取决于实际情况"③。该文还利用"有益物品（merit good）"概念来描述信息物品，即信息如同教育一样，对它的消费是受鼓励的，对它的使用能带来很大的社会价值。

国务院信息化工作办公室"政府信息资源开发利用政策研究课题组"在其报告中说："政府信息资源是国家资源"。作为一种重要的国家资源，

---

① 马费成、龙鹫：《信息经济学（五） 第五讲 信息商品和服务的公共物品理论》，《情报理论与实践》2002 年第 5 期。

② 王则柯等：《瓦里安谈信息市场和信息管理》，《国际经济评论》2001 年第 2 期。

③ James Love，"Pricing Government Information"，*Journal of Government Information*，Vol.22，No.2（September-October 1995），pp.363-387.

政府信息具有全社会所有的公共属性，从经济学意义上讲，政府信息资源是“公共财物”。①

美国学者谢润 S.道斯（Sharon S.Dawes）等在《将信息视为公共资源面临的挑战》②一文中以土地数据（Parcel Data）为例说明信息对相关者具有很大用处，会增进政府、私人和非营利组织的经济和社会福利，从而构成一种公共物品；同时，它广泛多元的使用价值带给它极大的经济价值，使得它在市场上可以视为一种商品。并指出，每一利用土地信息的用户都是带有由各自使用或目标驱使的意图，应将这些需求综合起来，并使信息用户能够认可信息利用的价值，从而为积极合作与共同投资打下基础。

由上述观点可以看出，信息资源的共享性和政府的公共性使得政府信息资源不可避免具有公共物品属性，但是由于知识产权、技术等机制使得政府信息资源具有一定程度的排他性，因此，政府信息资源具有纯公共物品和准公共物品之分。而在实际中，由于政府信息资源这种物品的特殊性、现实问题的复杂性以及分析问题角度的不同，政府信息资源有时也会表现出同时具有一定的竞争性和排他性，即政府信息资源呈现出私人物品属性。对政府信息资源的3种物品属性进行深入分析，有助于更为全面地把握政府信息资源的本质，从而采取不同的机制对政府信息资源进行开发。

第二节　政府信息资源的纯公共物品属性

依据公共物品理论，纯公共物品是指同时具有非排他性和非竞争性，且效用不可分割的物品。这类物品为所有人共同消费，无法排除任何人对其的消

---

① 国务院信息化工作办公室“政府信息资源开发利用政策研究课题组”：《中国信息化趋势报告（五）——加强我国政府信息资源开发利用的若干问题》，《中国信息界》2003年第14期。

② Sharon S.Dawes et al.,“Challenges of Treating Information as a Public Resource: the Case of Parcel Data”, *Proceedings of the 39th Hawaii International Conference on System Sciences*, January 4–7, 2006.

费,每增加一个消费者为提供者带来的边际成本为零,而且每个消费者的消费都不会影响其他消费者消费的质量与数量。可见,纯公共物品每个人都有权消费,而且消费的数量增多并不会增加额外的成本。因此,当物品对消费者有利时,消费者就会受到正向激励,尽可能多地消费;当物品对消费者有害或者不便于消费者使用时,消费者就会受到负向激励,尽可能少地消费。

目前,政府基于自身服务职能的要求,将收集到的环境信息、交通信息、气象信息、公共卫生信息等进行加工开发,面向全体社会公众提供服务。这些信息因与社会公众每个人都息息相关,其效用为整个社会的成员所共享,不能也无法将任何人排除在外,因此具有效用上的不可分割性和非排他性;而且借助网络等传播媒介,增加一人使用不会增加政府的成本及影响他人消费的数量和质量,使得这些信息具有完全的非竞争性,因此呈现出纯公共物品属性,即所有人都可利用政府信息资源取得收益,任何人都无权限制他人利用政府信息资源的权利,同时社会公众对政府信息资源利用程度的变化不会增加或减少消费成本。

具有纯公共物品属性的政府信息资源由政府开发所产生的激励作用主要体现在用户身上,会极大地激励社会公众积极利用信息消除自己的不确定性,充分发挥政府信息资源的作用,实现信息资源的价值。但如果消费者获取政府信息不易,就会对他们产生负向的激励作用,抑制他们的信息需求,从而为社会运作增加很多不必要的交易成本。因此,在具有纯公共物品属性的政府信息资源的开发过程中,如何充分发挥政府信息资源纯公共物品属性的正向激励功能以及如何抑制其负向激励功能,即如何拓展与改进政府开发的手段与方式,增强政府信息服务的有效性,是政府作为开发主体必须充分考虑的一个问题。

纯公共物品属性的政府信息资源是非竞争性、非排他性和收益外在性三性的严格统一,由于其受益面很广,理论上由政府或政府资助来提供更有效率。对于社会公众来说,不确定性就是风险性,就会带来各种各样的损失,政府的“代理人”或“公仆人”角色使其必须承担起这些公共性最强、效用不可分割的纯公共信息的开发与提供,而且这是私人生产者不愿或者没有能力提供的信息资源。

第三节　政府信息资源的私人物品属性

与纯公共物品相对,私人物品是指既具有竞争性又具有排他性的物品。由于私人物品具有竞争性和排他性的特征,经济学上通常认为私人物品完全由市场提供是最有效的制度安排。

政府的公共性也就决定了其活动的产物——政府信息资源具有公共性。当政府信息资源私人化的时候通常有两种恶劣的情况:第一种情况是腐败,如政府部门或政府工作人员利用手中掌握的信息作为“寻租”的工具,获取私人利益;第二种情况是垄断,信息拥有者将信息控制在自己部门手中,而这与信息只有通过大范围的共享才能充分发挥其效益形成冲突,直接影响了信息资源的开发和共享,成为阻碍政府服务职能发挥的瓶颈环节,也造成社会资源的极大浪费。

在这两种情况下,政府信息资源就成为信息拥有者的私有物品,呈现出私人物品的属性,信息需求者要么被排除在信息的使用范围之外,要么必须付出极大的成本才有可能利用相关信息。通过这两种情况可以看出,政府信息资源的“私有化”是应该被限制和禁止的。但这并不是说所有的政府信息资源都不应有私人物品的属性。

实际上,私人物品属性具有与纯公共物品属性完全不同的激励功能,这些激励功能在特定的情况下,可以弥补政府信息资源纯公共物品属性对开发主体激励有限的不足。当政府信息资源需要以竞争性和排他性来激励或制约利用对象,从而达到有效开发政府信息资源的时候,就可以通过制度安排使得政府信息资源呈现一定的私人物品的属性。

灯塔是经济学家认为不可能由私人提供的公共物品的最著名的例子。但科斯通过考察英国早期的灯塔制度的演变认为,灯塔的服务可以由私人提供,灯塔可以由私人筹资建造、管理和所有,政府的作用局限于产权的确定和行使方面。目前,政府面向社会公众免费提供的政府信息资源大多数是一般性、大众性的信息,缺乏定制性、个性化的信息。这与目前社会公众日益多元化的信息需求现状形成鲜明的反差。而政府由于资金、人员能力、管理体制所限不能对政府信息资源进行增值开发,所以对于政府信息资源中那些极具专业性和增值性的信息资源应该将其推向市场。而手段就是进行产权的转移,使得信息资源的开发者具有对所开发信息产品的私人产权,即拥有对所加工开发信息产品的所有权、占有权、使用权、分配权、收益权、处置权等,允许他们以营利为目的进行经营。这样就会激励私营部门积极参与到信息资源的开发活动中,从而为社会公众提供更多的信息产品。

目前私人开发加工的政府信息产品多是围绕某一主题、专业、行业领域面向特定用户提供的。所以尽管信息资源的共享性和消费无损耗性决定了政府信息具有公共物品的非排他性和非竞争性的特点,但开发出来的政府信息资源产品从信息资源的效用范围、享用对象与享用该信息资源的成本来看,却是具有使用上的竞争性和排他性,从而具有私人物品属性。此外,由于这种信息产品所产生收益更多的是具有较强的私益性,使得消费者具有支付意愿,从而也为市场开发提供可能性。

综上所述,政府信息资源增值开发属于高度密集型智力活动,具有高附加值的特色,能够为消费者提供某种效用和利益,能够完全通过市场交换来实现其劳动价值。因此,将具有较强商业价值、能够通过对其增值开发释放信息潜能的政府信息资源交由市场进行开发是最有效的安排,因为市场是私人物品供给的最有效的机制。前面提到,物品经济属性的制度含义更多体现为可以行使和实施的物品有价值属性的排他性权利,当政府信息资源需要以竞争性和排他性来激励或制约利用对象,从而达到有效开发信息资源的时候,就需要对政府信息资源进行私人物品属性的制度安排,使得消费者具有支付意愿,从而也为市场开发提供可能性。所以应将政府信息资源中那些具有增值价值的部分交由市场主体开发,引入竞争的方式实现商业化运作,避免政府信息资源开发低效率引起的供给不足和资源闲置浪费并存的局面。

第四节　政府信息资源的准公共物品属性

准公共物品,就是在排他性和竞争性方面介于纯公共物品和私人物品之间的物品,“只具有两个特性中的一个或在不同程度上具有这些特性”①。这类物品既具有公共物品的特性,又具有私人物品的特性,它非“公”非“私”,既“公”又“私”,但总体而言公共物品属性高于私人物品属性,即其的效用范围比较大,不仅能带来个人收益,而且同时会产生较强的社会收益。

根据物品非排他性和非竞争性强弱的不同程度,人们对准公共物品进行了多种多样的分类。总体而言,可以分为竞争非排他性物品和排他非竞争性物品两大类。

竞争非排他性物品不排除任何人对其的消费,但增加一个消费者或者超过一定界限后增加一个消费者,其边际成本不为零。例如,图书馆任何人都可利用图书馆,没有人被排除在外,但是当读者增加到拥挤地步时,每个读者借到所需图书的难度和图书馆管理的难度就会加大,会引起图书馆成本的上升。竞争非排他性物品对于消费者的激励取决于消费者的理性选择。当消费者消费该物品的边际成本小于边际收益时,消费者就会受到激励去消费这种物品,反之则不去消费。因此,解决拥挤现象的常见办法之一就是收费,增加消费者的边际成本,从而使消费者在理性选择时,选择不消费,从而减少拥挤。

与拥挤物品刚好相反,排他非竞争性物品是指具有非竞争性却具有较强

① ［美］约瑟夫·斯蒂格里兹:《政府经济学》,曾强等译,春秋出版社 1988 年版,第 118 页。

排他性的物品。这种物品的排他性往往是由于自然特性的不同,它的作用更多地表现为一种约束和保障,而激励功能体现较弱。

与准公共物品的物品属性相对应,政府信息资源的准公共物品属性也可以从这两个方面来把握。一方面,有些政府信息资源具有竞争非排他性。与拥挤物品类似,政府信息资源有时也会出现拥挤现象,比如各种借助实体载体存在的政府信息资源,如政府出版物、法规政策光盘等。在其数量丰富的情况下,需求者可以免费获取,可以说其既具有非排他性也具有非竞争性。但是,随着需求者人数不断增多,对其的消费就逐渐出现了拥挤现象,表现就是需要投资更多进行复制,从而使得信息具有弱竞争性或非竞争性不完全,所以政府会对其的利用设置一定的限制,如以成本回收方式进行收费。此时,竞争性的激励作用在于激励人们作更为理性的思考,权衡信息消费所花费成本是否小于或大于享受信息的收益。需要指出的是此类信息资源产品消费出现拥挤现象说明信息具有较强的公共性和利用价值,所以不应限制对其的获取,但为了避免非理性的消费,以及补偿成本,需要进行收费,即成本回收。而竞争性引起成本回收政策的出台对提供政府信息资源的部门或机构来说可产生激励作用,由于可以弥补成本,所以参与开发的积极性会更高一些。此外,竞争性的存在对于私营企业来说,意味着对该信息产品进行收费具有可能。

从消费角度而言,这类物品虽然名义上效用面向全体社会成员提供,但实际上并不具有纯公共物品的为全体社会成员消费的效用范围,而且消费所得收益不仅具有社会效益,而且利益的一部分由其消费者享有,即具有私益性,这就存在消费者的支付意愿,使得物品效益可以定价,在技术上可以实现价格排他,为市场开发提供了可能。

另一方面,有些政府信息资源具有排他非竞争性。总体而言,政府信息资源本身不具有排他性,也不应和不能具有排他性。但现实中,存在一些涉及国家政治、经济、军事、社会安全的机密信息,对其的消费严格限定在特定用户,特定范围之外的用户无法获取,因此体现出非竞争性、排他性的物品属性。政府信息资源的这一物品属性的作用在于有效地约束信息资源使用的范围,保障国家安全和相关人员的合法权利。因此,政府信息资源的这种物品属性具有较强的约束和保障功能,其保密性质决定了需要相关的制度保障来严格限定其使用范围,严禁进入市场,所以这类信息资源不在研究范围之内。

依据前面的分析,具有准公共物品属性的政府信息资源除了那些涉密信息之外,更多的是些具有利益外溢性的信息资源,具有一定的弱竞争性或者一定的弱排他性,具有私益,应该收费,但其非竞争性的不充分,使得收费应采取成本回收方式。所以,由于此类信息可收费以及可以实现排他,市场介入具有可能,但因其在公共性上辐射范围很广,并能带来社会效益,单纯依靠市场开发,势必引起不足,所以政府开发不可缺少。此外,政府应以较低价格鼓励人们增加消费,从而达到有效率的消费量,以此形成一定的投资回报,吸引私营部门参与开发。

通过对政府信息资源物品属性的分析,我们可以看出政府信息资源的不同属性具有不同的激励功能,因此不能简单地说政府信息资源的某种物品属性是好是坏,而要看信息开发的目标和价值是什么,要达到什么样的目的。如果政府信息资源的某种物品属性有助于这种价值和目标的实现,就可以说这种属性是好的,反之则是不好的。

第三章　政府信息资源开发机制：理论阐释与实践模式

第一节　政府信息资源开发机制的理论阐释

从世界各国公共物品供给的实践出发进行抽象，公共物品供给不外乎通过3种机制实现：政府机制、市场机制及志愿（或公益）机制。这些是以不同的主体，遵循不同的原则，以不同的方式和渠道筹集资金，进行信息资源开发的机制。

一、政府机制

（一）政府机制的意涵

政府供给公共物品是经济生活中十分常见的经济现象，尤其政府提供政府信息资源服务更是政府履行职能的表现。政府信息资源开发的政府机制，也即行政机制，是指政府通过公民或其代表的集体选择程序，以强制征税为主要手段筹集资金，安排政府支出以开发政府信息资源的机制。也即政府从社会公众最广泛普遍的信息需求出发，以免费提供为主，向使用者收费为辅，从而形成以税收为主，向使用者收费为辅的筹资机制，政府开发的主要范畴为政务信息、公益性信息以及私营部门无力承担的国家和社会的基础性信息。

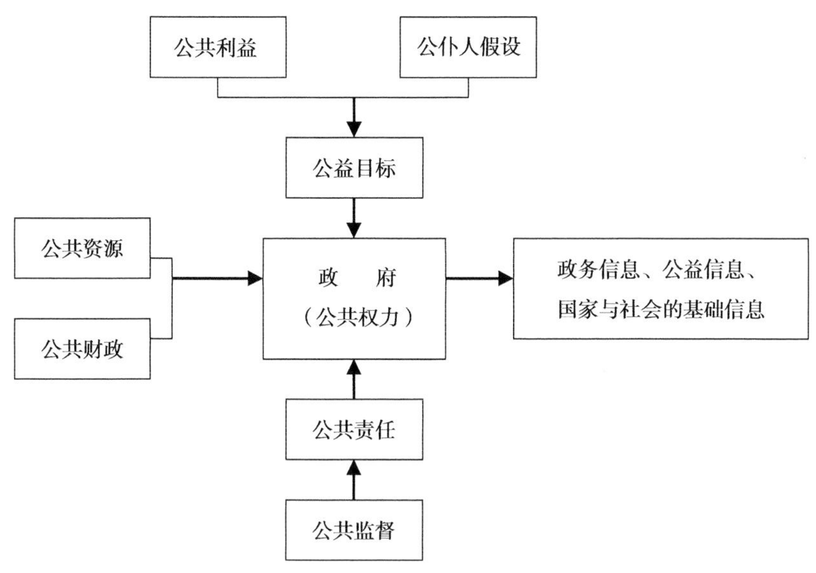

图 3-1　政府信息资源开发的政府机制

(二)政府开发的理由

政府机制是人类古老的社会运行机制,自人类产生国家以来,政府就是人类处理公共事务的基本方式。政府作为公共利益的代表,在公共物品供给中具有责无旁贷的作用,所以在政府信息资源开发中也具有责无旁贷的作用。

1. 政府信息资源政府开发是政府职能的要求

首先,信息服务已经成为政府的一项重要职能。从某种意义上说,正是由于人类对公共产品的需求,才导致了政府的产生或者形成了这一制度安排①,政府存在的最基本理由就是要满足人们的社会公共需求,提供公共物品。在一个以信息为基础的世界,信息必然为人类视为平衡发展的一项基本资源,每个人都能够获得。② 复杂、多元社会结构引起的不确定增加使得社会公众对

① 岳军:《公共产品供给制度分析》,《山东财政学院学报》2003 年第 3 期。

② 夏义堃:《公共信息资源的多元管理体制研究》,博士学位论文,武汉大学,2005。

信息资源,尤其是对政府信息资源的需求极大增加,政府信息需求成为社会公共需求的重要组成部分,从而决定了政府职能要以社会信息需求为转移。如何满足公众的信息需求就成为政府的一项重要任务,“当今信息社会政府的重要职能之一就是加强信息供给”①。政府信息资源开发水平已经成为考量政府执政水平与能力的重要标准。

其次,政府信息资源的公共物品属性更加强化了政府在开发中的责任。1997 年世界发展报告认为,政府的基本职能(或小职能)就是提供纯粹的公共物品与公共服务②。如前所述,政府信息资源本质上是一种公共物品。国家信息化专家咨询委员会委员、中国信息协会常务副会长高新民认为,“政府信息资源是社会的公共资产,属于公共产品和服务的一部分,因此,政府信息资源在原则上除政府使用以外,社会成员有权利获取和使用信息”③。因此,从满足社会对政府信息的需求角度看,政府有必要像提供治安、环保、义务教育等公共物品一样,转变认识,增加信息资源的数量,提高信息的质量,丰富信息的发布载体。目前进行的政府信息化建设其目的不仅在于提高政府的运作效率,而且在于公众对政府信息资源的及时获取,实现政府信息资源高度共享,充分发挥政府信息资源的社会价值和经济效益。

最后,政府信息资源开发是政府履行基本职能的要求。据统计,全世界有 2/3 的行政职能与信息管理是相联的。④ 政府“宏观调控、市场监管、社会管理、公共服务”四大职能的履行需要依靠信息引导、信息传递来实现。所谓信息引导,就是政府履行这些职能的过程中,除了发挥法律、经济、行政等手段外,还通过收集、加工信息和向公众及社会经济主体发布信息,来引导和调控

① 朱正萱、祝松林:《提供公共信息服务:政府的主要职能》,《江苏商论》2002 年第 3 期。

② 世界银行:《1997 年世界发展报告》,中国财政经济出版社 1997 年版,第 27 页。

③ 高新民:《政府信息资源的再利用》,2004 年 9 月 1 日,见 http:// www.ciia-eg.org.cn/meeting/gaoxinmin_beijing.ppt。

④ 顾丽梅:《中国信息化趋势报告(十八)政府治理的社会化与信息社会公共行政理念的重塑》,《中国信息界》2004 年第 13 期。

其行为。它是市场经济体制下政府管理与调控经济和社会发展的一种行之有效的管理方式和管理手段,是政府行政管理活动中一种比较高级的形式,是行政管理水平、管理层次提高的重要体现。① 信息引导作用的发挥依靠信息传递来实现,通过信息传递可以使社会公众了解政府相关举措、增强公众认可政府的信心、塑造政府的开放形象,从而促成公众对政府的认同感,便于措施施行,所以加强政府信息资源开发是政府履行基本职能的要求。

2. 政府信息资源市场开发失灵决定了政府开发的必要性

尽管现有理论都支持市场对于资源的配置是有效率的,但也还有很多领域存在市场失灵的情况,例如存在外部性和公共物品的情况下。

首先,政府信息资源作为公共物品具有消费上的非排他性和非竞争性,这就决定了政府信息开发如果完全由市场竞争来调节,必然会出现严重的供不应求和供给结构失衡状态。政府信息资源消费的非竞争性会使得边际生产成本为零,非排他性会引起"搭便车"现象,这就会抑制生产和提供者的积极性,出现供给不足。同时,由于政府信息资源的个人消费"量"是不确定的,价格机制不能有效发挥作用,所以竞争市场上一般无法提供这类产品。就像经济学家所说的,竞争性的市场不可能达到公共物品供给的帕累托最优,无法满足社会对这类产品的需求。因此,需要政府部门介入——用税收手段来集资提供这些产品。

其次,外部性的存在决定政府必须介入。外部性或外部效应指的是人们的经济行为对他人或整个社会所产生的利益或成本影响。政府信息资源存在着明显的正外部性,即信息资源在个人获得之后,不仅个人受益,而且具有明显的社会效益。由于正外部性的存在,而且这部分效益又难以用货币来计量,从而造成受益与负担的脱节,使得其市场提供者所能获得的个人收益,将由于利益外溢而小于他所应得的利益总量。因此在个人利益小于成本的情况下,

---

① 李友生:《美国政府信息引导对我们的启示》,《中国农业教育》1999 年第 4 期。

信息资源的市场提供者便会缩小信息供给的规模,造成整个社会福利和效率的损失,这样便进一步加深了信息资源供给的供需矛盾。外部性的存在,决定了政府信息资源无法完全做到由市场来开发,决定了政府必须介入,并承担一定的费用。经济学家因曼呼吁"有必要考虑给政府一个对外部性活动的更为积极进取的地位"。

最后,其他市场失灵状态要求政府介入。这些市场失灵状态包括:

结构性失衡:市场经济条件下,私营部门追求的都是利润的最大化。对从事信息资源开发的私营企业来说,为了实现利润最大化,必然会多提供一些社会上需求旺盛的信息产品,而忽视了一些基础性信息的供给。这势必会造成信息市场结构的失衡,需要政府予以弥补。

风险性的存在:政府信息资源开发,尤其是基础性、社会公益性信息和预测性信息的开发,需要投入大量的资源,但未必能取得很好的经济效益,但这些信息又是不可或缺的,因此,十分需要政府及其公共财政予以大力支持。

综上所述,从公共物品的特点角度以及政府职能角度看,政府开发政府信息资源具有必要性,是为了满足社会的信息需求和公共利益的要求。

(三)政府开发的优势

政府开发政府信息资源的优势主要表现在以下几个方面:

1. 组织优势。政府承担信息开发具备独一无二的组织优势。"组织能获得比任何一个人都要多的信息,因为,个人的能力有限,而组织能聚合个人能力"①。目前各个政府都形成了覆盖面广和相对完善的专门化的信息组织系统。例如,我国已经形成了"纵横交错"的政府信息机构和信息网络。纵向的信息系统由中央、省(直辖市)、市(地区)、县、乡等层级的信息机构及其构建的信息网络构成,横向信息系统由政府职能部门,如海关、税务、公安等业务系

① [美]肯尼思·阿罗:《信息经济学》,转引自李振良:《行政信息不对称的原因分析——对行政公开制度功能的一种考察》,《行政论坛》2004年第5期。

统的信息组织及其构建的信息网络构成。而且基于政府信息化建设的成果,建立了庞大的业务应用系统,使得政府能够有效进行信息收集、处理、利用和交流等方面工作,以提供及时、准确、有效的信息。

2. 强权优势。政府有一种得到公众认可的强制权,或者通过普遍征税为开发政府信息资源筹集资金,从而解决投入成本过高等开发中存在的问题;或者制定以公开信息为原则的法律,要求其他主体在法律规定的范围内公开或者提供信息。例如,《中华人民共和国统计法》第一章《总则》的第七条规定,“国家机关、企业事业单位和其他组织以及个体工商户和个人等统计调查对象,必须依照本法和国家有关规定,真实、准确、完整、及时地提供统计调查所需的资料,不得提供不真实或者不完整的统计资料,不得迟报、拒报统计资料”①。

3. 权威优势。政府在长期的执政过程中形成了权威优势,公民的心理倾向于相信政府。政府的权威性确保政府提供的信息产品具有很高的利用率和可信度。当今信息时代,人们唾手可得的信息不是太少,而是太多,大量的垃圾信息充斥着我们的生活,如何区别出有价值的可靠信息是问题的关键。政府在信息资源开发中的权威优势是任何市场主体无法超越的。

4. 规模效应。政府以自身收集能力获得的巨大信息提供给社会,具有规模效应,能够为所有人利用。规模经济指随着规模的增长,出现平均成本的下降。政府信息资源符合这样的特征:假如某一组织或个人提供了信息,受益者越多,利用频率越高,其价值就越大。对于那些基础性信息,如空间地理信息数据库,由于存在着比较大的沉淀成本,适合政府生产和提供,政府开发具有规模效应而且平均下来成本最低。另外,税收成本以及税收效益损失也可合理地分摊到全体公民身上。

5. 成本优势。成本优势是政府承担信息资源收集的一个重要优势,而这

---

① 《中华人民共和国统计法》(中华人民共和国主席令第十五号)。

一优势是由上述优势得来的。科斯曾说“政府是一个超级企业,因为它能通过行政决定影响生产要素的使用”。“政府如果需要的话,就能完全避开市场,而企业却做不到。企业不得不同它使用的各种生产要素的所有者达成市场协定”。这样就使“政府有能力以低于私人组织的成本进行某些活动”①。

首先,成本优势来源于政府的信息组织优势和特权优势。因为政府信息资源涉及社会生活的方方面面,私人企业和非营利组织因其不可能具有政府那样严密的、覆盖全国的信息网络,更不可能有政府行政特权要求其他主体在法律范围内主动提供信息,因此,在收集以及发布信息时要比政府花费更高的成本。

其次,从社会资源利用效率来讲,政府的成本优势表现为社会总成本的降低。个体单位的信息收集活动只会在单位内部使用,其他企业需要进行重复性劳动以获取同样的信息。这样做的企业数量越多,获取同一信息所耗费的社会总成本就越大。如果政府采集基础信息提供给社会,企业的重复性劳动就可以避免,从而获得资源的节约。

最后,政府的成本优势还源于工作中的信息收集“顺带”效应。政府很多的职能部门和机构在自身运作过程中就担负有一定的“信息收集”职能,如工商、税务和其他专门机构,可以持续进行信息的收集处理工作,从而带来收集成本的节约。

6. 公益性优势。政府的公共性决定了它要从社会公众最普遍的信息需求出发,所以提供的信息都是与全体社会成员息息相关的信息,是公共性和公益性最强的信息。而企业在利润最大化的经营目标下,往往提供的都是商业、金融等具有较高市场价值的信息,而不会很好地关注那些经济效益不高但具有极强社会效益的信息资源。而协会等非营利组织一般提供的都是某一领域,如专业、行业领域的信息,覆盖面有限,因此公益性不如政府。

---

① [美]罗纳德·哈里·科斯:《论生产的制度结构》,盛洪等校译,上海三联书店1994年版,第159—160页。

由此可见,政府不仅具有提供政府信息服务的客观必然性,而且还是最有效的政府信息服务的提供者。因此,结合政府职能要求、政府信息资源效用范围的大小以及社会成员的信息需求,政府要充分利用自身信息源的权威性、广泛性,承担政府信息资源的开发责任。

(四)政府机制的作用边界

政府机制的作用边界就是政府机制发挥作用的领域。总的来说,政府的公共性及由其决定的政府信息资源的公共性,决定了所有的政府信息资源都应属于政府提供的范畴,保障社会公众能够及时获取到相关信息,做出理性选择。但政府事务的复杂化、信息需求的多元性,以及受政府规模、人员、财力及职能侧重所限,政府目前应主要从社会最普遍的信息需求出发,提供那些具有极强公共性和公益性的信息资源,即具有非排他性、非竞争性、正外部性和自然垄断性的信息,包括具有纯公共物品属性的政府信息资源,出现市场失灵的、而又为全社会或社会的大多数成员所需要的政府信息资源领域。具体来说,政府的开发职责包括:

1. 推动政务信息更为广泛的传播利用。政务信息即有关政府机构的人权、事权、财权等方面的信息。如管理规范和发展计划方面(如年度计划、发展规划等);政府机构、职能事项和人事方面(如机构职能、领导信息、人事任免、政务动态、工作统计数据等);公共资金使用和监督方面(如采购与招标、专项经费、财政预决算、政府投资项目、招商项目等);与公众密切相关的重大事项(如利率上调、土地征用、房屋拆迁等)。这些信息具有最广泛的公共性,与所有社会成员有关,而且他们作为行政工作的产物,是依靠纳税人缴纳的税费支付成本的,所以政府有义务推动这些信息进行公开,方便公众获取。

2. 公益信息。即那些与社会公众息息相关,能够为社会公众带来益处的信息,如教科文卫领域的信息。农业信息是农民进行生产经营理性选择的基础,通过对农业资源配置的导向性,使农业生产和市场经营更适时、适路和有效率,其创造的经济效益和社会效益是难以估量的。对于我国这样一个农业人口占全人口总数80%的国家来说,尽管目前有利润和用户需求的驱动,但由于农业信息资源变化周期快,需要信息企业时时紧跟信息的变化,予以更新,而且由于农村的分散性,使得服务的渠道成本远比城市高,所以信息产品交易过程中风险因素非常大。此外,农民信息意识淡薄、信息获取能力差,而且支付能力有限,农业信息产品一般回报率低,甚至无营利性,私人不愿投资。所以对于农业信息这样外部性很强的信息产品仅靠市场机制和社会力量的作用是不够的,需要加强政府的扶持和干预,否则就会出现有益的信息产品开发不足。

3. 国家和社会基础信息。即空间地理、人口、机构法人、企业与个人信用等国家和社会运行所需的一些基础性信息。这些信息涉及面之广、耗费人力物力之巨、对数据信息要求的准确性和合法性等决定了私人无力承担。① 政府机构经常是唯一具有法律和财政能力的实体来收集相关信息构建这些大型数据库。而政府工作职能“捎带”的信息收集使得政府掌握了大量无法为社会个人和组织获取的信息,如户籍信息、工商注册信息、企业年检信息等,政府对它们具有自然垄断性,所以政府需要承担相关基础信息的开发提供,为市场和社会力量提供增值服务提供“原料”。

二、市场机制

(一)市场机制的意涵

政府信息资源开发的市场机制是指以信息企业为主体,以营利为目的的组织机构,根据市场需求开发政府信息资源,并以收费方式补偿支出的机制(见图3-2)。市场开发的信息产品一般都融合了市场主体对政府信息资源进行序化、深度加工和分析的劳动,所以需要通过对使用者收费,补偿其投资和保证业务正常运营。

---

① 王芳:《政府信息资源的经济学特征及其产权界定》,《图书情报工作》2005年第5期。

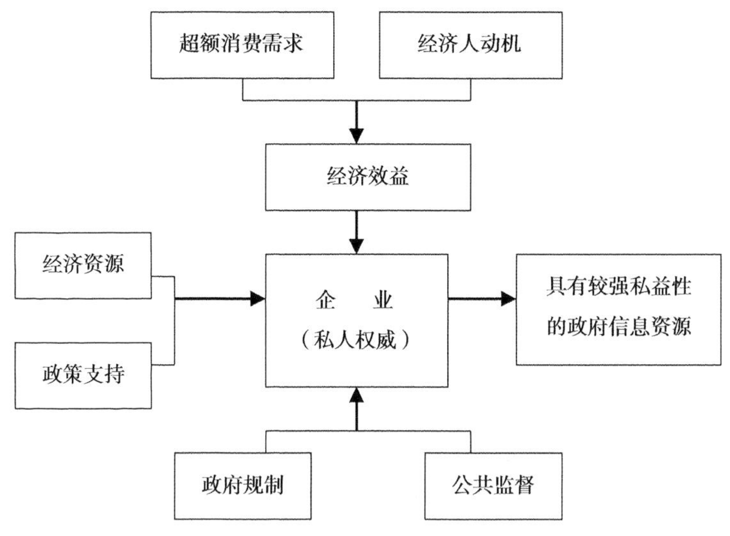

图 3-2 政府信息资源开发的市场机制

（二）市场开发的理由

市场机制的本质是不同的市场主体以自愿交易的方式实现各自利益的最大化。通过市场机制开发政府信息资源,一方面源于社会公众的信息消费需求,另一方面源于营利组织的经济人动机,这与政府信息资源的性质有关。

1. 市场开发的必要性来自现实中消费者对政府信息资源的超额需求

政府能力和职能决定了政府在信息开发中的职责只是提供基础信息,满足社会全体成员或大多数成员的最基本的公共信息需求,深入分析与加工的信息产品和服务一般不属于政府职能。人们对政府信息资源的日益依赖使得现实中有些信息需求,相对于全社会的最基本的公共信息需求而言,具有一定的超前性或超额性,属于一种“超额需求”,不具有生产规模效应。满足这类超额需求的政府信息资源如果继续由政府来提供,显然有失社会公平,也很容易造成资源配置的低效率,这就为利用市场机制开发政府信息资源提供了现实基础。多年来,美国的私营出版商一直靠对美国政府的不具版权的著作重新包装和出售赚取利润,主要是因为政府无法以有效和及时的方式来满足市场对这些信息的需求。①

2. 市场开发的动力来自营利组织的经济人动机

供给与需求是一对相对应的概念,有政府无法满足的超额信息需求,就会产生相应的市场供给行为。这行为是由营利组织的经济人动机决定的。总的来说,市场机制也可以提供任何类型的已公开的政府信息资源,但企业以获取利润最大化的经济人动机决定了它更关注那些能够带来经济效益(既指直接的利润,也指间接经济效益,如知名度)的领域,即只要某种政府信息资源开发的边际收益大于其边际成本,市场就存在着自愿开发的动力。这些信息一般都是目前政府信息资源中具有高使用价值的或者可以用于个性定制化的信息资源。如市场行情、信用调查等都是最容易获利的领域。这些信息都是受益范围具有一定的局限性,而且竞争激烈,因而私人物品性或准公共物品性强,可以通过开放市场,引入竞争的方式实现完全的商业化运作。

这种消费者超额需求与企业经济人动机的结合,从而使市场机制开发政府信息资源得以实现。通过市场机制开发,既能够满足部分社会成员的“超额需求”,弥补政府开发不足,又可通过满足市场需求,实现企业利润,达到多赢目的。

(三)市场机制的比较优势

具体到政府信息资源领域,市场机制相对于政府而言的比较优势主要体现在以下几个方面:

1. 供求机制作用的发挥能够促使市场主体对社会公众的信息需求及时掌握。需求决定开发的内容、规模,从而决定利润。所以市场主体对信息消费

① Susan McMullen,“US Government Information:Selected Current Issues in Public Access vs. Private Competition”,*Journal of Government Information*, Vol.27, No.5(September-October 2000), pp. 581-593.

需求会做出灵活有效的反应,较快地找到供需之间的均衡点,满足公众多元信息需求。

2. 竞争机制作用的发挥能够通过建立消费者自主选择机制,引导私营部门不断进行产品创新,提高信息产品和服务的质量。

3. 利益机制作用的发挥会促使市场主体降低生产成本,节约社会资源,提高经济效益。

4. 价格机制作用的发挥指挥着供需双方的买卖行为,引导市场不断调整投资量和投资比例,以平衡供给和需求,避免资源无目的地浪费。

(四) 市场机制的作用边界及条件

1. 作用边界

市场主体以经济人动机为驱动,所以在能带来经济效益的政府信息领域,市场机制就能够发挥作用。但总体而言,市场提供的信息都是增值信息,是以序化、提炼、预测等方式进行的深加工产品,而不是政府公开的原始信息,因为无法与政府的“免费”供给抗衡。但是这并不意味着政府开发的领域市场机制就无法发挥作用,市场可以接受政府委托进行政府信息资源的开发,市场也可以将政府信息资源作为获取其他经济效益的支撑,例如一些网站将政府信息的传播作为重要内容,以此获得较高的点击率,从而利用广告等形式获得收益。

2. 作用条件

市场机制若想成功地开展政府信息资源服务,需要以下条件:

第一,在信息资源的消费上必须存在排他性技术。一些政府信息资源由于具有非排他性,因此很难排除“免费搭车”等外部性问题,使得私人不愿介入。因此,采取一些消费控制手段,如访问控制等,可以有效地将“免费搭车者”排除在外,谁付款,谁受益,从而大幅度地降低私人提供信息产品和服务的交易成本,激励私人提供。相反,如果缺乏某种排他性技术,则私人提供的信息产品和服务难免会陷入“公共的悲剧”。

第二,更为关键的是,私人若想成功地提供政府信息资源产品或服务必须要有一系列制度条件来保障。其中最重要的制度安排是产权。产权制度是现代市场经济重要的特征之一,明晰的产权界定才可能对市场主体产生有效的激励。因此,只有界定私人对某一信息产品的产权,并且通过一系列制度安排来保护产权的行使,这样私人才有动力来提供。再以科斯的灯塔为例,私人从国王那里取得修建灯塔的专利权,即是从法律上获得了对灯塔的产权。我们目前的知识产权制度就是对信息资源产权界定和保护的依据。

第三,市场机制开发政府信息资源,还必须受到一定的政府规制。政府信息资源毕竟是一类涉及社会全体成员或大多数成员公共利益的物品,由理性上代表民意的政府出面规范市场机制的运行,是政府的责任,也是市场机制健全运行的基本要求。政府规制作为政府干预市场经济的方式之一,源于信息市场的不完善性和不规范性。目前我国信息市场发育并不成熟,存在大量竞争无序、乱定价的现象,因此,需要政府发挥作用对信息市场进行监管,纠正和补充市场的缺陷,这是政府规制存在的合理性依据。

三、志愿机制①

志愿机制是社会非营利组织、公益性事业单位等以志愿求公益为基础进行的直接或间接的政府信息资源开发的机制,因其建立在自愿的基础上,以公共利益为目标,所以志愿机制也可称为公益机制。尽管由于非营利组织和公益性事业单位自身职能和能力的限制使得志愿机制作用的空间有限,但它不失为一种独立的、有社会意义的政府信息资源开发方式,是对政府和市场开发的有益补充,而且它也是一种普遍存在的方式。

① 本研究的公私合作并不涉及志愿机制,但为了体系的完整性,保留了相关内容。

(一)志愿机制的开发主体

以公益性方式提供政府信息资源的不仅有上述的非营利组织和公益性事业单位,私营部门也会提供。例如,高德地图免费提供导航信息、气象信息、环境信息等,但其并不是一种以志愿求公益的行为,政府信息"作为一种'副产品'被提供出来,生产者虽然不能对信息收取费用,却可能会通过'免费'提供信息而在其他方面获益"①。所以志愿机制的开发主体主要包括图书档案机构、社会团体及其他非营利性社会中介组织等非营利性组织。它们有着相同的活动目标,即都以"社会公益"为宗旨。具体如下:

1. 图书档案机构。图书馆、档案馆以及现行文件查阅中心都是国家为了社会公益目的,由国家机关举办或者其他组织利用国有资产举办的社会服务组织。它们面向社会公众提供各种政府出版物、档案、文件等政府信息,十分注重社会效益,服务对象广泛,是我国政府信息资源公益性开发的主要力量。档案馆,尤其是各级政府的综合性档案馆是查阅国家政府文件的集散地。而图书馆将政府出版物作为重要的服务内容。很多的图书馆依据自身的馆藏资源开发了大量的政府信息产品,如政府法规数据库、报刊剪报等,以公益为目的满足公众信息需求。

2. 社会团体。根据中国现行的《社会团体登记管理条例》的定义,社会团体是指中国公民根据自愿组成,为实现会员共同意愿,按照其章程开展活动的非营利性社会组织,如各种学术、专业和行业协会。这些团体为组织所在专业、行业领域的组织成员提供信息交流平台、向组织成员提供行业规划、业界动态、行业统计数据、政策法规等信息,向政府和企业提供无偿或有偿信息服务。例如《商会协会行业信用建设工作指导意见》(整规办发[2005]29号)要求商会协会"利用信用信息开展服务","商会协会要根据自身的实际情况,建

① 李刚:《市场信息学》,武汉大学出版社1996年版,第30页。

立行业内部信用信息收集渠道，依法收集和记录会员企业在生产、经营中产生的有关信用信息，包括会员企业自身的信用信息和交易伙伴的信用信息，通过建设行业信用数据库和重点企业的信用档案等手段和方式，开展对会员企业的服务”。①

3. 民办非企业。根据《民办非企业单位登记管理暂行条例》，民办非企业是指企业事业单位、社会团体和其他社会力量以及公民个人利用非国有资产举办的，从事非营利性社会服务活动的社会组织。例如，上海闵行区青悦环保信息技术服务中心是2015年1月在上海市闵行区民政局注册的民办非企业单位，利用技术手段定时收集并存储各类环境数据，同时以开放数据方式对外提供环境数据，以推动环境信息公开、促进环境相关科研的进步。

4. 区域性自我管理自我服务性社会组织。主要指分布在基层的各类社会自治组织，如社区组织为了社区的公共利益提供与社区利益相关的信息。在英国，剑桥在线（Cambridge Online）是一个社区服务网，旨在为剑桥附近的居民提供信息和服务，成员为商店、企业、社团、慈善机构及剑桥居民。当地政府与 Cambridge Online 合作，利用它提供当地政府的最新信息。

（二）志愿机制的意涵

1. 决策机制。它是以社团组织、公益性事业单位的独立、分散、自愿决策为基础的，组织决策相对独立，从组织本身的职责或具有的“公益人”动机选择供给的范围、方式和对象。

2. 筹资机制。志愿机制开发主体的资金主要来源于：一是政府拨款；二是成员会费；三是接受的无偿的社会捐赠；四是在核准的业务范围内开展活动或服务的收入；五是利息，以及其他一些合法收入。这些资金都是用于业务的开展，而不是个人占有。

① 《商会协会行业信用建设工作指导意见》（整规办发［2005］29号）。

3. 激励约束机制。志愿组织作为公益性组织,除了受自身的公益性、非营利性以及组织制定的各种章程所带来的激励和约束外,也受到来自政府和社会方面的激励与约束。政府制定的各种支持社团、公益性事业单位的法规政策、良好发展环境以及社会和政府部门对其的认可是志愿机制发展的动力。而国家对其事务范围、资金管理等方面的监督,社会公众对其活动的监督对其形成约束。组织成员规模的大小、接受捐赠的数量、政府的财政拨款在表示出社会和政府对其接受程度的同时,也可形成外在制约,这些决定了组织能否生存下去。

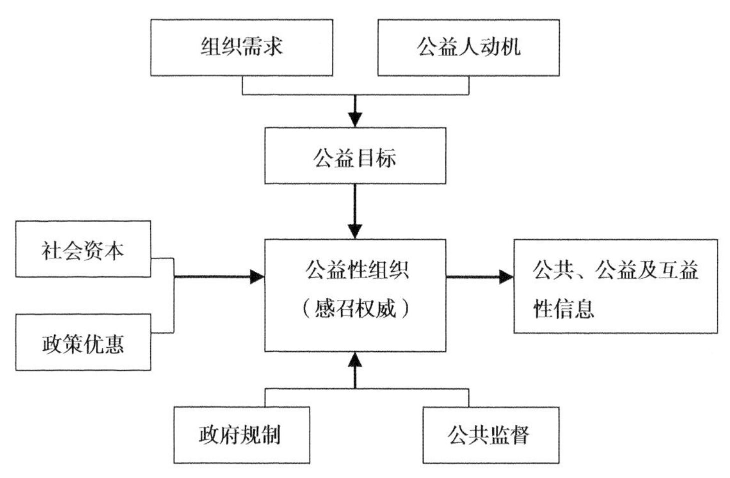

图 3-3　政府信息资源开发的志愿机制

（三）志愿开发的理由

1. 源于组织的职责要求。很多的行业协会、学会、专业委员会的职责决定了信息交流、咨询、科普、培训是其活动的主要内容,很多服务与信息服务有关。例如,中国信息协会的任务是:以推进国民经济和社会信息化为中心,以推进信息资源的开发利用和信息服务业的发展为重点,搭建政府与企业、政府与公众之间的桥梁,发挥沟通、咨询、中介、服务的作用,努力为会员服务、为政府服务、为企事业单位服务。① 中国中小企业协会章程规定“建立信息平台，收集和发布中小企业所需要的各种信息”是该会的业务范围之一。② 从这些任务和业务范围说明可看出进行信息收集、整理、评价和分析，并发布、出版相关信息是此类非营利性组织的重要职能与任务之一。1994 年，国际图联和联合国教科文组织共同发布的《公共图书馆宣言》明确指出，公共图书馆是传播信息的一支有生力量，“是地区的信息中心，它向用户及时提供各种知识和信息”，“保证公民获取各种社区信息”“为地方企业、社团群体提供充足的信息”是公共图书馆的主要使命之一。这些组织的职责取决于组织内部成员或服务成员的需求。

2. 源于组织的公益人动机。非营利组织和公益性事业单位的运作机制是以自愿求公益，通过具有平等地位的社会活动主体的个人选择、理解，形成共同的道德和信念追求公共利益，所以互益及公益动机是这些组织成立的初衷，他们在追求组织公益目标的时候，会自愿提供和交换各种公益性信息，改变公众的认识，从而成为公益信息提供的“公益人”，这也是其生存方式。

3. 源于政府和市场的失灵。政府失灵和市场失灵的存在为志愿机制的出现创造了现实的需求。政府无法为全体成员提供所需的全部公益性信息资源，而市场又不愿介入，所以一些个人、团体自发组织起来形成自治组织。随着中央和地方政府纷纷出台关于政府向社会力量购买服务、推进政府职能向社会组织转移的政策，越来越多的社会组织成为公共服务合同的签订者。在信息资源领域也同样如此，很多的学会、协会、专业委员会已经成为相关领域信息的集散地，同时为政府、企业和社会公众提供信息服务。以统计信息为例，早在 2001 年，国家统计局的部分行业统计职能都委托给行业协会商会，并允许这些协会利用允许公开的统计资料，为社会公众提供信息咨询。2015

① 《中国信息协会简介》，见 http://www.ciia.org.cn/。

② 《中国中小企业协会章程》，见 http://www.smexm.gov.cn/2006-10/200610161000065177.htm。

年发布的《行业协会商会与行政机关脱钩总体方案》，同样鼓励行业协会商会参与行业数据统计等事务，要“全国性行业协会商会的有关行业统计数据，按原规定报送国家统计局。行业协会商会应按原渠道向行业管理部门报送相关行业数据和信息。有关职能部门要建立行业公共信息交汇平台，整合全国性行业协会商会的有关数据，为行业协会商会提供必要的行业信息和数据”①。

（四）志愿机制的优势

社团组织和公益性事业单位在开发政府信息资源领域具有很大的发展空间，在对社会多元化需求做出及时回应，提供源于需求的专业性、行业性、地域性政府信息资源服务中发挥着公正、公益性作用。

1. 良好的合作关系网络确保组织具有良好的信息基础。非营利社会中介组织面向政府、企业和社会的服务职能，以及联系政府与企业、联系政府与社会、联系国内与国外的中介功能使得它一般具有良好的合作关系网络。大量的个体和团体会员构成组织内部的信息网络，与政府、企业和国外相关政府机构、协会和企业的合作形成了组织外信息网络，这不仅是一个信息交流平台，也是一个信息及信息需求收集网络，便于组织及时获取各地、各个层次和级别的信息。尤其是大多数非营利性组织接受着对口行业主管部门的业务指导和监督管理，与相关政府部门建立有良好的合作关系。例如，中国信息协会接受民政部和国家发改委的业务指导和监督管理，现有分支机构 24 个，以及全国 32 个省、自治区、直辖市和 15 个副省级城市省市均设立了地方信息协会，地方信息协会与中国信息协会保持着经常性的业务联系，形成了全国信息行业组织网络。

2. 独立灵活的运行机制确保了服务的针对性。这些非营利社会中介组

① 《行业协会商会与行政机关脱钩总体方案》，2015 年 7 月 8 日，见 http://www.law-lib.com/law/law_view1.asp? id=506564。

织既独立于政府官僚体系，避免了政府的不当干预，而且不同于政府官僚体系，是公民志愿参与的自治性组织，它不同于政府机构的权力等级制的运作原则，而是多样的、灵活的、平等的、参与式的组织结构，组织运作上超越国家机构的官僚作风，自下而上的服务机制能更了解成员、社会公众的现实信息需求，从而提供更具针对性的信息资源。

3. 公益组织的多样性确保了服务的专业性以及能够对社会多元需求做出及时回应。一般而言，非营利组织都仅围绕一个领域服务，这就使得它们提供的信息服务具有较强的专业性，而且能够对社会的多元信息需求及时回应。截至 2017 年底，全国共有社会团队 35. 5 万个，其中，工商服务业类 3. 9 万个，科技研究类 1. 5 万个，教育类 1. 0 万个，卫生类 0. 9 万个，生态环境类 0. 6 万个，法律类 0. 3 万个。全国共有民办非企业单位 40. 0 万个，其中，科技服务类 1. 6 万个，生态环境类 501 个，教育类 21. 7 万个，卫生类 2. 7 万个，法律类 1197 个。①

4. 公益组织的自愿、公益及互益性决定了服务的公益性。目前各种协会、图书馆、档案部门在工作中坚持服务第一，以社会效益为主、经济效益为辅的指导方针，开展的各项活动不以营利为目的。虽然除了开展无偿服务外，还开展有偿服务，但主要是用以增强协会和组织的经济基础和生存发展能力。

（五）志愿机制的作用边界和条件

1. 作用边界

总的来说，公益性事业单位和社团组织的出现，从一定程度上弥补了政府和市场功能的不足，是政府部门以外的公益性信息资源的提供者。所以这些公益性组织在纯公共物品属性（与行业有关的国家政策法规等信息）和准公共物品属性（由自身职责决定的一些具有俱乐部属性的政府信息资源，面向

① 国家民政部：《2017 年社会服务发展统计公报》，2018 年 8 月 2 日，见 http://www.mca.gov.cn/article/sj/tjgb/2017/201708021607.pdf。

特定专业、行业或区域的用户）的政府信息资源领域都可发挥作用。公益性组织可以直接提供（如政策咨询、统计数据调查），也可以在自身职能履行过程中“捎带”提供；可以无偿或者会费等形式供给；可以依靠自身力量自主提供，也可以与政府、企业合作提供，如接受政府委托或与政府合作以及享受政府资助和税收优惠待遇等方式介入政府信息资源领域；可以接受企业委托或与企业合作以公益活动、研讨会、主题营销等方式提供信息，如借助企业产品宣传会，进行相关农业科技信息、环境保护信息、政策规章的传播。

2. 作用条件

志愿机制存在的前提是公共需求和公共利益。一方面，为了实现公共利益，满足公共需求，公益性组织将这些公共需求转换为组织目标，从而确定了自身的运行方向。但一种社会机制的运转，仅有目标是不够的，还需要实现目标之手段。然而，这些公益性组织一般不进行物质生产，因而没有自营资金用于组织目标的实现；它们一般也不能制定强制性的政策、法规，因而无法运用公共权力实现组织目标。在这种情况下，公益性组织就必须依赖政府组织的财政拨款、委托、政策优惠、企业组织及个人的资金资助来实现其公益目标。另一方面，公益性组织是以满足公共需求、实现公共利益为目的的，政府和企业有责任与其一起实现人类共同的社会信息福利，因而在志愿机制运行中的政府政策支持和企业资金资助是可能而且必要的。鉴于我国目前公益性信息机构规模弱小，我们需要积极培育和发展公益性信息组织。

此外，由于目前缺乏完善的条例或法规对公益性组织进行规范管理，所以公益性组织在发展中出现了大量问题，例如对政府依赖性强、违背非营利原则、角色变形、功能扭曲等问题，所以针对如何实现“政社分开”“政事分开”，增强非营利性社会信息中介组织和事业性信息机构的独立性和自我发展能力应出台相关政策法规。

经过上述对政府信息资源开发机制的规范性分析，可以看出，政府、市场和公益性组织在政府信息资源开发中各有优势和作用边界，三者之间不仅可以分工提供公共物品属性强弱程度不同的政府信息资源,而且一定程度上能弥补其他机制的一些不足之处。政府、企业和公益性组织的三方伙伴关系,以及由此形成的政府信息资源多元开发机制,是政府信息资源有效、持续开发的基础和前提。

正如彼得 N.韦斯(Peter N.Weiss)在其《冲突中的国际信息政策:开放与无限制获取 Vs 政府信息商业化》①一文中所说的:“多元化——政府信息效益最大化的关键。”

“多元化是经济繁荣的关键。‘商业的货币’,亚当·斯密曾经称之为国家的财富,就是由多样化的实体产生、共享和使用的。这包括各种所有制的大中小型企业,包括农业、制造业、金融机构、政府和个人,他们彼此之间扮演着不同却又互补的角色来推动经济的发展。而多元化也是民主发展的关键。正如刚才斯密的‘商业的货币’帮助展示了多元化原则,杰斐逊的‘民主的货币’②也应该由不同的实体生产、共享和使用。这包括联邦机构、营利组织、图书馆和非营利组织、各级地方政府和个人。这些主体也应该扮演不同却又互补的角色来推动民主的发展。在美国,各级地方政府与联邦政府合作进行收集、处理和传播政府信息。非营利部门作为另一重要元素,尤其是图书馆,扮演着信息传播中关键的一环。几乎每一社区都有图书馆,图书馆不仅满足我们的教育需求,而且通过传播各种与大众利益相关的信息,如健康、福利等,而成为国家经济‘安全网(safety net)’的一部分。

这种多元化也导致了大量以政府信息资源为内容的产业的发展。这些产业通过创造新的工作机会推动国家经济的健康发展,通过自己以及自己雇员缴纳的税费扩大政府财政。以下是一些事例:

---

① Peter N.Weiss, Peter Backlund, “International Information Policy in Conflict: Open and Unrestricted Access Versus Government Commercialization”, *The Computer Law and Security Report*, Vol.12, No.6(November-December 1996), pp.382-389.

② 托马斯·杰斐逊认为政府信息是“民主的货币”。

大量的企业利用政府生产的天气数据,将其开发成包括商业天气预报在内的各种信息产品。事实上,目前还存在一个面向全国范围的天气频道,一天24小时发布天气信息。在华盛顿还出现了商业天气服务公司构成的特定贸易协会。

工业生产率得到提高,因为越来越多的专业信息公司利用从专利办公室获取的专利信息进行开发,为相关企业提供定制信息产品,使其能够跟上特定技术的发展。这是政府部门因为资源有限而不能为工业提供的服务。

美国的地图通常是由政府生产的地理数据库而来的。事实上,目前人们可以购买私人加工的CD-ROM产品,上面显示了国家所有的道路信息,将其转入可携带式计算机就可使用。

而目前CD-ROM的无处不在就是多元化发挥作用的最佳例证。CD-ROM提供了大量的信息和服务,从游戏到百科全书。美国的光盘制作产业可谓全球最大,而它的发展就是因为存在大量的免予版权保护的政府信息资源。

政府部门、营利部门和自愿组织的信息活动能够而且必须共存。他们的信息活动是互补的,而不是竞争的。他们都具有各自极大的角色发挥的发展空间。

倡导多元化的信息源和信息渠道的政策出台就是基于目前没有任何一个供应者能够生产出满足所有信息需求的信息产品的现实。"

第二节　政府信息资源开发机制的实践模式

如上所述,政府信息资源开发有政府、市场等机制,依据政府和市场主体在政府信息资源生命周期的信息收集、信息融合与加工处理、信息发布与服务等环节的分工与协作就形成了不同的运营模式。在政府信息资源服务体系中,交通信息服务已经随着国民经济快速发展、公众出行方式日趋多样化、公众交通出行信息需求日益增强而成为一个重要组成部分。因此,将以公众交通出行信息服务模式为例，基于国内外的实践予以大致归类分析。

一、公办公营模式

（一）模式特点

如图 3-4 所示，在该模式中，政府控制了交通信息服务的整个供应链，信息收集、信息融合、信息发布均由负责交通信息系统的政府机构开展，政府拥有系统和数据的所有权，全权控制系统的建设和运营。政府部门利用其投资部署的信息基础设施进行数据收集，并与其他交通信息有关部门进行数据共享与融合，将交通信息以公益性质提供给公众使用，没有来自私营部门数据或者业务的支持。但是，通过协议私人企业可以获取或购买政府数据，成为私人企业进行增值开发的“原料”，进行再包装和深度加工处理或个性服务出售给消费者。

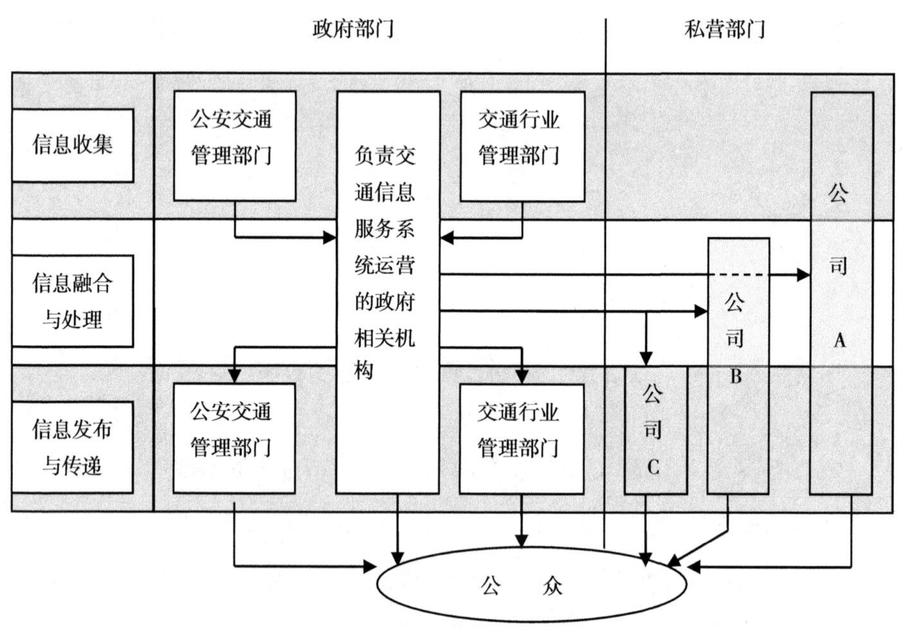

图 3-4　公办公营型交通信息服务模式

(二)实践案例①

2005年,原交通部启动"公众出行交通信息服务"后,很多地方的公众出行交通信息服务平台建设在早期基本采取了这种模式。例如,北京市公众出行信息服务是在北京市交通综合信息平台实体框架的基础上,利用自己已整合的数据及数据源开展起来的。

建设机制:其投资主体是政府,主要是地方政府投资以及国家相关部委的专项建设资金。建设主体是政府,由政府部门或政府授权的企事业单位负责具体建设工作,并协调其他相关部门参与建设工作。北京市公众出行交通信息服务系统示范工程的投资来源及额度为:交通部拨款400万元,北京市交通委拨款1709万元,自筹经费50万元,总经费2159万元。

运营机制:在运营方面,全部由北京市交通委员会的直属事业单位北京市交通信息中心承担,日常运营维护资金由政府全额拨款,年运行维护费包括硬件设备运维费与系统软件运维费两部分,分别为硬件设备费的6%和系统软件费的9%。

服务机制:由政府部门提供公益性、普遍性的基础交通信息服务。而且在确保公平、公正的前提下,北京市交通信息中心还对一些交通信息服务提供商,例如世纪高通,提供数据源支持,允许其开展商业增值性信息服务。

(三)模式的优缺点分析

模式的主要优点在于:1. 政府部门拥有对信息系统和数据最大的控制权,能够满足其内部管理和外部服务的需求,在面向公众的公益性服务方面有保障;2. 政府牵头推动有利于信息系统建设运营过程中各部门之间的协调,有利于项目顺利推进,有利于交通数据整合和综合管理;3. 由于政府部

① 许淼等:《综合交通信息平台的政府行为型发展模式研究》,《交通运输系统工程与信息》2007年第5期。

门在履行管理职能的过程中已经部署了大量的信息基础设施，如线圈、视频、微波等数据采集探测器和显示屏、可变信息板等信息发布设施，掌握有大量交通行业数据资源，采取该种模式，对于政府而言，前期建设难度相对较少。

模式的主要缺点在于：1. 政府承担建设、运维和服务的全部投资，资金压力大且风险高；2. 大多数公共部门缺乏相应的技术技能和人员来有效履行信息融合与深度加工处理相关职能；3. 面向公众提供免费服务，虽然达成了社会公益的目标，但限制了交通信息服务创收的潜力，不仅无法激励政府部门扩大服务内容和深度，而且打击了私营部门扩大投资市场的兴趣；4. 服务创收最少，仅能通过向私营企业出售数据获得，这不仅引起很大争议，而且无法有效弥补成本投入及支持系统持续运营。

（四）模式的作用条件分析

该模式的成功运营需要以下条件：1. 政府的大力支持和高度重视。由于项目建设初期推动难度比较大，投资额度巨大，建设门槛较高，需要政府高层部门的支持和推动；2. 政府拥有足够的财力、人力支持服务的建设和长期运营。但立足实际，交通信息服务系统的建设与运营是一个涉及基础设施部署、数据收集、数据融合、数据加工处理、信息发布与服务等环节的，需要投入大量的设备、人力、技术、资金的长期运维业务，单一依靠政府部门现有资源无法支持其长期发展，需要走“政府主导、市场运作”之路。北京市交通信息中心已经尝试负担运营费用，委托专业公司进行日常运营维护，并鼓励后期在不断完善动态交通信息服务的基础上，由运营公司开展个性化增值服务，逐步减少政府的建设和运营费投入。因此，一个机构想控制交通信息服务但是没有钱和基础设施则不能应用该种模式。

二、合同外包模式

(一)模式特点

合同外包模式下,系统所有权依旧归政府所有,政府对交通信息服务的规划、建设、运营和维护具有主导和控制权,但是可以通过与私营部门签订承包合同,借助私营部门的技术、人员、管理经验等实现某一环节或整个过程的市场运作。其本质是政府购买,承包商一般是通过招标择优而定。合同外包模式可以采取多种方式,例如,交钥匙(政府部门提出规格要求,承包商全权负责系统的规划设计、建设、系统试运行等业务,然后将项目的所有权和管理权完整交给政府部门,由其开展正式的运营和维护)、生命周期某一环节外包(即信息采集、信息融合、信息发布三个阶段的某一个阶段交由承包商进行)、系统运营与维护外包(即政府部门建设好系统后,交由承包商承担运营和维护职能),如图 3-5 所示。

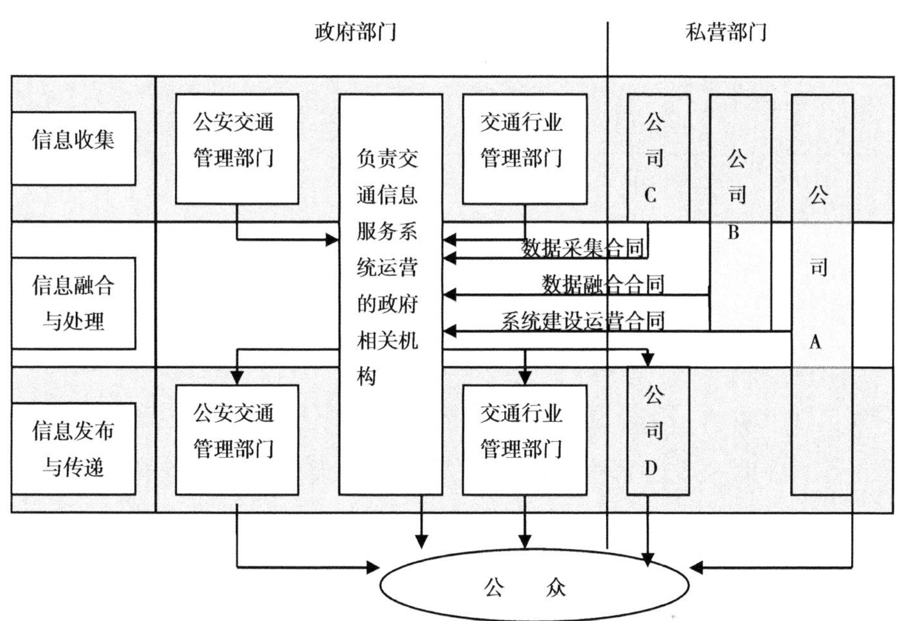

图 3-5　合同外包型交通信息服务模式

(二)实践案例

在“有限政府”“转变政府职能”等理念的引领下,合同外包日渐成为公共事务管理与公共服务供给的主要方式之一。很多政府通过合同外包将政府职能交由私营部门或者公益性社会组织承接。在交通信息服务领域,合同外包是主流实践模式。表 3-1 显示了美国政府部门交通信息服务合同外包的一些情况。

表 3-1　美国政府部门交通信息服务合同外包中私营部门签约角色①

信息收集	一些数据收集公司,如 SpeedInfo、Traffic.com 和 TriChord,通过自己的道路基础设施收集数据,销售数据给公共部门和其他私人企业。
信息聚合	Traffic.com 和 Inrix 公司从各种车队、公共部门和其他来源收集数据,包括速度/流量以及事故等信息,面向公共部门和其他私人企业提供整合后的数据服务。
信息发布	信息发布的承包经营在美国最常见,尤其是在美国 511 交通信息服务中日渐增长。一些私人企业参与了 511 交互式语音应答(IVR)电话系统的开发和经营。弗吉尼亚州与 TrafficLand 签约实现弗吉尼亚交通管理部的视频图像通过网络和广播媒体的传播。
系统开发和运营	该类别包括私人企业承包开发或经营交通信息服务系统的某一业务单元,例如数据融合引擎、数据库或报告系统,或其他关键方面。

立足国内,很多交通管理部门都是在确定了交通信息服务系统的功能和框架后,通过向社会各类企业公开招标,完成了这些计划或项目的实施。例如,2010 年在上海世博会期间,上海市交通信息中心和中国移动与美慧软件公司签订协议,开展移动通信领域实时交通信息采集、处理、应用服务的合作。

数据采集:在美慧软件公司提供的基于移动通信网路的实时交通数据采集技术支持下,中国移动上海公司根据上海市交通信息中心的需求,采集移动

① Lisa Burgess, *Real-time Traveler Information Services Business Models: State of the Practice Review*, Washington, DC: Federal Highway Administration, 2007, p.23.

网络中的手机信令数据,经过滤后提供给上海市交通信息中心。

数据融合:在美慧软件公司提供的多源交通数据融合技术支持下,交通信息中心对移动网络手机信令数据、政府拥有的固定监测设施如线圈、摄像头等数据以及基于出租车的浮动车 GPS 数据进行融合分析处理,将其转换为上海市主要高速道路和地面道路的出行时间和出行速度,并提供给中国移动上海公司在手机上发布。

数据发布:上海移动用户只需发送短信至 106582011 或者直接致电 12580 人工服务,即可通过语音播报、短信和彩信方式多种方式获得实时路况,数据覆盖广,涵盖了上海市的快速路、主干道、次干道、高速公路和国省干道。

(三)模式的优缺点分析

这种模式相对于公办公营模式的主要优点在于:1. 允许政府利用私营部门的技术、人员及经验的同时还能拥有对系统和数据的控制权;2. 引入竞争,提升了服务质量和效率,确保公共政策目标以更低成本实现;3. 借助政府的资金和支持,能够扶持尚处于成长阶段的国内交通信息服务提供商,培育交通信息服务市场,推动交通信息服务产业发展。

模式的主要缺点在于:1. 合同外包的本质是政府购买,因此政府投资成本依旧非常高;2. 在合同续约时,如果私营部门拥有关键技术,将会使政府部门陷入弱势的讨价还价境地,甚至存在私营部门不愿续约而导致的系统终止危机;3. 面向公众免费提供高水平服务更加限制了私营部门营利的潜能,从而阻碍了交通信息服务市场的发展。

(四)模式的作用条件

因政府人力、技术的局限,合同外包模式在交通信息服务中应用最为普遍,该模式除了需要政府的高度重视和大力资金支持以外,还需满足以下条件:1. 政府部门具有很强的合同监管(质量、成本、进度等)能力;2. 服务是硬性的,即服务的要求与标准能够清晰表达;3. 存在一个提供服务的竞争性市场,从而确保选择到最优的承包商;4."市场购买价"(包括招标成本、谈判、签订合同成本、监督成本、风险成本等总和)小于"组织内部生产成本"。

三、公私合营模式

(一)模式特点

公私合营模式是指政府和私人企业联合行动共同开展交通信息服务。政府在履行交通管理职责过程中部署了大量的固定监测器,用以收集数据,而私营部门拥有技术和服务创新所需的灵活机制与人才保障,在数据融合及用户服务方面具有优势,两者各有分工优势互补。但是因为政府和私营部门对于服务动机的不同,以及政府对于数据所有权的控制,该模式在现实中并不普遍,其主要代表案例是日本的 VICS。

(二)实践案例①

VICS 作为日本交通信息服务系统的一个重要组成部分,是道路交通信息通信系统中心(Vehicle Information Communication System,VICS)的简称。VICS 于 1996 年启动,是由警察厅、邮政省(现已改为总务省)、建设省和运输省(两省现已改为国土交通省)等同 200 多家民间部门合作共同推动开发而成的公益性服务。由 VICS 中心负责运营。VICS 中心的运行机制是由交通管理者(公安委员会、警察厅)和道路管理者(道路公团等)双方提供交通信息,经日本道路交通信息中心集中到 VICS 中心,然后这些信息再由 VICS 中心传送给司机和车载装置。目前,服务范围涵盖全日本。VICS 的运作如图 3-6 所示:

① Vehicle Information and Communication System Center, *VICS Evolution 1990-2010*, Tokyo: Vehicle Information and Communication System Center, 2010, p.5.

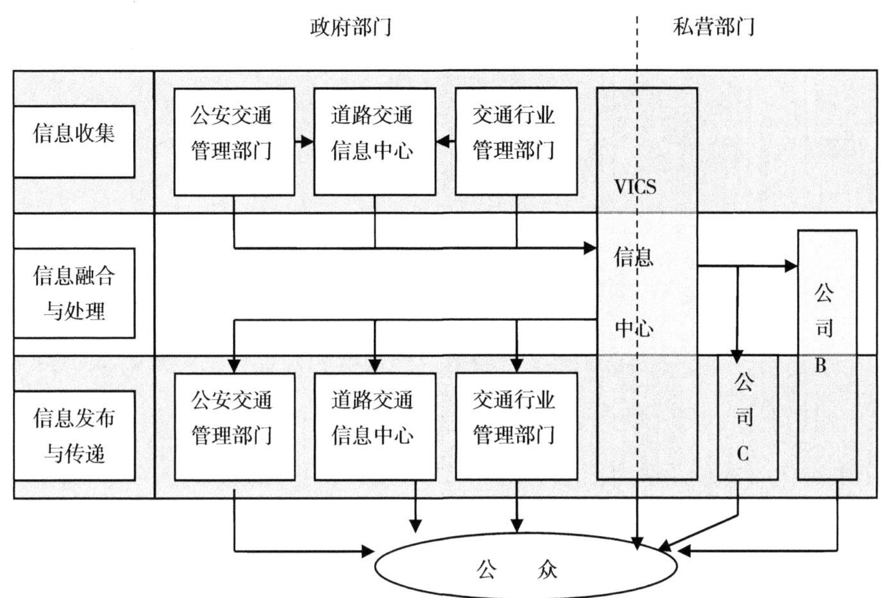

图 3-6　公私合营型 VICS 交通信息服务模式

数据收集:VICS 中心收集信息的来源是日本道路情报信息中心(JARTIC),日本都、道、府、县警察部门和高速公路管理部门。来自警察部门的交通信息主要是交通管制信息、停车场信息等;来自道路管理者的信息主要是指高速公路运营管理者的信息,如首都高速公路公团负责运营管理的东京地区的城市高速公路的交通信息等。

数据处理:VICS 信息中心将从上述部门收集到的数据进行编辑、处理,经过编辑处理的交通状况信息与卫星定位和电子地图等有机地融为一体,形成各种可用的交通信息,例如行程时间、交通拥堵、交通事故、车道限制、停车场位置及车位空置状况等信息。

数据提供:经过加工处理形成的以地图、简易图形、文字三种形式表示的交通信息,通过安装在全国道路上的信标或 FM 多路广播设备传送至每一辆车上的导航设备。

营利模式：VICS 中心作为半公立性质的公共利益财团法人，对公众服务是免费的，而维持中心正常运转的资金来源主要有三项：赞助厂商、会员费和技术费，即为成立 VICS 的早期来自车辆制造厂商、通信设备制造商、电子制造商及银行的赞助费；导航仪和汽车厂商的会员费及他们利用 VICS 的使用费和技术顾问费。

（三）模式的优缺点分析

模式的主要优点在于：该模式是公益性服务和市场化运作的极好结合，有效实现了资金、资源、风险等在政府和私营部门之间的共同分担。1. 面向市场创收，大大降低了政府的成本投入；2. 政府因对数据资源的所有权，依旧对交通信息服务供应链拥有很大的控制权；3. 借助私人力量，实现交通信息资源的增值。

模式的主要缺点在于：借助政府提供的数据源支持，运营机构形成了得天独厚的竞争优势，对其他市场主体形成进入壁垒或不公平竞争，不利于交通信息服务市场整体发展。

（四）模式的作用条件分析

VICS 系统良好的运行主要源于政府的高度开放性和重视程度。政府制定了一系列国家发展战略，体现了国家层面的高度重视，而且投入了大量资金进行基础设施的部署。日本全国各个都、道、府、县都设有交通控制中心，实现了对所有道路交叉路口的监控，为 VICS 提供稳定而持续的信息源。道路管理部门和警察部门在 VICS 路段安装了大量的信标进行信息传送。因此，该模式需满足以下条件：1. 政府高度重视；2. 实现所有交通管理部门之间的数据共享；3. 政府部门交通数据信息采集和信息发布基础设施的全面部署；4. 良好的公私合作机制，由于政府和私人组织自身价值取向与参与动机不同，因此合作之前，必须明确公私分工，规定彼此的义务与职责，建立利益协调机制。

四、特许经营模式

(一)模式特点

从公共管理的角度出发,特许经营是指政府以特许方式将一种现有业务或服务的经营和管理权授予被特许者,通过特许协议明确政府与获得特许权的企业之间的权利和义务,并准许其通过向用户收取费用、出售产品或者以其他经营方式回收投资并赚取利润。如图 3-7 所示:政府将交通信息服务的一些环节或者整个供应链授予一个或几个企业进行。政府可获得特许公司的数据服务于内部职能,但政府的对外信息服务依旧是基于自身力量来提供。

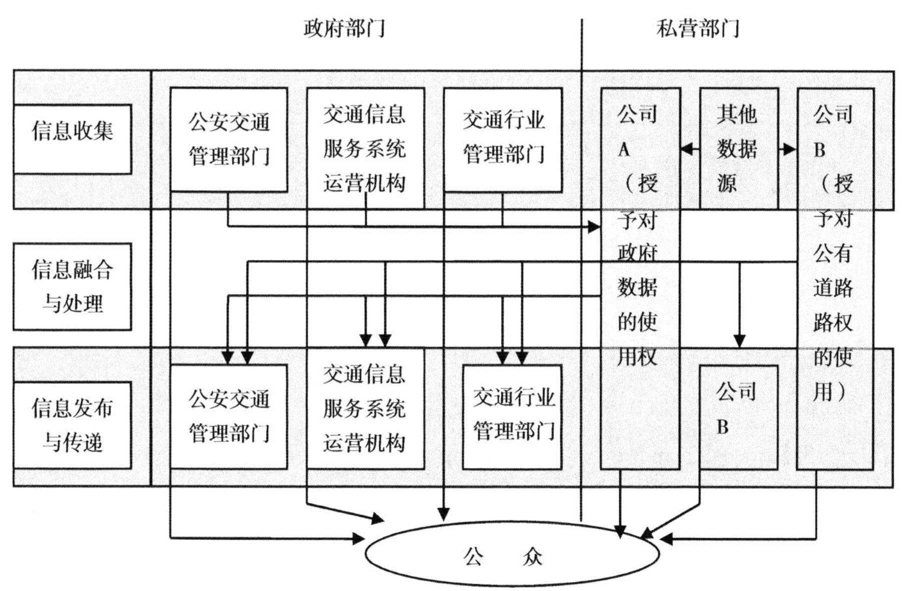

图 3-7 特许经营型交通信息服务模式

目前,交通信息服务中的特许经营模式主要有以下几种表现形式:

1. 基础设施建设的特许经营。(1)数据收集基础设施:授予私人公司对路权(right-of-way)的免费使用,允许其在道路上安装数据收集基础设施,对所收集进行整合处理形成的信息免费提供给政府部门内部使用,公司对外开展营利服务，例如英国的 Traffic Master、美国的 Traffic.com；(2)信息发布基础设施：授予私人公司对路权(right-of-way)的免费使用，允许其在道路上安装信息发布基础设施，公司通过用户付费或者广告收入来盈利，例如，美国福罗里达州、堪萨斯州、密歇根州及华盛顿州的交通管理部门，没有支付一分钱，与私营部门服务提供商合作在路边休息点提供 wifi 服务。

2. 数据融合业务的特许经营。政府将数据融合业务以排他方式授予私人公司承接，作为独家获得政府部门数据访问权的回报，私人公司同意将融合处理后的数据免费提供给政府内部使用，公司对外开展营利服务。如美国 SANDAG 的交通信息服务，授予 Telvent Farradyne 公司拥有独家使用交通部门的实时数据以及授权使用 SANDAG 511 品牌的权利，公司在提供基准线的交通信息服务基础上，可以利用这些数据和品牌发展与媒体、互联网服务供应商和其他组织的业务战略，进行创收以支持业务运营。①

(二)实践案例

英国 Traffic Master 是一家卫星导航和数字交通信息服务厂商，在全英国乃至欧洲交通信息市场中占有主导地位。Traffic Master 与英国交通部建立了独一无二的合作关系来开展数据收集和提供交通信息服务。1989 年，英国交通部授权公司部署交通监测试点项目——在伦敦的 M25 车道上部署交通流量监测设施。1992 年，由于试点项目成功，英国交通部又授予一个 12 年计划，让其部署全国的道路和卡车道路。1996 年，又获得交通部 25 年的特许权，范围涵盖英格兰、苏格兰和威尔士，包含车道红外线侦测器和卡车的车流侦测器。基于这些来自全国路网的侦测器和传感器，Traffic Master 提供比竞争者质量更佳的产品。

总体而言，Traffic Master 的运作方式为由其在全国范围内部署的固定探

---

① Lisa Burgess, *Real-time Traveler Information Services Business Models: State of the Practice Review*, Washington, DC: Federal Highway Administration, 2007, p.23.

测器进行数据收集,并辅以浮动车数据,将这些收集的数据传递给公司的全国交通数据中心加工处理,然后交通数据中心使用标准的无线通信技术将信息传送给车载单元。该公司开发了一系列的车载和手持设备,例如 Traffic Freeway、Traffic Alert 1740 以及 Traffic YQ。除了这些各式各样的车载产品与服务,也可通过拨打 1740 电话得到,此信息服务是由 RAC(Royal Automobile Club)和英国主要移动电话营运商合作来提供。

(三)模式的优缺点分析

模式的主要优点在于:1. 能够达到以私补公的目的,政府不花钱(如英国的 Traffic Master)或者少花钱(如美国的 Traffic.com)就能让公众获得质量更高的服务;2. 降低政府投入成本,改善政府财力不足导致的无法进行大规模信息设施投资的问题;3. 借用市场机制的灵活和创新优势,最大化利用私人公司的技术和能力提高信息服务水平;4. 提高私营部门的市场收入,拓展交通信息服务市场。

模式的主要缺点在于:1. 公众将需要支付(有时不是直接支付,例如听广告)那些在前几种模式下可以免费获得的数据;2. 政府失去对服务供应链的控制,必须依赖私营部门推动各项业务的开展;3. 私人企业对基础设施或数据的专有权,容易产生垄断风险,增加消费者成本,降低私营部门创新的动机;4. 风险较高,如果私营部门舍弃该市场(因为未能产生足够的利润),相应业务将无法开展。

(四)模式的作用条件分析

目前,在政府信息领域引入特许经营模式,一方面是政府财力、人力不足,无法进行大规模的信息基础设施部署;另一方面是政府想借助市场机制达到提升服务质量和节约政府成本的目的。而私人公司之所以能够参与是因为发现特许经营项目具有获利商机。所以特许经营一般适用于那些能够收费或能够带来其他获利商机的项目。但从项目本身而言，还应满足以下这些条件：

1. 从社会效益的角度而言，项目应该具有以下主要特征：①社会性，即关系到国计民生，能否有效提供具有广泛的社会影响；②公益性，即大多是具有正外在性的物品；③共享性，即共同消费性。①

2. 从经济效益的角度而言，这些项目应该具有以下四个方面的特征：①资源稀缺性，即相对于需求而言，目前可供数量和质量有限；②规模经济效益，即随着生产规模的扩大，产品和服务的每一单位平均成本出现下降的现象；③范围经济效益，是指追加新的信息设施进行联合生产，要比单独生产的成本低；④部分可追加性，是指如果单一企业生产所有各种产品的总成本小于多个企业分别生产这些产品的成本之和，企业的成本方程就是部分可追加的，它是范围经济效益的体现，也就是说只有一家企业生产是符合效率原则的。

具有这些属性的项目，一方面需要规模经济，初始投资巨大，资本回收周期长；另一方面政府若全盘控制，不仅会形成独家或寡头垄断，极大地影响信息服务产业的发展，而且由于缺乏竞争，价格可能远高于边际成本。此外，由于垄断，政府的效率是值得怀疑的，从而出现对社会公众不利的局面。所以需要引入市场机制，避免垄断的出现，吸引民间资本，补充政府资本的不足。虽然充分竞争有利于提高产品和服务质量，但过多的生产商势必会导致重复建设，引起社会资源浪费，所以政府利用强制力设立特许经营权，设置准入门槛，允许一家或一些商家介入，而不是所有。

五、完全私营模式

（一）模式特点

在该种模式下，私人公司独立进行规划设计、建设、运营和提供服务，拥有

① 朱会冲、张燎：《基础设施项目投融资理论与实务》，复旦大学出版社2002年版，第4—6页。

系统和服务产品的所有权。如图 3-8 所示:政府供应链和私人供应链基本是平行的两条线,政府和私人公司均是交通信息服务市场的主体,存在竞争关系。但因为政府对交通数据的控制,这类公司一般除了通过自行建立数据收集系统获得数据之外,还会利用政府公开的交通数据或者通过购买其他数据源(包括政府部门)的信息来开展服务,通过收费、广告收入或其他方式回收投资并赚取利润。

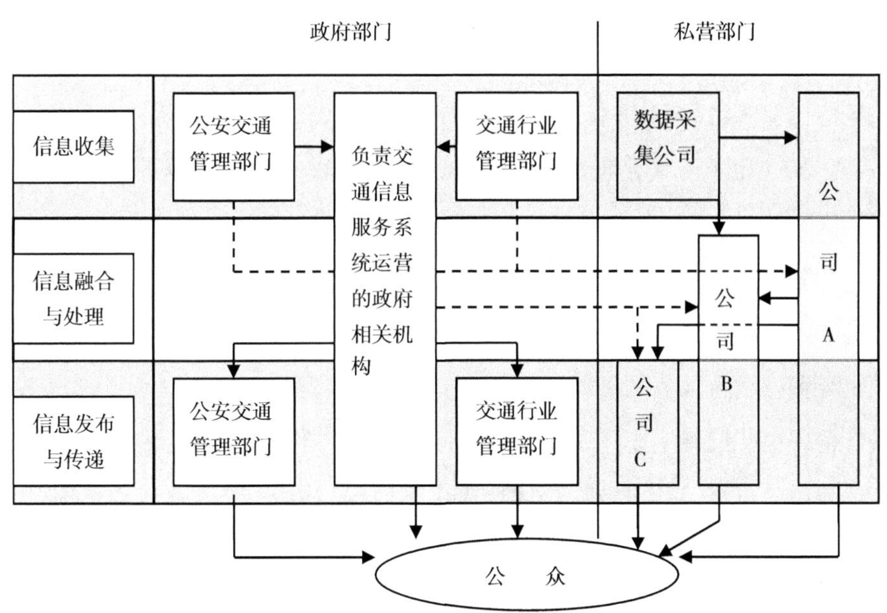

图 3-8　完全私营型的交通信息服务模式

（二）实践案例

目前国内外存在大量的私营专业交通信息服务提供商,在国内知名的主要有世纪高通(四维图新)、美慧软件、九州联宇等。它们的运作模式基本如下:

信息采集:早期传统手段主要包括:一是依靠浮动车采集而来的数据,例如与出租车运营公司合作获得数据(如高德与出租车运营公司合作,一起建设平台、资源互换，对数据有使用权）或向出租车运营公司购买数据（如世纪高通）；二是会向交通管理部门及交警部门购买固定监测器、摄像头等数据；三是会利用人工采集一些交通管制和路上的数据。随着移动互联网技术的发展，越来越依赖社会化众包采集方式。例如，高德从2010年开始采取众包模式，目前社会化众包采集的数据占其整个交通出行大数据的80%左右。

信息融合：目前，大部分专业动态交通信息服务提供商都有自己的具有独立知识产权的数据处理技术，例如四维图新等，都能够做到每5分钟更新一次交通信息。

信息发布：各大专业信息服务提供商的信息发布方式主要有互联网、广播、调频负载波（车载导航）以及与移动通信运营商合作通过短信、呼叫中心提供服务。

营利模式：总体而言，目前我国绝大多数专业交通信息服务提供商并未真正进入实质上的盈利阶段。但大致存在以下营利方式：1. 用户付费：即面向导航与移动增值服务的终端用户收费；2. 厂商付费：主要是汽车厂商、车载导航设备或手持设备生产厂商购买服务，并随汽车或终端销售给最终用户。用户无需额外付费；3. 广告模式：无偿提供交通信息服务，整合交通动态信息与商家信息，由商家对广告付费。

（三）模式的优缺点分析

模式的主要优点在于：借助市场竞争机制，能够有效发挥私营部门的力量，实现交通信息服务质量的提升和服务范围的扩大，拓展信息服务市场，最大化满足消费者的信息需求。

模式的主要缺点在于：1. 每个公司总体而言，数据来源都比较单一、质量不稳定，数据的连续性、准确性一直是难以解决的问题。而购买多种信息渠道的数据，从成本控制的角度，特别是目前市场没有成熟的条件下，信息供应商难以选择此渠道；2. 公司的趋利性使得服务主要面向大城市区域或者针对付费用户的定制服务,引起社会公平问题;3. 由于数据源不一、数据处理技术不一以及全国性的数据标准滞后,导致私营部门提供的信息会存在不一致情况;4. 公与私之间协同机会缺失,重复性工作大量存在,造成资源浪费。

(四)模式的作用条件分析

该模式的作用条件就是前面提到的市场机制开发的缘由:一是现实中公众对交通信息服务的超额需求;二是私营部门的经济人动机。通过实践也再次证明,具有私人物品属性或准公共物品属性强的交通信息服务,可以通过开放市场,引入竞争方式实现完全的商业化运作,既能满足部分社会成员的"超额需求",弥补政府服务不足,又可通过满足市场需求,实现企业利润,实现多赢。

第三节 政府信息资源开发模式选择的影响因素分析

如前所述,每种模式都有其运作机理和作用条件,但是这并不意味着只要满足前述特定的条件就能选择,现实中还存在大量的因素会影响模式的选择,具体包括以下几种。

一、政府信息资源的物品属性——公共物品 Vs 私人物品

政府信息资源的物品属性是决定其由政府提供还是私人提供的最基本因素。政府信息资源的内容既有面向所有公众免费提供的基础性、普遍性信息,也包含面向个人定制的服务或者深度加工的内容,因而呈现出不同程度的非竞争性和非排他性,形成了具有公共物品属性和具有私人物品属性的两类信息服务。具有公共物品属性的政府信息服务因其效用不可分,服务对象为公众,为所有人共同消费,应该由政府提供,可以选择公办公营型、合同外包型以

及公私合营型模式。具有私人物品属性的政府信息服务因其享用对象明确，具有很强的私益性，从而使得收费具有可能，应该由市场提供，可以选择完全私营模式、特许经营模式以及公私合营模式。

二、政府信息资源开发的职能定位——公共政策导向Vs消费者导向

对政府信息资源开发的职能定位决定了它在社会系统运行中发挥的角色，从而决定了政府主导还是市场主导。总体而言，政府信息资源开发的职能定位大致可以归为两类：一是它应该是一种管理工具，帮助政府实现自身的某项公共政策目标（例如，交通信息服务的公共政策目标是缓解拥堵和提高运输效率）；二是它应该产生市场机会，允许私营部门参与，实现信息增值并获取经济收益，充分发挥政府信息的潜能，让消费者能够获得所需信息。高度强调公共政策目标的政府信息资源开发要比消费者导向的政府信息资源开发需要更多政府部门的资金和管理投入，而消费者导向则会更关注借用市场的力量，其优势在于能获得收入来支持系统运营。因此，一个地区如何平衡两种导向的观点决定了政府对于信息资源的控制程度和职责，也决定了私营部门获取政府信息提供服务的自由程度。

三、开发模式选择的标准——公平Vs效率

公平与效率是模式选择应该坚持的两大标准。一般而言，政府更看重公平而忽视效率，而私人则更强调效率。公平要求满足所有公民最基本的生活需要，效率则要求比较投入与产出之比。由谁来生产公共物品，从经济学角度讲，就是进行成本收益分析，提供成本低、效率高的主体自然会中选。总体而言，市场机制的竞争机制会使其服务效率高于政府的垄断服务效率。因此，在模式选择时我们需要兼顾效率与公平。对于那些普遍性、基础性的政府信息服务由于其公共利益取向和共享性特性，应坚持“公平优先、兼顾效率”的原

则,相对于公办公营模式,更应选择合同外包模式和公私合营模式,过分强调效率必将带来缺失公平的畸形发展。而对于那些具有强竞争性的类似私人物品的政府信息服务来说,坚持"效率优先、兼顾公平",允许市场机制介入,更应选择私营部门参与程度大的模式。

四、市场环境——私营部门参与的意愿

私营部门参与的动机或意愿一般源于获取经济收益。而经济收益取决于以下因素:(1)用户对服务的需求:供给与需求是一对相对的概念,有政府无法满足的超额信息需求,就会产生私人供给的行为,为特许经营、完全私营模式创造了可能的空间。(2)用户的付费意愿:用户需求只有转化为购买行为才能真正激发私营部门参与的积极性,所以理论上看,只要存在用户的付费意愿,就可交由私营部门提供服务。但实际中消费者需求强烈、付费意愿却很低的情况大大存在,培育一个成熟的消费市场还有很长的路,因此,需要政府介入,扶持尚处于成长阶段的信息服务商的同时,培育消费市场。(3)政府的信息开放政策:从日本 VICS 的运营模式看出,政府信息的完全开放与共享政策极大地推动了日本交通信息服务的发展。在美国,商业化的交通信息服务和气象信息服务有着长达几十年的历史,出现了若干上市公司。其商业原理非常简单,就是基于现有的交通数据或气象数据开发各种不同性质的增值服务,这是因为在美国,所有的交通路况信息、气象信息都是公开的和免费的,这是基于美国政府"只要是用纳税人的钱办的事就应该免费向纳税人提供"的原则,因此很多途径都可以免费获取美国各地的政府信息。在我国,信息大部分掌握在政府部门手中,受到各种因素的影响,开发程度十分有限,市场机制介入不够,政府主导模式较多。《2012—2020 年智能交通发展战略》明确鼓励民间资本进入,宣布交通运输部拟将掌握的交通信息资源有序开放,如将路况、气象等大量动态信息与交通信息服务商展开合作,这将极大地推动交通信息服务的产业化。

五、私人资本规模和融资制度——私营部门参与的可能性

政府信息资源开发是一个需要大量人力、财力、技术支持的长期运维过程，私人资本规模决定了其参与公共信息服务的程度，而良好的融资政策能够推动私人资本规模的扩大，促进私人对政府信息资源开发投资的增长。私营信息企业一般有着丰富的无形资产，但有形资产却比较少。尽管我国的《中华人民共和国担保法》规定“依法可以转让的商标专有权、专利权、著作权中的财产权可以质押”，但由于立法的角度倾向于特定物——不动产，实际操作中土地和房产就成为金融机构、担保机构发放贷款、抵押担保的首选。所以私人信息企业以无形资产融资极不通畅。因此，需要加强我国无形资产评估制度的建设，逐步落实无形资产贷款的政策，提高其参与政府信息资源开发的可能性。

经过上述理论性规范分析以及对实践的描述，可以看出，政府、市场在政府信息资源开发中各有优势和作用边界，两者之间不仅可以各自开发政府信息资源，也可以协作开发。尽管无法给出哪种模式是最佳的，但是考虑到政府信息服务的公益性、政府在数据收集方面的先天优势、私营部门的技术和创新优势以及政府信息蕴含的巨大经济价值，我们认为两者在政府信息资源开发中都是不可或缺的主体，两者应该在政府信息资源价值链上明确各自的角色，合理分工。

第四章　我国政府信息资源开发公私合作的发展历程

政府信息资源作为政府活动的产物，是伴随政府这一机构的出现而存在的。从政府的运行过程可以看出，行政管理与服务的过程实质上就是行政系统与社会大系统进行信息交换与处理的过程，所以政府信息资源的收集、加工处理、传播是政府与生俱来的职能，这是政府顺利实现行政管理与服务职能的必然路径选择。总体而言，我国政府信息资源开发真正起步于改革开放之后，从政府单一开发主体发展到政府、市场、社会的多元开发格局，推动政府和私营部门从没有合作、一般合作走向深度合作。

新中国成立之后，政府信息资源的开发日益受到国家和政府的重视并逐步发展和完善起来，经历了从封闭半封闭状态日益走向开放，开发主体多元化、运行机制多样化的历程。

第一节　政府信息资源开发由单一制向混合制发展（1978—2007 年）

新中国成立后，中国面临百废待兴的局面，实行了计划经济体制，所建立的政府信息服务体系主要职能是政府自我服务、内部使用。也即由政府组织和实现政府信息资源的生产、加工等活动，工作目标是为政府的宏观经济和社会管理及决策提供相应的信息。由于信息产品或服务的开发者与利用者合二为一,几乎都由政府独家进行,是一种单一开发体制。

1978年,我国开始进行的改革是以重新界定政府与市场关系为主要特征的。党的十一届三中全会确立了中国经济从计划体制向市场体制转变,从此中国的政治、经济形势发生了重大的变化,进入以经济建设为中心的发展阶段。对政府信息资源是一种经济资源的认识日益普及,对政府信息资源的需求和提供活动有了很大的增加,从而也为政府信息资源开发机制的转变提供了契机,我国政府信息资源开发机制开始由单一制向混合制转变。这与这时期的信息需求、信息开发主体、信息开发手段、信息开发的社会环境发生的深刻变化有关。

一、信息需求日益扩大

在市场经济体制下,决策的权力与风险已经转移到企业。随着政府信息资源在经济和社会生活中作用的发挥,它的价值也逐渐为人们所认识。政府信息资源开发利用成为提升国民经济运行效率、减少社会投资风险的重要措施,这在客观上产生了对政府信息资源的需求。而复杂、多元的社会结构在促使各种信息交换和传播的过程中,不仅使信息资源的价值在扩大,而且更使得信息识别和控制的难度加大。这就意味着信息资源不仅仅是被视为对经济的外部支持,作为一种资源,它越来越成为交易的焦点,成为一种商品。信息用户对政府信息资源依赖性的增强,使得人们愿意付出代价来获得相关信息,会选择利用高质量的有偿服务,因此构造了信息服务中的需方体系,为市场开发主体的出现奠定基础。

二、信息机构纷纷设立

面对信息需求的存在,出现很多新的信息机构,如政府各级信息工作机构、文献情报机构、数据库生产商、信息企业、信息中介组织(具有一定信息职能的社团组织)等,与原有的政府机构和出版传媒机构构成了信息服务中的供方体系。

1. 政府信息机构的发展。在政府部门内部不仅成立了很多新的信息机构,一些原来不具有或较少具有信息职能的机构也开始具有或强化信息职能。1983年10月,国务院批准组建经济信息管理办公室,负责制定全国经济信息管理系统的长远建设规划和年度实施计划。“七五”期间,国务院确定重点建设国家经济信息主系统,由国家、省、中心城市和县级四级信息中心构成,作为中央和地方各级人民政府及主要综合经济部门进行宏观经济分析、预测、决策服务的主干系统。1987年1月24日,经国务院批准,国家经济信息中心正式成立(1988年1月改为国家信息中心)。在重点建设国家经济信息主系统的同时,国务院先后批准金融、铁道、电力、民航、统计、财税、海关、气象、灾害防御等10多个国家级信息系统的建设;43个部、委(局、总公司)先后以信息中心的形式成立了自己的信息机构,推动和加强了行业性政府信息资源的开发建设。各部委信息中心积极开发本行业领域内的政府信息资源,利用自身的信息资源优势建设了大批经济、科技、文化等方面的信息数据库和各类管理信息系统,成为行业领域政府信息资源开发的主要主体。1987年颁布的《政府信息资源管理条例》明确规定,“各级政府及所属部门必须指定或设立专门机构统一管理其职责范围内的信息活动”。截至1992年底,国家各经济、行政部门、各省(区、市)政府、所有中心城市、半数以上的地区和1/5的县都已经建立起信息机构。①

2. 民间信息机构的发展。由于信息商机的存在,以及政府作为开发主体能力有限,所以很多民间信息机构纷纷出现,如一些信息咨询公司、市场调查公司、数据库公司和一些具有信息职能的非营利性社会中介组织(如专业研究机构、学术社团、行业协会等)。据1990年的统计,在国内工商行政部门登

① 廖金翠、郭玖玉:《我国信息服务业现状及其发展思路》,《图书馆》2004年第4期。

记注册的专业性咨询机构有近1000家,从业人员3万多人。广州市1994年3月统计的民办信息咨询机构有近600家,比1991年翻了一番。截至2005年,全国具有法人资格的咨询机构有45418家(其中企业机构44568家,事业单位112家,民办非企业单位164家,社会团体1家,其他组织机构573家),从业人员为42万人。曾有人统计,改革开放以来,我国社会中介组织活动较集中的领域依次是社会服务(占社会中介组织的44.63%),调查研究(42.51%),行业协会、学会(39.99%),文化、艺术(34.62%),法律咨询与服务(24.54%),政策咨询(21.88%)和扶贫(20.95%)。① 而行业协会中49.4%的都提供"市场开发、信息与商机提供等服务"②。他们介入了包括政府信息资源在内的研究、咨询、统计领域,起到了政府信息资源开发者的角色,填补了政府信息服务的空白。这些机构一些属于非营利性质的信息中介机构(如行业协会等),一些是以货币交换为原则,通过提供产品或服务获得相应的收益,从而使得政府信息资源实现了商业化。

3. 其他事业型的政府信息管理机构。主要是指政府文件、政府出版物的保管和传播机构,如档案馆、图书馆或者少数的科技情报机构。我国政府十分重视各种公益性基础设施的建设,投入大量财政进行公共图书馆等设施的建设。根据《2005年国民经济和社会发展统计公报》,到2005年末全国共有公共图书馆2736个、档案馆4012个,已开放各类档案6016万卷(件)。它们在对政府信息资源的传播以及初级加工方面发挥着重要的作用。在图书馆领域,早在1999年,国务院办公厅发布《关于做好〈国务院公报〉宣传和订阅工作的通知》,要求各级图书馆订阅《国务院公报》,以满足人民群众学习的需要。自2005年4月起,国务院开始向全国县以上的公共图书馆赠送《国务院公报》(以下简称《公报》)。2005年3月,文化部发布《关于认真做好〈国务院

---

① 王名、贾西津:《中国NGO的发展分析》,《管理世界》2002年第8期。

② 陶传进:《社会公益供给——NPO、公共部门与市场》,清华大学出版社2005年版,第386页。

公报〉宣传推介和利用工作的通知》，要求各级文化行政主管部门高度重视公共图书馆接收和利用《公报》这项工作，并对各级公共图书馆处理《公报》的业务流程提出了具体要求。由此，我国各级公共图书馆开始了以提供政府公报为主要内容的政府信息服务活动。① 尤其是2007年1月通过的《中华人民共和国政府信息公开条例》，要求“各级人民政府应当在国家档案馆、公共图书馆设置政府信息查阅场所，并配备相应的设施、设备，为公民、法人或者其他组织获取政府信息提供便利”。“行政机关应及时向国家档案馆、公共图书馆提供主动公开的政府信息”，为推动公共图书馆更加积极参与到政府信息的传播与增值开发中提供政策支持。在档案馆领域，很多档案馆从面向科研人员提供史料参考，转向关注改革和建设中的热点、现实问题，面向政府工作和领导需求提供信息服务，形成了一些档案编研成果，例如上海市档案馆2001年推出《档案信息摘报》、北京市档案馆2003年推出《档案摘报》。

三、政府信息化进程加快

政府信息化进程加快，主要体现在信息基础设施和信息资源建设两个方面：

1. 信息基础设施。从20世纪80年代中后期，我国开始了大规模的信息系统建设工作。经过80年代一系列政府信息应用系统和90年代金卡、金税、金关“三金”工程的建设，1999年启动政府上网工程。随后，各级政府职能部门已经基本构建了办公管理系统和内、外网站，我国政府的信息基础设施平台已初具规模，实现了为重点行业和部门、社会公众传输数据和信息。2000年以后，“以信息化带动工业化”和“中国信息化发展政府现行”的战略方针推进我国政府的电子政务建设全面展开。2002年7月，国务院发布《关于我国电子政务建设指导意见》(中办发[2002]17号)，提出电子政务建设工作将主要

① 高红等:《我国公共图书馆政府信息服务的现状与国际经验借鉴》,《图书情报工作》2008年第7期。

围绕“两网一站四库十二金”重点展开，涉及信息资源开发、信息基础设施建设与整合、信息技术应用等领域，该意见不仅将电子政务建设推向了全新的整体发展阶段，同时也将推动我国政府信息资源的开发走向全新的阶段。

2. 信息资源数据库建设。各类数据库建设取得了很大成就。这一时期，国家各部委已建成了一大批综合性、基础性的数据库，其中涉及了经济、国土资源、环境、科技、教育、文化、卫生、新闻出版等领域，自然资源和空间地理基础信息库、公共设施信息库、人口资源信息库、经济运行信息库、企业资源信息库、企业和个人信用信息库等基础信息共享试点建设项目也顺利实施，形成支撑政府决策和社会服务的基础资源。地方政府数据库建设也颇有成效，如广州市已经开发了300多个数据库，政府信息资源数据库占80%以上；2001年福建全省累计建立了500多个数据库，遍及国民经济和社会的各个领域；北京市信息资源网由1000个主题数据库、2万个重点专题数据及超过20万个共享数据构成；江苏省开发了一批实用性强、应用范围广、动态更新的大型数据库，包括国民经济宏观信息、政府法规、国土资源、投资环境及人口信息等。①

四、政府信息资源开发的社会环境优化

1. 政府对政府信息资源开发利用日益重视。随着商品经济的发展，市场经济体制逐步确立，信息成为市场发挥资源基础配置作用的重要保障，所以开发利用信息资源得到政府的高度重视。1984年9月，邓小平同志为经济参考题词“开发信息资源，服务四化建设”，为政府信息资源开发指明了方向。1992年，江泽民同志在中国共产党第十四次全国代表大会上将“信息引导”列为各级政府的职能之一。1993年4月25日，国务院副总理邹家华在第一届国际咨询信息服务研讨会上指出，中国政府已做出加快发展第三产业的决定，

① 刘焕成：《我国政府信息资源管理的演进》，《图书情报知识》2003年第4期。

咨询和信息服务等新兴行业被列为第三产业发展重点。1997 年 4 月,在全国第一次信息化工作会议上,信息资源开发与利用应作为中国信息化建设的核心内容,成为与会代表的一项共识。当时邹家华副总理指出,“信息资源的开发利用是信息化的核心内容,也是我国信息化建设的薄弱环节,必须把它摆在当前工作的首要位置”。1997 年,国家信息中心起草了《国家信息资源开发利用规划》,强调规范政府信息的管理、公开与对外服务。2004 年,国家信息化工作领导小组部署信息化工作重点时指出,要“加强信息资源开发利用,着眼经济社会发展的关键环节和重要领域,开发利用信息资源为现代化建设服务。推进体制和机制创新,发挥市场机制的作用,提高信息资源开发利用的效率和效益”,并发布了《关于加强信息资源开发利用的若干意见》,要求“高度重视信息资源开发利用对促进经济社会发展的重要作用”,“对具有经济和社会价值、允许加工利用的政务信息资源,应鼓励社会力量进行增值开发利用”,并要求加强信息资源的公益性开发和加快信息资源开发利用市场化进程,促进信息资源市场繁荣和产业发展。作为我国第一份从国家层面专门针对信息资源开发利用而提出的重要指导性文件,该文件对于政府信息资源开发利用价值的高度认识推动了各方力量对政府信息资源的开发。

2. 政府信息公开实践。政府作为政府信息资源的拥有者,担负着“把门人”的职责,向社会提供什么、提供多少、怎么提供都会影响社会公众对政府信息资源的获取和开发利用。这一时期,政府信息公开日益制度化,很多法律法规都提出了政府信息公开要求。例如《中华人民共和国立法法》《行政法规制定程序暂行条例》《行政处罚法》《行政许可法》都提出了相关的信息公开的要求。2003 年 1 月,广州市在全国率先实施《政府信息公开规定》,明确政府信息原则上都要公开。这是我国地方政府制定的第一部全面、系统规范政府信息公开行为的政府规章。随后,北京、上海、重庆、杭州等城市,黑龙江、湖北、陕西、甘肃等地也都分别制定推出了政府信息公开条例。酝酿多年的《中华人民共和国政府信息公开条例》2007 年 1 月 17 日经国务院常务会议原则通过，对政府信息公开的范围和主体、方式和程序、监督和保障等均作了具体规定，使得政府信息资源公开从围绕决策公开转向围绕改善政府的社会管理和公共服务职能展开。

五、信息市场逐步建立与快速发展

1978年后，国民经济的发展对信息资源的开发提出了强烈的要求，同时为适应新的经济运行机制也要求建立新的信息流通体制。因为信息是市场发挥资源基础配置作用的重要保障，于是有一部分人从传统的产业中分离出来，专门从事信息的收集、整理、分析和传递活动。这样，信息就成为一种商品，信息商品的生产者不断涌现，信息作为重要商品的观念在我国逐步形成，信息市场应运而生。

这一时期，我国信息市场的兴起和发展出现了三个高潮。1978—1987年是第一个高潮，1987—1992年是第二个高潮，1992—2007年是第三个高潮。

20世纪70年代末，在改革开放的推动下，科技情报等信息系统全面恢复和发展，开始向社会提供信息咨询服务。1984年9月，邓小平同志“开发信息资源，服务四化建设”的题词明确了信息服务业的发展方向。1986年国家相继批准兴建国家经济信息系统等12大信息系统，推动了我国信息服务业和信息市场的发展，形成了我国信息市场发展的第一个高潮。

1987年，党的十三大报告首次把信息市场提到了生产要素的高度，提出了加快建立和培育信息市场的任务，要求积极发展技术、信息、服务网络，促进市场发育。在中央关于加快发展和培育信息市场的方针指引下，信息服务企业大批涌现，推动了信息市场的进一步发展，形成了我国信息市场发展的第二个高潮。

1992年，在邓小平同志视察南方的重要谈话、党的十四大报告以及中共中央、国务院《关于加快发展第三产业的决定》的指引下，我国的信息服务业大步走向市场，信息市场进一步发展。国际上信息高速公路建设对我国产生巨大影响,国民经济信息化步伐加快,若干"金字工程"建设开始实施,新兴信息服务业迅速崛起,传统信息服务业逐步走向现代化,信息消费急剧增长,形成了我国信息市场发展的第三个高潮。尤其是2004年的《关于加强信息资源开发利用的若干意见》(中办发[2004]34号)提出"促进信息资源市场繁荣和产业发展",将加快信息资源开发利用市场化进程列为重要任务。信息市场的发展为政府信息资源的商业交换提供了场所,从而极大地推动了政府信息资源的市场化开发。

六、政府信息资源开发公私合作的实践

随着信息机构的发展,信息市场的日渐繁荣,基于推进政府信息服务的要求,出现了公私合作开发政府信息资源的实践。2000年6月,中国贸易指南项目对外公开招标,商务部与通过招标的5家项目承办单位签订了承办合同,创造了招标采购、合同管理这样一种公共信息服务体系建设模式。按照"公共财政、政府采购、合同管理、统一标识、科学决策、追踪问效"等原则,商务部采用公开招标、信息服务项目合同制承包等方式,汇集众多企业法人、事业法人、社团法人参与公共商务信息服务体系的建设工作,逐步建立了数据采集中心、数据合成中心等。据统计,"十五"末期,已经获得执行公共商务信息服务项目的机构有13家,直接从业人员达300人。商务部信息化司原副司长管延彬也指出"服务外包是提高政府信息资源开发效率和水平的重要手段,是克服政府失灵的有效措施"。2003年,四川联通采取政府与企业相结合,信息与通信相结合,打造出一个覆盖全省的进村入户、服务农民群众的"天府农业信息网",开创了"企业主导、政府推动、市场运作、农民受益"的多赢模式。在统计信息领域,也出现了政府统计部门购买私营部门统计信息服务的做法。2002年,浙江省成立了第一家统计事务所——温岭市统计事务所,同年义乌市成立了义乌市求实统计事务所有限公司。这些组织以开展统计调查、制作统计调查报告、经济分析报告等形式,与政府统计部门建立

了合作关系。

从上述可以看出，这一时期开发主体突破行政渠道，市场和社会力量都介入政府信息资源的开发中，政府信息资源开发给不再受限于行政隶属关系的官方单一渠道。但总的来说，我国政府信息资源开发是介于单一制与多元制两者之间的"混合型信息资源开发体制"。多元制是指政府信息资源开发主体包括政府性、非政府性且各具独立性的多种组织与机构，即政府、政府附属的准政府性质的信息机构与企业、私营部门与社会组织等非政府性机构之间合作互补，却又独立进行政府信息资源的开发。从当时的现实来看，政府信息资源的开发主体大多数都与政府有着渊源，都是本着为党和政府服务的精神和原则从事信息工作的：政府可以强制要求媒体必须按照要求报道政府信息，"在绝大多数情况下，当他通过媒体进行传播时，他既是传播者，也是把关人，此时媒体只能退居从属地位，成为真正意义上的'媒介'，而失去了原有的主动性，这也是政府传播者的特性所在"①；信息资源企业（包括市场调查业、数据库业、信息咨询业等）以国家投资为主②；协会社团等社会中介组织，一些是先官办、后脱钩，一些作为某些部门的事业单位，目前还未脱钩，只有少量是完全依照市场需求发展起来的。③ 所以，这一时期我国的政府信息资源开发虽然在主体上呈现多元化，但尚未完全打破政府垄断开发的体制，处于从单一制向多元制发展的混合制阶段。这一时期，政府信息资源开发公私合作的实践也日渐开展起来，主要以政府采购的形式。

① 程曼丽：《政府传播机理初探》，《北京大学学报（哲学社会科学版）》2004年第2期。

② 2002年，国家信息中心对全国的信息内容服务企业和机构进行了一次比较全面的调查。在"所有制类型"一项中，国有企业占多数，有89家，约占45.9%，信息服务机构（多指信息中心）8家，约占4.1%，从而国有企业或机构占调查企业的50%。在"初始资金来源"一项中，179家企业中，73家是政府投资，其中完全由政府独资创办的有59家，占33%，说明政府参与或者创办的企业占绝大多数。

③ 中国行政管理学会课题组：《我国社会中介组织发展研究报告》，《中国行政管理》2005年第5期。

第二节　政府信息资源开发由混合制向多元制发展(2008年至今)

如上所述,多元制是指由包括政府性、非政府性且各具独立性的多种组织与机构进行政府信息资源开发,即政府、政府附属的准政府性质的信息机构与企业、私营部门与社会组织等非政府性机构之间合作互补,却又独立进行政府信息资源的开发。2008年,《政府信息公开条例》开始施行,公民、法人和其他组织获取政府信息有了法律保障,以及随后相继颁布的政府信息公开及政务公开文件,为塑造多元开发格局提供了“原料”基础。推动政府信息资源多元开发成为这一时期国家政策的主要内容,为推动多元开发格局提供政策引导,而政府信息化进程的不断加快大大提升了政府信息资源的数量和质量。信息消费成为新的经济增长点,推动了政府信息资源的市场化、社会化开发,民营信息企业不断壮大,政府附属的准政府性质的信息机构与企业参与政府信息资源开发的程度日益深化。

一、政府加大信息公开力度,为政府信息资源多元开发提供物质基础

1. 政府信息公开建立常态化工作机制。2008年5月1日,《中华人民共和国政府信息公开条例》正式施行,政府信息公开上升到法律层面,推动我国政府信息公开发展到一个新的阶段。此后,2010年修改了《国家保密法》,发布了《关于深化政务公开加强政务服务的意见》《关于进一步加强政府信息公开回应社会关切提升政府公信力的意见》《关于全面推进政务公开工作的意见》《关于〈全面推进政务公开工作的意见〉实施细则的通知》等,不断扩大政府信息公开的范围、内容、形式和途径,积极推进决策、执行、管理、服务、结果全过程的公开,使得各级政府信息公开成为一种制度性安排。从2012年起,

国务院每年还会发布当年政府信息公开或政务公开重点工作安排,积极推进行政审批信息、财政预算决算信息、三公经费、保障性住房信息、食品药品安全信息、环境保护信息、安全生产信息、价格和收费信息、征地拆迁信息、市场监管信息、政府投资的重大建设项目信息、公共资源配置领域信息、社会救助信息、就业创业信息、扶贫工作信息等的公开,信息公开的范围日益扩大。

2. 政府信息公开越来越聚焦民生领域。《关于深化政务公开加强政务服务的意见》《关于进一步加强政府信息公开回应社会关切提升政府公信力的意见》《关于全面推进政务公开工作的意见》《促进大数据发展行动纲要》《关于印发政府网站发展指引的通知》《十三五国家信息化规划》等都要求优先、"全面公开群众普遍关心、涉及群众切身利益的政府信息",如交通、社保、医疗、教育等公共信息资源。要求"制定实施稳步推进公共信息资源开放的政策意见",推动政府信息公开从政务信息拓展到公共信息领域。

3. 政府信息公开从"信息"层面深入"数据"层面。2015 年后,国家密集性推出系列关于数据开放的文件,《促进大数据发展行动纲要》《大数据产业发展规划(2016—2020 年)》《关于全面推进政务公开工作的意见》《关于促进电子政务协调发展的指导意见》《国家"十三五"规划》《"十三五"国家信息化规划》《关于印发政务信息系统整合共享实施方案的通知》《关于运用大数据加强对市场主体服务和监管的若干意见》等,都要求加快建设国家政府数据统一开放平台,制订公共机构数据开放计划,推进公共机构数据资源统一汇聚和集中向社会开放,提升政府数据开放共享标准化程度,优先推动信用、交通、医疗、卫生、就业、社保、地理、文化、教育、科技、资源、农业、环境、安监、金融、质量、统计、气象、海洋、企业登记监管等民生保障服务相关领域的政府数据集向社会开放,鼓励和引导对政府数据的社会化开发利用。

二、信息资源多元开发变成国家信息政策的主要内容

2004 年,《关于加强信息资源开发利用工作的意见》明确了信息资源开发

的政府机制、市场机制、公益机制，成为塑造政府信息资源开发多元格局的指导性文件。鼓励对政府信息资源进行市场化、社会化开发利用的精神反复出现在 2010 年之后的政策文件中，例如，《国家电子政务“十二五”规划》《关于促进信息消费扩大内需的若干意见》《关于促进电子政务协调发展的指导意见》《促进大数据发展行动纲要》《关于运用大数据加强对市场主体服务和监管的若干意见》《关于全面推进政务公开工作的意见》《“十三五”国家信息化规划》《推进“互联网+政府服务”开展信息惠民试点实施方案》《关于进一步扩大和升级信息消费　持续释放内需潜力的指导意见》《“十三五”国家政务信息化工程建设规划》等。这些文件为推动多元开发格局提供了有力的政策引导。相关政策内容如表 4-1 所示。

表 4-1　国家政策有关信息资源市场化、社会化开发的相关表述

年份	文件名称	相关内容
2011	《国家电子政务“十二五”规划》（工信部规［2011］567 号）	推动信息共享和政务信息资源社会化利用。 建立完善有利于社会化、市场化利用政务信息资源的机制。
2013	《关于促进信息消费扩大内需的若干意见》（国发［2013］32 号）	充分发挥市场作用，打破行业进入壁垒，促进信息资源开放共享和企业公平竞争，在竞争性领域坚持市场化运行，在社会管理和公共服务领域积极引入市场机制，增强信息消费发展的内生动力。 鼓励引导公共信息资源的社会化开发利用，挖掘公共信息资源的经济社会效益。
2014	《关于促进电子政务协调发展的指导意见》（国办发［2014］66 号）	有序推进政府数据开放和社会化利用。 按照重要性和敏感程度分级分类，推进政府和公共信息资源开放共享，支持公众和小微企业充分挖掘信息资源的商业价值。
2015	《促进大数据发展行动纲要》（国发［2015］50 号）	实现公共数据资源合理适度向社会开放，带动社会公众开展大数据增值性、公益性开发和创新应用，充分释放数据红利。
2016	《关于全面推进政务公开工作的意见》（中办发［2016］8 号）	支持鼓励社会力量充分开发利用政府数据资源，推动开展众创、众包、众扶、众筹，为“大众创业、万众创新”提供条件。

续表

年份	文件名称	相关内容
2016	《国务院关于印发“十三五”国家信息化规划的通知》(国发[2016]73号)	稳步推进公共数据资源向社会开放。支持各类市场主体、主流媒体利用数据资源创新媒体制作方式。
2016	《推进“互联网+政府服务”开展信息惠民试点实施方案》(国办发[2016]23号)	加大财政支持,倡导政企合作,鼓励引导市场主体行为,引入社会力量,推广政府购买服务、政企合作等新模式,合理开发利用数据资源。
2017	《关于进一步扩大和升级信息消费 持续释放内需潜力的指导意见》(国发[2017]40号)	加速激发市场活力,积极拓展信息消费新产品、新业态、新模式,扩大信息消费覆盖面。
2017	《关于印发政务信息系统整合共享实施方案的通知》(国办发[2017]39号)	推动政府部门和公共企事业单位的原始性、可机器读取、可供社会化再利用的数据集向社会开放,鼓励和引导社会化开发利用。
2017	《公共信息资源开放试点工作方案》(中网办发文[2017]24号)	要加强宣传引导,积极营造全社会广泛参与和开发利用公共信息资源的良好氛围。鼓励通过政府专项资金扶持和数据应用竞赛等方式,支持社会力量利用开放数据开展创业创新,促进大数据产业发展。引导基础好、有实力的机构和个人利用开放数据开展应用示范,带动各类社会力量开展数据增值开发。

三、信息资源多元开发格局初步形成

(一)政府机制

首先,政府信息化进程加快,政府信息资源的数量和质量不断提升,夯实了政府信息开发利用的物质基础。我国政务信息化经过“十一五”全面建设、“十二五”转型发展,基本实现了部门办公自动化、重点业务信息化、政府网站普及化。金盾、金关、金财、金税、金审、金农等近百个重大信息化工程项目相继建成,相关业务信息系统投入运行,初步建成国家基础信息资源体系,支撑面向国计民生的决策管理和公共服务。此外，为了解决政府信息资源“纵强横弱、条块分割”的问题，推动各类信息平台和业务信息系统的整合，成为国家政策的重要内容。《“十二五”国家政务信息化工程建设规划》《关于促进电子政务协调发展的指导意见》《推进“互联网+政府服务”开展信息惠民试点实施方案》《“十三五”国家政务信息化工程建设规划》《关于印发政务信息系统整合共享实施方案的通知》《加快推进落实政务信息系统整合共享实施方案》等文件都提出了相关的要求。从中央到地方都形成了政府信息资源共享交换的标准、技术规范、管理办法等，以实现政府信息资源的关联共享，逐步汇聚形成政府治理大数据，提升了信息资源的质量。2018 年 1 月 22 日，政务信息系统整合共享工作实现了 71 个部门、31 个地方与国家共享交换平台的对接，建立了数据共享“大通道”，构建了涵盖 47 万项目录的数据资源体系，打通了 40 余个国务院部门垂直信息系统，初步实现 16 个重点领域的“数据通”“业务通”，试点推进公共数据服务。① 打破“数据孤岛”问题，实现数据融通和连接，便于深度挖掘和连接，才能产生更高的用户价值。根据《2017 中国信息社会发展报告》，信息社会发展的 4 个重点领域：信息经济、网络社会、在线政府、数字生活，其中在线政府领域发展最快，同比增长 10.5%，充分显示政府信息化建设的成效。②

其次，政府积极参与到政府信息资源的开发与服务中。2010 年，北京市启动政府信息资源公益性开发工作，在交通信息、政府文件信息等领域进行了试点。文件信息的开发利用主要表现为对现有政府文件聚集、转换加工并统一发布，向企业提供“一站式”政策咨询服务。测绘地理信息部门形成的基础地理信息数据被制作成了大量的专题地图，被广泛应用于政府决策、电子政

① 张勇进、章美林：《政务信息系统整合共享：历程、经验与方向》，《中国行政管理》2018 年第 3 期。

② 国家信息中心：《2017 中国信息社会发展报告》，2017 年 11 月 26 日，见 http://www.sic.gov.cn/News/566/8728.htm。

务、国防建设、应急救灾中。此外,还推出了大量适农惠农地理信息产品,为新农村建设规划、农村基础设施建设、自然生态保护、土地资源管理、农村信息化建设提供了有力保障。针对公众出行信息需求,全国各省市交通部门都推出了"公众出行信息网",集合了道路信息、交通实时信息、交通基础设施信息、公共交通信息、交通黄页信息、气象信息、旅游信息、便民服务信息、出行常识、规费信息等,为引导公众出行发挥了一定的作用。"十二五""十三五"期间,我国"三农"信息服务的组织体系和工作体系不断完善。根据《2020全国县域数字农业农村发展水平评价报告》,截至2019年底,全国75.5%的县(市、区)设立了农业农村信息化管理服务机构,覆盖部、省、地、县四级的农业门户网站群基本建成,及时准确发布政策法规、行业动态、农业科教、市场价格、农资监管、质量安全等信息。建成大型涉农数据库100多个,约占世界农业信息数据库总量的10%。如农业科技文献数据库、中国家禽行业市场信息数据库、中国农业生态环境规范标准数据库。①

最后,政府积极创新政府信息/数据开发应用机制,面向高校、科研院所、行业企业及个人,开展了政府数据创新应用大赛,引导各界力量对政府数据进行"万众创新"。例如,上海市自2015年启动"上海开放数据创新应用大赛(SODA)",先后聚焦"环境保护""城市安全""城市交通"等领域,在全国范围内征集基于开放数据的大数据创新应用解决方案,实现了开放数据、创新应用、落地孵化三位一体的目标。

(二)公益机制

这一时期政府信息中心、科研信息机构、图书馆、档案馆、行业协会等,甚至一些经营性企业都广泛参与到政府信息资源开发中。根据高红等人2008年的调查研究,在条例实施之前,我国各级公共图书馆政府信息服务比较好的水平,

① 李道亮:《中国农村信息化发展报告(2017)》,电子工业出版社2017年版,第61页。

仅仅是政府公报类出版物馆内被动陈列、阅览的初级层次，而政府信息的整合挖掘、政策的咨询等基本处于空白。① 2011 年，学者对大陆地区 173 家公共图书馆的政府信息服务进行调查。结果显示：图书馆不仅提供“原态”政府信息查阅、复制、咨询服务，而且开发出多种类型的“增值态”政府信息产品，分别面向政府、企业和公众提供不同层次及类型的政府信息产品与服务。面向政府提供决策咨询和课题服务，为企业提供竞争情报服务，例如上海图书馆的剪报服务，为公众提供文件解读服务。② 另一项调查显示：2011 年，省级公共图书馆主动开展政府信息资源开发利用工作的占 80%。国家图书馆网站专门设有“政府信息”专题频道，提供“中国政府公开信息整合服务平台（http://govinfo.nlc.cn/）”服务。该平台是联合全国省、市、区、县各级公共图书馆采用分层建设、共建共享的模式，通过采集并整合我国各级政府公开信息，构建的一个政府公开信息整合服务门户，使用户能够一站式地发现并获取政府公开信息资源及相关服务。

2016 年，《关于加强档案信息资源开发利用工作的意见》推出后，进一步推动了对档案信息的深度加工和专题编研工作，建立一批直接服务大局的重要专题数据库。浙江省国土资源厅 2017 年出台《关于进一步加强国土资源档案工作的通知》，要求加快推进国土资源档案利用体系建设，进行档案的数字化网络化建设，积极推进档案资源整合与共享服务。北京市、珠海市档案局等开启“互联网+档案”服务新模式。广西各级档案馆加大了传统载体档案数字化力度，纸质档案数字化副本超过 2 亿页。以此为基础，积极推进档案信息资源共享平台的建设，以期加快推进广西档案信息资源共享，打破“档案信息孤岛”。

很多企业也以公益求效益方式，从事着政府信息资源开发活动，例如很多农业信息门户网站都是由网络科技企业或电子商务企业运营的。吾谷网（http://

---

① 高红等：《我国公共图书馆政府信息服务的现状与国际经验借鉴》，《图书情报工作》2008 年第 7 期。

② 张丽梅等：《公共图书馆政府信息服务的现状及对策分析》，《图书与情报》2012 年第 4 期。

www.wugu.com.cn/）隶属于中视金桥文化发展（北京）有限公司，由中国城乡发展国际交流协会与中视金桥国际传媒集团合作创办，汇集、整合国内外涉农领域信息和研究成果，在涉农政策、产业研究、市场动态、科研技术等方面传播权威资讯。

（三）市场机制

2004年，《关于加强信息资源开发利用的若干意见》提出要“促进信息资源产业健康快速发展”。信息资源产业得到快速发展，产业规模、产业绩效、企业规模等方面都呈现出逐年增加的态势。根据《我国信息资源产业发展政策及管理研究》课题组的测算，我国信息资源产业总营业收入从2009年的18018亿元增至2013年的30613亿元、2015年的42158亿元，从业人口从2006年的1024万人增至2015年的2770万人。①② 以信息资源产业中的咨询业为例，据2015年国家统计数据，中国的咨询类企业达到26万家，2011—2015年行业收入由1467.8亿元增加到1931亿元。从咨询服务主体性质结构看，外资咨询机构占比32.6%，民营咨询机构占比31.5%，而政府高校咨询机构占比35.9%。民营咨询机构快速发展，而且在市场咨询和信息咨询领域具有较强优势。③

以产业成熟度较高的地理信息产业为例，从产业绩效而言，根据国家测绘地理信息局的数据，我国地理信息服务总值一直保持稳定的快速增长态势，年复合增长率达14.18%，远高于同期我国GDP增长率，从2011年的487.36亿元增至2016年的945.99亿元、2020年的1800亿元。其中民营企业的数量、所属从业人员、完成的产值大幅增长。根据《2017中国地理信息产业报告》，

---

① 冯惠玲等：《中国信息资源产业发展与政策》，中国人民大学出版社2017年版，第118页。

② 钱明辉等：《中国信息资源产业结构优化的政策取向：来自数字出版行业的分析》，《中国人口·资源与环境》2017年第12期。

③ 中为智研：《中国咨询业发展研究报告》，2016年12月4日，见http://www.sohu.com/a/120616130_321122。

截至2017年8月底，测绘资质单位中民营企业数量达11264家，占比达62%。[①] 根据《2020中国地理信息产业发展状况报告》，民营企业占比不断提高。在中国地理信息产业协会发布的50家"2021地理信息产业高成长企业TOP50"榜单中，民营企业42家，占比84%。192家上市挂牌地信企业中，民营企业占比90%。

在2015年发布的《促进大数据发展行动纲要》的引导下，以数据生产、采集、存储、加工、分析、服务为主的相关经济活动大量增加，出现了农业大数据服务商——安徽阡陌网络科技有限公司、出行信息服务提供商——北京世纪高通科技有限公司等大数据企业。党的十八届三中、四中、五中全会提出要利用大数据推动政府治理能力的提升，加快公共数据开放共享，涌现了一批助力政府数据开放应用与运营的数据与服务提供商，例如九次方大数据信息集团、百度、阿里等，也出现了许多基于政府公开数据的应用产品，例如启信宝、天眼查、企查查等。

四、政府信息资源开发公私合作稳步开展

这一时期，政府信息资源开发公私合作在交通、农业等更多领域开展起来，合作日益深化。许多政府部门与私营部门建立了战略合作伙伴关系，例如，苏宁云商集团与商务部市场运行和消费促进司签署消费数据开发应用合作备忘录，九次方大数据集团与农业部合作建立了批发市场农产品价格大数据平台、农产品价格指数大数据平台、农产品单品种全产业链大数据平台等。2014年，财政部等出台《政府购买服务管理办法（暂行）》（财综[2014]96号），明确将行业性调查、行业统计分析、监测服务、信息化建设与管理等纳入政府购买指导性目录，进一步推动了政府部门向私营部门购买相关服务的活动。

---

① 国家测绘地理信息局：《2017中国地理信息产业报告》，2017年9月8日，见https://www.sohu.com/a/190684251_335896。

（一）公众交通出行信息服务领域

交通运输领域政府信息资源开发公私合作的真正开展也是近几年的事情。江苏省交通运输厅在2012年之前未与企业进行过任何合作。2012年出于开展省级公众出行信息服务示范工程建设的需要，与本地、国内一些提供出行信息服务的互联网企业签订了合作协议。自2014年7月起，江苏省交通运输厅与百度公司建立合作关系，利用百度LBS（基于位置的服务）平台的开放接口优化完善了省级公众出行信息服务网——江苏省交通出行网（http://gzcx.jscd.gov.cn）的自驾路径查询和公交换乘查询功能。2014年11—12月，编制了《政务合作模式的江苏交通出行服务信息共享应用示范工程实施方案》，并建立了省交通厅与百度的合作框架协议，为政企合作的实施提供依据。双方的合作模式为“政府提供数据、企业提供技术和数据”，这是国内省级交通运输主管部门首次向互联网企业开放交通出行大数据。自2015年起，江苏省交通厅向百度公司逐步共享了全省两客一危车辆GPS数据、城市公交GPS数据、实时路况、道路管养等信息，实现自有数据与百度地图融合，优化完善江苏交通出行信息服务系统，开展交通大数据分析服务建设，双方之间形成了较为全方位、深层次的合作。①

2014年，交通运输部大力推进政企合作模式的出行信息服务示范工程建设，江苏、重庆、四川、河南、吉林等在内的多个省市交通运输行业主管部门加入了示范工程。2015年12月，正式发布《政企合作模式的全国综合交通出行服务信息共享应用示范实施指南》。基于交通运输部2014年度科技项目“基于云平台的开放式公共出行信息服务研究与示范”，采用公私合作模式，由交通运输部公路科学研究所、北京百度网讯科技有限公司等联合建设了国内首个国家层面的行业性公共数据开放平台——综合交通出行服务信息应用云平

① 江苏省交通厅通信信息中心：《实现交通智能化需加强政企合作》，《唯实》2016年第2期。

台。“出行云”平台的运营模式就是,“政府贡献数据,企业贡献技术,根据出行需求提供服务”①,实现政府与私营部门在数据、技术、服务多层面的合作与融合。

(二)农业信息服务领域

农业是国家发展的基础,尤其是在我国农业农村人口多,农业生产经营中的种植业生产、养殖业管理、农田牧场管理、农产品市场、农村建设等各个方面都需要多门类、全方位的农业信息资源支持,农村信息市场潜力大,吸引了较多的涉农企业、信息企业进入农村信息资源的开发活动中。据统计,农业信息服务网站中,政府类网站仅占总量的 11%,而企业公司类网站占总量的 82.6%。② 农业信息资源开发中已经形成了一定的公私合作的良好态势。中国移动、中国联通、中国电信、阿里巴巴、京东等都与农业部签署了合作协议,在推进农村信息入户方面发挥着重要作用。北京农信通科技有限公司(农信通)、上海农业信息有限公司(上农信)等都与国家部委、地方政府建立了合作关系,承建了国家和地方农业信息门户、上海“农科热线”、农业部 12316 综合信息服务平台等项目。

2015 年,农业部推出《关于推进农业农村大数据发展的实施意见》(农市发[2015]6 号),要求探索市场化可持续发展机制,支持采用政府购买服务、政府与企业合作(PPP)等方式,积极规范引导社会资本进入农业农村大数据领域。受农业部委托,九次方大数据基于国家农业部门已经积累了 20 年的苹果产量和面积数据、成本收益数据、全国各地批发市场苹果交易数据、进出口贸易量数据和贸易价格数据、全国各省市苹果零售价格数据、气象数据以及九次方大数据采集的在线苹果电商数据建设了苹果大数据平台,深化苹果大数据

① 王翔等:《我国公共数据开放的促进与阻碍因素——基于交通运输部“出行云”平台的案例研究》,《电子政务》2018 年第 9 期。

② 李道亮:《中国农村信息化发展报告(2017)》,电子工业出版社 2017 年版,第 89 页。

在苹果生产、加工、贸易、市场流通、消费等产业环节的应用，更好地服务政府部门决策和市场主体生产经营决策。

（三）环境监测服务领域

随着社会经济的快速发展及国家环保要求的日益提高，环境保护领域日益扩大，环境监测任务倍增。由政府环境监测机构为主开展监测活动的单一管理体制已经无法有效满足环境管理及社会公众需求，推进环境监测服务社会化势在必行。党的十八届三中全会的《决定》明确提出，引入市场化机制，推行环境污染第三方治理。2014 年出台的《政府购买服务管理办法（暂行）》（财综[2014]96 号），将监测服务纳入政府购买指导性目录。2014 年全国环保工作会议明确要求积极推进生态环境保护领域改革，研究推进环境污染第三方治理，向社会购买服务，特别是环境监测社会化。2015 年 2 月环保部出台《关于推进环境监测服务社会化的指导意见》（环发[2015]20 号）。文件要求全面放开服务性监测市场，有序放开公益性、监督性监测领域。凡适合社会力量承担的，环境保护行政主管部门可以选择委托、承包、采购、名录管理等方式交由社会力量承担。鉴于实践的需要以及国家政策的引导，各省市纷纷出台了关于政府购买监测服务和社会监测机构管理的指导意见或地方性法规，对面向社会购买监测服务的购买方式、领域范围、资格资质管理、质量控制、过程管理等方面进行了有益探索。

在环境监测领域形成了监测数据采集公私合作的三种模式：

第一种：BOT（建设—运营—移交）模式，即由私营部门投资、建设、运营、维护，以有偿方式向政府提供监测数据，特许经营期满后，无偿移交给政府。例如，咸阳市生态环境保护局镇办级环境空气质量自动监测服务项目。咸阳市生态环境保护局将所辖 23 个乡镇空气站建设及运维服务交由陕西环保智信科技有限公司，建设运营期限为 8 年，以政府购买的方式获得覆盖地域内环境空气质量数据，政府每年支付 565 万元。8 年服务期限结束后，企业将按照无残余转交给咸阳市生态环境保护局且保证系统正常运行。

第二种:BOO(建设—拥有—运营)模式,即由私营部门提供投资、建设、运营、维护的一站式服务,以有偿的方式向政府提供监测数据,系统产权及经营权永远归属于企业。该模式属于完全民营化的运作模式。例如,台州市"五水共治"交接断面水质自动监测数据采购项目。该项目通过公开招标交由北京尚洋东方公司承接。由企业承担水质监测网络的投资、建设和运营,将台州市河流交接点共 100 个点位的氨氮、总磷、高锰酸盐指数数据提供给政府,合同共 10052 万元,分 7 年执行,每年政府支付 1436 万元用于数据采购。该项目被称为水质监测政府采购数据的第一单,将原有设备采购转变为分期数据采购,缓解了政府的资金压力,提升了监测的效率。

第三种:PUO(购买—更新—运营)模式。即由私营部门购买政府现有基础设施,经过更新扩建后经营该设施,并永久拥有该设施的产权,政府以购买方式获得监测数据。例如,山东省城市环境空气质量自动监测站运营服务项目。山东省将全省 17 市 144 座空气自动监测站全部通过公开招标的方式转让移交给第三方运营,由省、市两级环保部门共同对运营、比对单位进行质控考核,共同出资购买符合质量要求的监测数据,监测数据归省、市环保部门所有,即实行了"监测设备有偿转让,专业队伍运营维护,专业机构移动比对,环保部门质控考核,政府购买合格数据"的运作方式。①

总体而言,这一时期,我国信息资源开发利用整体水平显著提高。根据《数字中国发展报告(2020 年)》,"十三五"时期,我国政务信息资源开发利用深入推进,截至 2020 年底,全国一体化政务服务平台已发布 53 个国务院部门的数据资源 9942 项,为各地区各部门提供共享调用服务达 540 余亿次,支撑身份认证核验 15.6 亿次、电子证照共享交换 4.6 亿次,我国数字经济总量跃

① 《山东省环境保护厅 山东省财政厅关于推广全省城市环境空气质量自动监测站 TO 模式工作的通知》(鲁环发[2012]48 号),2012 年 7 月 16 日,见 http://xxgk.sdein.gov.cn/zfwj/lhf/201209/t20120917_1172563.html。

居世界第二位。2020年,我国数字经济核心产业增加值占GDP比重达到7.8%,大数据产业规模从2016年的0.34万亿元增长至2020年的超过1万亿元。①

从开发主体看,既包括政府、政府附属的准政府性质的信息机构,也包括企业、私营部门与社会组织等非营利性机构,尤其是民营信息企业占比日渐提高,政府信息资源的多元开发格局初步形成,日益进入政府信息资源开发的多元制阶段,政府信息资源开发公私合作形成了一定的态势。这一方面得益于我国政府信息资源开发利用的政策体系日益完善,据统计,截至2015年12月31日,由中央国家机关颁布施行的信息资源产业政策文件就有1708件②;也得益于我国市场经济和非营利信息组织(图书馆、档案馆、科技情报机构、科研院所、社会团体等)的日益成熟。

但是我们也得看到,我国信息资源开发利用整体仍处于较低水平。《"十四五"国家信息化规划》指出"国家数据资源体系建设滞后,数据要素价值潜力尚未有效激活;政务服务创新和社会公共服务数字化供给能力不足,尚不能满足群众的个性化和普惠化需求"③。十二届全国政协副主席王钦敏在2019中国地理信息产业大会上所作《提高数据资源开发利用水平》的报告中指出我国在数据资源开发利用方面的首要问题是"数据资源开发利用不足和无序滥用的现象并存",政府信息资源领域一直存在"有者不用、用者无数据",信息资源的拥有者和使用者严重脱节,政府信息增值产品的开发利用及信息的深加工非常缺乏的现状。构建一个合理分工、协调发展的多元开发体系,是"盘活"庞大的政府信息资源,提高政府信息资源利用率,充

① 国家互联网信息办公室:《数字中国发展报告(2020年)》,2021年07月02日,见http://www.cac.gov.cn/2021-06/28/c_1626464503226700.htm。

② 冯惠玲等:《中国信息资源产业发展与政策》,中国人民大学出版社2017年版,第180页。

③ 中央网络安全和信息化委员会:《"十四五"国家信息化规划》,2021年12月28日,见http://www.gov.cn/xinwen/2021-12/28/content_5664873.htm。

分实现政府信息资源价值的必要途径。正如国家信息中心原副主任胡小明所说,“政府必须要采取与企业分工合作的方式,才会创造政府信息资源增值服务的高效益”①。

① 胡小明:《电子政务信息资源共享的经济学研究(之五)——政府信息资源的市场化服务》,《中国信息界》2004 年第 21 期。

第五章　我国政府信息资源开发公私合作的现状调查与案例分析

第一节　我国政府信息资源开发公私合作的背景分析

政府信息资源开发公私合作是历史发展的必然结果,有其形成的理论逻辑、政策环境以及时代背景。

一、政府信息资源开发公私合作的理论逻辑

如前所述,公共物品理论从正面为引入市场机制提供了理论依据,新公共管理理论证明了市场机制的优越性,公共选择理论指出政府也会失灵,证明了政府的低效,这些理论都基于不同角度强调了市场机制通过竞争激励能够克服官僚制的低效率。而立足于公私合作制本身,其作为目前各国基础设施建设与公共服务广泛应用的工具手段,是在经历了较为成熟的政府供给、市场供给两种模式后积淀的一种制度安排,其内在逻辑是在公共物品的生产与提供可分离的前提条件下,依据政府和市场的不同资源禀赋优势,通过资源共享,以伙伴关系为中介,实现降低成本、提高公共物品与服务效率的目的。

(一)公共物品生产与提供的可分离性

公共物品供给是指公共物品由谁以何种方式筹资并加以使用,向社会成

员提供的活动。与之密切相关但不同的概念是公共物品生产,即运用资金及其他资源进行加工,产出公共物品的活动。它们是不同层次的问题,"服务提供或安排与服务生产之间的区别是明显且十分重要的"①。正如萨瓦斯所说,政府既可以"作为生产者直接组织生产或直接向消费者提供服务",也可以"作为服务的提供者或安排者,指派生产者给消费者,指派消费者给生产者,或者选择服务的生产者"。对于许多公共物品而言,"政府本质上是一个安排者或者提供者","政府可以做出用公共开支来提供某种服务的决定,但不意味着必须依靠政府雇员和设施来提供"。也就意味着公共服务的生产完全可以通过合同承包、特许经营等形式由私营部门或社会机构来完成。即使政府承担有开发之责,也可以发挥"掌舵"作用,通过引进市场机制调动一切可以利用的社会资源来提高政府开发信息资源的能力,从而使政府决策和亲自开发的模式逐步转变为政府决策后由以市场机制为杠杆调动多种组织在竞争中完成信息资源的开发模式。②

(二)政府机制和市场机制的功能逻辑

"政府和市场各有其功能优势和功能劣势。这是在政府权威与市场交换互动的历史过程中显现出来的不争事实"③。市场制度建立在交换关系上,而政府制度建立在权威关系上。

政府机制的显著特征是它对一切人的权力要求具有权威性,且权威性的运用具有强制性。在公共物品的供给中,政府机制的权威性和强制性在于为公共物品的供给提供了一种制度环境,形成公共物品供给的秩序。具体到政府信息资源这种公共物品,政府作为一种特殊机构,相对于市场主体与非营利

① [美]E.S.萨瓦斯:《民营化与公私部门的伙伴关系》,周志忍等译,中国人民大学出版社2002年版,第68页。

② 宋世明:《美国行政改革研究》,国家行政学院出版社1999年版,第121—122页。

③ 宋世明:《美国行政改革研究》,国家行政学院出版社1999年版,第115页。

组织而言具有很多特殊的能力，主要表现为：第一，政府是一种长期存在的公共权力机构，能够保证政府信息资源的持续提供；第二，政府是一种法定机构，由法律来赋予其采集信息资源、筹集资金和资源配置权力，能保证政府信息资源供给的稳定性；第三，政府是一种强制性机构，有能力运用强制手段动员经济资源来生产经营政府信息产品；第四，政府是一种民意机构，代表公共利益，受选民监督，因而能够一定程度上关注社会公平，提供一些应该由政府且政府有能力提供的满足社会需求的信息服务和产品。

市场是竞争的场所，所以市场机制的核心就是通过竞争达到提高经济效率的目的。经济学家对竞争和经济效率的关系关注至少可以上溯到亚当·斯密。他将竞争的作用引申到资源配置的有效性方面。在斯密看来，追求自身利益的个人和厂商，在既定的价格体系的引导下，专门从事那些相对于别人具有优势的行为，将不仅会使所有参与者都从自愿交易中获利，也会使利用既定资源生产出来的产品价值最大化。实践也证明，市场竞争机制是迄今为止最具效率和活力的经济运行机制和资源配置手段。一项对美国、加拿大、英国、德国、日本、瑞士等国合同外包的调查研究表明，在服务水平和服务质量保持不变的前提下，将管理与监督合同实施的成本计算在内，合同外包平均节约25%左右的费用①；美国联邦政府在信息收集等领域引入商业竞争后，成本下降20%—50%。以天气预报这种最大众化的信息为例，在美国，私人提供天气预报的效率明显要高于公营部门，将天气预报服务转入私营部门后可以减少33%的费用。② 由此可判断，市场主体在“看不见的手”的调节功能下，基于信息市场中的供求、竞争、利益的引导，能够围绕用户需求、关注成本节约，更具有经济原则和效率原则。

在政府信息资源开发中，政府与市场的比较优势如表5-1所示。

---

① 句华：《公共服务中的市场机制——理论、方式与技术》，北京大学出版社2006年版，第67页。

② 胡鞍钢：《影响决策的国情报告》，清华大学出版社2002年版，第225页。

表 5-1　政府机制与市场机制的优势比较

<table>
<tr><th colspan="2">比较对象
比较项目</th><th>政府</th><th>市场</th></tr>
<tr><td colspan="2">开发目的</td><td>政府透明;工作需要;满足社会公众的普遍信息需求;注重缩小信息鸿沟</td><td>满足市场需求;追求自身利益最大化;对社会公平关注较少</td></tr>
<tr><td colspan="2">开发动机</td><td>“公仆人”动机</td><td>“经济人”动机</td></tr>
<tr><td colspan="2">组织特性</td><td>部门规模存在扩大化倾向,且结构比较僵化呆板、缺乏适应性</td><td>组织规模及结构比较灵活,适应性较强,趋向追求效率、质量与创新</td></tr>
<tr><td rowspan="4">资源禀赋</td><td>数据</td><td>通过组织与强权优势,拥有全社会80%的信息数据资源,数量增长相对无限</td><td>通过自行采集、购买、众包、平台服务等不断积累,但是数量和权威性相对有限</td></tr>
<tr><td>资本</td><td>可依靠税收和行政收费获取,并具有合法的优先配置权,但相对有限</td><td>自然聚集并自然配置,但相对无限</td></tr>
<tr><td>人员</td><td>数量相对有限;录用后难以裁减,影响素质提升;人员学历、专业结构失衡</td><td>数量相对无限;人才结构较合理;可根据需要随时雇用适用人才</td></tr>
<tr><td>技术</td><td>对先进技术的吸纳缺乏责任意识和反应能力</td><td>对先进技术吸纳和应用反应灵敏,能够适时不间断地提升技术禀赋</td></tr>
<tr><td colspan="2">信息资源开发规划</td><td>能够强制安排;能够合法确定信息产品和服务的目标、内容、规模、标准等</td><td>自然安排,一般是在商机驱动下自发进行</td></tr>
<tr><td colspan="2">作用领域</td><td>政府职责要求提供的信息;
政府行政性信息产品;
具有较强公共性和较强公益性的信息;
政府具有天然垄断性的信息领域</td><td>具有私人物品属性的信息;
具有规模效应的信息;
具有高经济价值的个性化服务信息;
出于公益目的或者国家政策激励也会介入一些高社会价值,低经济效益的公益性信息</td></tr>
<tr><td colspan="2">总体生产环境</td><td>具有政治权威和“暴力机能”;垄断,能够节约交易成本,但产生官僚运行成本;信息收集方面无可比拟的优势;可以安排大规模性生产</td><td>竞争,能够节约官僚运行成本,但存在交易成本;处于信息收集劣势;无力进行大规模安排,规模效应较弱</td></tr>
</table>

续表

比较对象 / 比较项目		政府	市场
生产运行情况	激励机制	收益成本相离导致预算难以控制，成本过高成为常态；职责要求缺位导致开发缺失或不足；缺乏追求质量的内在动力机制；因循守旧缺乏创新，效率缺失严重	收益和成本相结合，使预算形成刚性约束，具有“精打细算”的品质；具有追求利润的内在动力机制；创新意识强，效率较高
	约束机制	开发活动缺乏风险约束机制，开发失败也没有清算破产等终止机制	开发活动面临市场风险压力，如开发失败应承担市场风险，责任意识鲜明
	价格机制	缺乏有效价格工具，难以长期有效配置资源	能及时发现价格工具，对积聚要素和资源配置非常有效
	供求机制	在了解和满足公众基本信息需求方面存在低效性	在具有营利、经济价值的政府信息领域能够积极而有效率地获取准确、真实、实时的信息

从表 5-1 可以看出，政府的比较优势在于通过政治过程确定政府信息资源开发的目标、数量、标准以及规则，并运用监管、补偿等办法保证其顺利实施，同时由于拥有强制权力，能够组织市场不能自动提供的纯公共信息或是公益信息的生产。市场的比较优势在于信息产品生产上的竞争所带来的敏捷和市场反映与回应能力、分散决策、服务效率、成本节约及要素的聚积。这意味着政府信息资源开发中政府机制与市场机制都有助于目标达成，各有作用领域，在选择政府信息资源开发机制上应当有所取舍，完全由政府独担的认识是片面的，其结果自然无助于政府信息资源开发水平和绩效的提升。

（三）政府机制与市场机制之间的资源依赖

根据资源依赖理论，任何组织都镶嵌于相互依赖和由各种关系组成的社会网络中，因为其无法生产出自己所需要的所有资源，组织需要通过权力控制、资源交换等形式借助其他组织的资源优势达成自己的既定目标。相对于其他公共服务或公共产品，政府信息资源的特殊性在于，一方面很多政府信息资源实际是政府职能履行的“副产品”，政府很多的职能部门和机构在自身运作过程中就担负有一定的“信息收集”职能，政府在信息收集方面具有得天独厚的组织优势、强权优势和成本优势、规模效应；另一方面，政府信息资源开发是政府职能履行的必要环节，需要以政府信息为决策和执行提供依据。因此，信息资源开发完全交由市场承担也是片面的。从表 5-1 可以看出，政府和市场两者的比较优势主要源于两者各自拥有对方所不具备的资源禀赋。在政府信息资源开发中，政府需要购买市场的专业服务，借助市场的资源、技术能力以及对公众信息需求的精准把握满足自身工作需求和公众信息需求，市场主体则依赖于政府提供的政策支持、权力、数据等享有开发政府信息资源的合法性，在政府信息资源开发领域获得行动空间以及竞争先机，从而形成了双方之间的资源依赖关系如图 5-1 所示，只有优化组合政府与市场的比较优势，通过合作，才能最大限度提高政府信息资源的开发效率和水平，改变“有者不用、用者无数据”的问题。

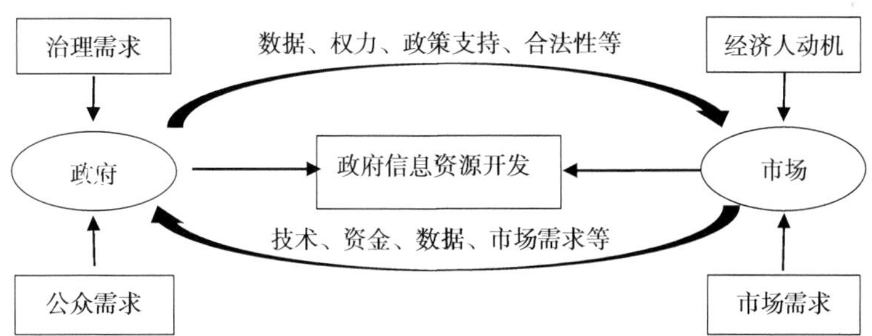

图 5-1　政府信息资源开发中公私资源依赖关系

二、政府信息资源开发公私合作的政策环境

政策是政府控制的完全不可替代的关键性资源。政策直接决定了私营部门参与政府信息资源开发的可行性以及对数据等其他资源的获取程度。我国现有政策对私营部门的态度呈现了无视、利用、合作的发展过程，目前针对公私合作以及政府信息资源开发公私合作都形成了系列政策，为公私合作提供

活动空间。

（一）现行政策有关 PPP 模式适用和推广领域的表述

我国关于公私合作（PPP）的相关法律政策起步于 20 世纪 90 年代，出台了一些基础设施及公用事业特许经营方面的立法，例如，1995 年出台的《关于以 BOT 方式吸收外商投资有关问题的通知》。2004 年建设部出台的《市政公用事业特许经营管理办法》，并带动了地方性相关政策法律建设，北京、深圳、山西、湖南、上海等相继推出关于市政公用事业和城市基础设施特许经营的管理办法。但真正针对 PPP 模式的政策法规主要集中在 2014 年 9 月之后密集性出台，如财政部连续下发的以首提 PPP 管理框架的文件——《关于推广运用政府和社会资本合作模式有关问题的通知》为首的 6 个政策性指引文件，国家发改委同期下发《关于开展政府和社会资本合作的指导意见》以及通用合同指南（相关政策见表 4-1）。2015 年，国家发展和改革委员会、财政部等 6 部委联合印发了迄今为止最为全面的 PPP 管理办法——《基础设施和公用事业特许经营管理办法》，在国家层面形成了 PPP 模式及项目规范运转的制度框架。

在行业层面，许多行业管理部门也出台了专门的推广 PPP 模式的文件，例如，国家发展改革委办公厅与交通运输部办公厅《关于进一步做好收费公路政府和社会资本合作项目前期工作的通知》（发改办基础[2016]2851 号）、国家发展改革委与农业部《关于推进农业领域政府和社会资本合作的指导意见》（发改农经[2016]2574 号）、国家发展改革委与国家林业局《关于运用政府和社会资本合作模式推进林业建设的指导意见》（发改农经[2016]2455 号）、国家能源局《关于在能源领域积极推广政府和社会资本合作模式的通知》（国能法改[2016]96 号）。国家发展改革委与国家旅游局《关于实施旅游休闲重大工程的通知》（发改社会[2016]2550 号）、国家发展改革委与环境保护部《关于培育环境治理和生态保护市场主体的意见》（发改环资[2016]2028

号)、文化和旅游部以及财政部联合印发《关于在文化领域推广政府和社会资本合作模式的指导意见》等也明确提出要求引入社会资本，推广运营政府和社会资本合作模式。

上述针对PPP模式的政策文件，对PPP模式的适用范围或者推广领域做出了相关界定(见表5-2)，成为引入PPP模式的规范依据。国家发改委《关于开展政府和社会资本合作的指导意见》指出，PPP适用的范围为“政府负有提供责任又适宜市场化运作的公共服务、基础设施类项目”，具体包括“燃气、供电、供水、供热、污水及垃圾处理等市政设施，公路、铁路、机场、城市轨道交通等交通设施，医疗、旅游、教育培训、健康养老等公共服务项目，以及水利、资源环境和生态保护等项目”。财政部《关于推广运用政府和社会资本合作模式有关问题的通知》指出适宜采用政府和社会资本合作模式的项目“具有价格调整机制相对灵活、市场化程度相对较高、投资规模相对较大、需求长期稳定等特点”，重点关注领域为“城市供水、供暖、供气、污水和垃圾处理、保障性安居工程、地下综合管廊、轨道交通、医疗和养老服务设施等”，“优先选择收费定价机制透明、有稳定现金流的项目”。

表5-2　我国PPP模式推广领域的政策表述

序号	文件名称	关于PPP推广领域的表述
1	《关于政府向社会力量购买服务的指导意见》(国办发[2013]96号)	政府向社会力量购买服务的内容为适合采取市场化方式提供、社会力量能够承担的公共服务，突出公共性和公益性。教育、就业、社保、医疗卫生、住房保障、文化体育及残疾人服务等基本公共服务领域，要逐步加大政府向社会力量购买服务的力度。
2	《关于加强地方政府性债务管理的意见》(国发[2014]43号)	鼓励社会资本通过特许经营等方式，参与城市基础设施等有一定收益的公益性事业投资和运营。
3	《关于创新重点领域投融资机制鼓励社会投资的指导意见》(国发[2014]60号)	生态建设和环境保护、农业和水利工程、市政基础设施、交通、能源设施、信息和民用空间基础设施、社会事业等领域。

续表

序号	文件名称	关于 PPP 推广领域的表述
4	《关于开展政府和社会资本合作的指导意见》（发改投资［2014］2724号）	PPP 模式主要适用于政府负有提供责任又适宜市场化运作的公共服务、基础设施类项目。燃气、供电、供水、供热、污水及垃圾处理等市政设施，公路、铁路、机场、城市轨道交通等交通设施，医疗、旅游、教育培训、健康养老等公共服务项目及水利、资源环境和生态保护等均可推行 PPP 模式。
5	《关于推广运用政府和社会资本合作模式有关问题的通知》（财金［2014］76 号）	适宜采用政府和社会资本合作模式的项目，具有价格调整机制相对灵活、市场化程度相对较高、投资规模相对较大、需求长期稳定等特点。各级财政部门要重点关注城市基础设施及公共服务领域，如城市供水、供暖、供气、污水和垃圾处理、保障性安居工程、地下综合管廊、轨道交通、医疗和养老服务设施等，优先选择收费定价机制透明、有稳定现金流的项目。
6	《政府购买服务管理办法（暂行）》（财综［2014］96 号）	政府购买服务的内容为适合市场化方式提供、社会力量能够承担的服务事项。除法律规定另有规定外，基本公共服务、社会管理服务、行业管理与协调性服务、技术性服务、政府履职所需辅助性事项等应纳入政府购买指导性目录。例如，行业性调查、行业统计分析、监测服务、信息化建设与管理。
7	《关于印发政府和社会资本合作模式操作指南的通知》（财金［2014］113 号）	投资规模较大、需求长期稳定、价格调整机制灵活、市场化程度较高的基础设施及公共服务类项目，适宜采用政府和社会资本合作模式。
8	《关于在公共服务领域推广政府和社会资本合作模式的指导意见》（国办发［2015］42 号）	在能源、交通运输、水利、环境保护、农业、林业、科技、保障性安居工程、医疗、卫生、养老、教育、文化等公共服务领域，鼓励采用政府和社会资本合作模式，吸引社会资本参与。

根据相关政策规定，我国 PPP 模式推广及应用的领域如图 5-2 所示。由图 5-1 可以看出，与信息或数据直接相关的领域包括信息基础设施、商业遥感、环境监测等。《政府购买服务管理办法（暂行）》（财综［2014］96 号）也指出，政府购买服务的内容为适合采取市场化方式提供、社会力量能够承担的服务事项，建议将行业性调查、行业统计分析、监测服务、信息化建设与管理等纳入政府购买指导性目录。

结合前面对政府信息资源开发机制的分析，政府信息资源开发符合国家

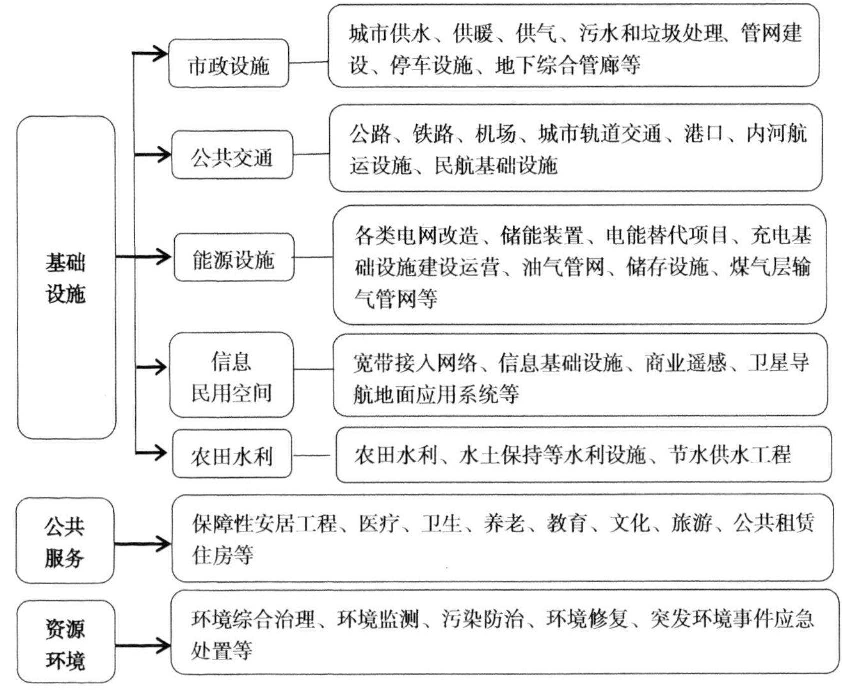

图 5-2　我国 PPP 模式推广及应用的领域

发改委提出的“政府负有提供责任又适宜市场化运作”的要求，也符合财政部提出的“市场化程度相对较高，需求长期稳定”等特点，属于社会力量能够承担的事项。因此，除了按照法律规定不予公开的政府信息之外，需要加强政府信息资源开发的公私合作，一方面，借助私营部门的力量，开发那些政府未能或无力开发的政府信息资源，延长信息的产业链；另一方面，在政府承担有供给之责的政府信息领域，通过公私合作，让私营部门帮助政府更好完成开发之责。

（二）现行政策有关政府信息资源开发公私合作的表述

2004 年出台的《关于加强信息资源开发利用的若干意见》明确提出政府信息资源开发的政府机制、市场机制、公益机制后，国务院、行业主管部门及地方政府不仅出台了大量推动政府信息资源社会化、市场化开发的文件，而且也大力鼓励采用政府和社会资本合作、政府购买等方式引入社会力量，围绕数据采集、数据融合、数据开发应用建立公私合作关系（见表 5-3），为推动政府信息/数据资源开发应用的公私合作提供了有力的政策引导和支持。

表 5-3　我国现有信息政策中有关公私合作的表述

序号	年份	文件名称	相关内容
1	2015	《促进大数据发展行动纲要》 （国发[2015]50 号）	建立政府和社会互动的大数据采集形成机制，制定政府数据共享开放目录。 建立市场化的数据应用机制，在保障公平竞争的前提下，支持社会资本参与公共服务建设。 鼓励政府与企业、社会机构开展合作，通过政府采购、服务外包、社会众包等多种方式，依托专业企业开展政府大数据应用，降低社会管理成本。
2	2015	《关于运用大数据加强对市场主体服务和监管的若干意见》 （国办发[2015]51 号）	引导各类社会机构整合和开放数据，构建政府和社会互动的信息采集、共享和应用机制，形成政府信息与社会信息交互融合的大数据资源。 充分发挥市场机构在信息基础设施建设、信息技术、信息资源整合开发和服务等方面的优势，通过政府购买服务、协议约定、依法提供等方式，加强政府与企业合作。 按照规范、安全、经济的要求，建立健全政府向社会力量购买信息产品和信息技术服务的机制。
3	2016	《"十三五"国家信息化规划的通知》 （国发[2016]73 号）	在具有战略意义、投资周期长的重点领域，积极探索政府和社会资本合作（PPP）模式，建立重大信息化工程 PPP 项目库，明确风险责任、收益边界，加强绩效评价，推动重大信息化工程项目可持续运营。
4	2016	《推进"互联网+政府服务"开展信息惠民试点实施方案》 （国办发[2016]23 号）	加大财政支持，倡导政企合作，鼓励引导市场主体行为，引入社会力量，推广政府购买服务、政企合作等新模式，合理开发利用数据资源。

续表

序号	年份	文件名称	相关内容
5	2016	《关于促进和规范健康医疗大数据应用发展的指导意见》（国办发［2016］47 号）	推广运用政府和社会资本合作（PPP）模式，鼓励和引导社会资本参与健康医疗大数据的基础工程、应用开发和运营服务。鼓励政府与企事业单位、社会机构开展合作，探索通过政府采购、社会众包等方式，实现健康医疗大数据领域政府应用与社会应用相融合。
6	2017	《关于进一步扩大和升级信息消费 持续释放内需潜力的指导意见》（国发［2017］40 号）	鼓励各地依法依规采用政府购买服务、政府和社会资本合作（PPP）等方式，加大对信息消费领域技术研发、内容创作、平台建设、技术改造等方面的财政支持。
7	2015	《关于推进农业农村大数据发展的实施意见》（农市发［2015］6 号）	探索市场化可持续发展机制，支持采用政府购买服务、政府与企业合作（PPP）等方式，积极规范引导社会资本进入农业农村大数据领域。
8	2016	《促进交通旅游服务大数据应用实施方案（2016—2018 年）》（交规划法〔2016〕228 号）	推动城市综合交通信息服务平台市场化开发。鼓励有条件的城市，通过数据开放、政府和社会资本合作、政府购买服务等手段，引导各类互联网平台和市场主体参与交通服务大数据开发，运用微博、微信、客户端等新兴媒体，创新交通信息服务模式。
9	2017	《推进智慧交通发展行动计划（2017—2020 年）》	提高综合交通出行信息服务水平……通过政府和社会资本合作、政府购买服务等手段，推进运输企业和互联网企业的跨界融合和战略合作。鼓励互联网平台等各类市场主体整合多种运输方式信息资源，运用微博、微信、客户端等新兴媒体，建设形式多样的综合交通出行信息服务平台。
10	2017	《“十三五”国家政务信息化工程建设规划》（发改高技［2017］1449 号）	充分发挥市场主体作用，鼓励采用委托代建、以租代建、BOT、服务外包等新模式，促进工程建设主体和服务方式的多元化；形成政务公开、数据开放、社会参与的常态化机制，实现由政府投资建设为主向政府与社会投资双轮驱动的机制转变。
11	2013	《重庆大数据行动计划》（渝府发［2013］62 号）	逐步完善大数据采集体系，建立政府和社会互动的大数据采集形成机制。 积极鼓励社会资本投入大数据产业，开展大数据采集整理、挖掘分析，尤其是对政务数据、公共服务领域数据的深加工和深挖掘。

续表

序号	年份	文件名称	相关内容
12	2014	《上海市推进政府信息资源向社会开放利用工作实施意见》(沪府办[2014]37号)	支持政府信息资源增值利用。建立社会各方广泛参与政府信息资源开放利用的良好氛围。积极鼓励政府部门通过购买服务方式开发、获取信息产品,逐步实现应用服务提供主体多样化。
13	2016	《上海市大数据发展实施意见》(沪府发[2016]79号)	开拓数据采集渠道,形成由政府、社会、企业等多方参与,行政收集、网络搜集、有偿购买、无偿捐赠、传感采集等多种方式构成的数据资源采集体系。 鼓励企业通过商业行为创新数据共享机制,探索政府机构、企事业单位、科研院所、社会大众等既确保多方数据所有权利又实现数据整合应用的商业模式。 以政务数据开放促进社会对数据的消费,以政务数据采购拉动社会数据的生产。鼓励政府部门向社会采购数据和分析挖掘服务,鼓励大数据服务企业开发面向政府的数据服务。
14	2017	《关于贵阳市加快推进政府数据共享开放的实施意见》(筑府发[2017]6号)	支持培育数据采集新业态,鼓励政府、企业和社会机构委托第三方开展数据采集,推动政府数据采集向专业化、社会化、市场化采集以及多方利用模式转变。引导各类企业、行业协会、科研机构、社会组织等依法依规采集并开放数据,探索政府数据以契约方式向社会和企业开放,建立起政府和社会互动的数据采集、整合、开放、利用机制。 允许贵阳块数据公司经授权,开展政府数据与社会数据的整合,形成新的数据资源与数据开发。

三、政府信息资源开发公私合作的时代背景

(一)大数据时代释放数据价值的必然要求

2012年2月13日,《纽约时报》刊载文章称,“大数据时代”已经降临。人类正从IT(Information Technology,信息技术)时代走向DT(Data Technology,数据技术)时代。2015年8月,国务院印发了《促进大数据发展行动纲要》,指

出“数据已成为国家基础性战略资源”，要求“全面推进我国大数据发展和应用，加快建设数据强国”。“如何将数据信息转化为科学认识，从而实现大数据价值与现实生产力，这是当前各国实施大数据战略面临的挑战与难题”①。“从海量数据中提取并凝结成为知识与智慧是一个非常复杂的传递过程，需要云（Cloud）、移动（Mobile）、社交（Social）、分析（Analytical）等技术动力支持”②，需要数据采集→数据处理→数据应用等各个产业链环节的相互支撑与融合。“融合多元利益主体的大数据协同创新是大数据价值实现的关键”③。《全球信息技术报告（2014）》指出，公共部门并未充分挖掘出自身产生、所收集数据或外部产生数据的潜在价值，“数据革命”仍需要从政府部门入手④。政府作为数据资源的主要拥有者，作为大数据协同创新价值链的关键主体，需要积极探索与企业等其他价值链主体的合作模式，打造多元主体协同发展格局，释放数据红利。

（二）治理体系与治理能力现代化的必然选择

2017 年 12 月，习近平主席在中共中央政治局第二次集体学习时强调，“要运用大数据提升国家治理现代化水平。要建立健全大数据辅助科学决策和社会治理的机制”。“用数据说话、用数据决策、用数据管理、用数据创新”，就需要将大数据的数据资源、技术和理念引入到政府治理中，加强数据分析与挖掘。大数据所具有的海量、多元化和迅速变化的特征给政府部门的数据处理能力带来严峻的考验。依据资源依赖理论，任何组织不可能拥有自身所需的所有资源，需要从环境中获取资源来维持生存。政府大数据应用必须从“管理”走向“治理”，通过合作、协商、伙伴关系、充分发挥多元行动主体的作

① 吴英慧：《美国大数据协同创新及启示》，《情报杂志》2019 年第 4 期。

② 吴英慧：《美国大数据协同创新及启示》，《情报杂志》2019 年第 4 期。

③ 吴英慧：《美国大数据协同创新及启示》，《情报杂志》2019 年第 4 期。

④ 翁列恩、李幼芸：《政务大数据的开放与共享：条件、障碍与基本准则研究》，《经济社会体制比较》2016 年第 2 期。

用,共同实现对公共事务的管理①。

在大数据、云计算、移动互联网等技术的支撑下,政府借由组织优势、强权优势等形成的信息优势日渐降低,原来存在于政府和私营信息企业之间的信息差正在逐步消除。以互联网企业为代表的信息企业不仅是大数据技术与应用的先行实践者,而且通过设立自己的采集队伍,建立信息采集众包平台,建立电子商务平台、社交平台、政府服务平台(例如,基于支付宝、微信的政府服务)获取到了大量的信息和数据,改变了政府和私营企业在信息采集、加工处理与分析方面的竞争优势,进一步提高了政府对私营信息企业的资源依赖性,政府逐渐从内部性依赖转向外部性依赖,为公私合作提供了技术驱动力和数据驱动力。

(三)政府信息资源开发利用水平与效率提升的现实需要

目前,我国政府信息资源开发的深度、力度依旧不足,存在政府开发低效,也未能形成企业有效利用政府信息资源的态势。例如,自 2005 年起,我国各级交通主管部门相继推出了"公众出行信息服务网",但是利用效果不佳。根据统计,中国公路信息服务网三个月平均日均点击量为 150 次,点击量最高的北京市交通委员会网站为平均 90000 次/日,一些地方网站仅有几百的访问量。而 2013 年 6 月百度的交通信息服务内容 PC 端的访问量超过 2 亿次,手机终端访问量超过 1.5 亿次。② 根据中国信息通信研究院的《中国大数据发展调查报告 2018》,50.2%的受访企业认为隐私保护等政策限制是制约企业大数据发展的首要障碍,其次为数据资源短缺(44.8%);企业的数据资源主要来自企业内部和客户/用户数据,政府免费开放数据的应用比例处于较低水

① 李月、侯卫真:《政府大数据应用的多元主体协同策略研究——纽约市案例分析》,《图书情报工作》2017 年第 10 期。

② 李斌:《政企合作模式下综合交通信息服务共享应用》,2014 年 7 月 2 日,见 http://www.tranbbs.com/news/cnnews/news_136524.shtml。

平,仅有14.6%的企业利用政府免费开放的数据(相比2016年,涨幅仅为1.1%,2016年度13.5%的受访企业利用了政府免费开放的数据)。42.7%的企业呼吁开放更多政府公开信息资源。[①] 此外,我国信息资源产业总体规模不大,企业规模偏小,竞争力不足,从业企业普遍存在信息内容和服务缺乏深度、信息需求挖掘不足的现象。[②] 根据《2017中国地理信息产业报告》,在地理信息产业,国内20家龙头企业年产值仅占国外20家同类龙头企业的13.6%,在品牌、市场、技术、规模和国际同行相比存在较大差距。按照工信部"人员300人以下或产值1亿元以下"的标准,90%以上的地信企业为中小微企业,90%的中小微地信企业主要从事数据生产,从事地理信息增值服务的较少。尤其是民营企业资质等级相对较低,人均产值19.13万元,低于资质单位平均水平。充分说明,我国政府信息资源开发尽管已经形成了多元开发主体,但是并未形成多元协同的政府信息资源开发机制。需要创新政府信息资源开发形式,充分发挥政府市场两者优势。形成利益共享、风险分担的格局,使合作各方获得比单独行动更为有利的结果,优化政府信息资源服务。

第二节　我国政府信息资源开发公私合作的现状调查分析

如前所述,政府信息资源开发在我国主要起步于改革开放之后,目前基本形成政府、市场、社会多元开发格局,但就如赖茂生等人的调研所指出的,"相对于企业主导的美国模式、政府主导的欧洲模式,我国属于政府垄断开发模

① 中国信息通信研究院:《中国大数据发展调查报告2018》,2018年6月6日,见http://www.199it.com/archives/733576.html。

② 郭静静:《我国信息资源产业组织政策研究》,上海世界图书出版公司2016年版,第65页。

式"①。多为政府部门依靠财政拨款,采取自行开发或委托国有控股企业、下属信息中心或事业单位开发的形式。根据对某省地理测绘信息中心主任曹总工的访谈,该信息中心一半的经费来源于财政拨款,主要服务于政府的工作需求,而在承接的地理信息产品开发项目中,几乎或很少与企业合作,仅有的少数合作也是因为人手不够,采取劳务聘用的形式进行合作。但我们也看到,随着政府服务与管理决策的对数据应用要求越来越高,政府对政府信息资源开发日益重视,与私营部门形成了程度不一的合作关系。为了进一步反映我国政府信息资源开发公私合作的一般性现状,本研究设计了调查问卷,用以反映合作的内容、合作的类型、合作的关系、合作的满意度、合作动机、合作意愿等方面的内容。

一、数据采集方法

本研究分别设计了针对政府和企业的调查问卷。2018 年 6—9 月期间,经过事先电话联系确认,面向省级和市级的工信厅、经信委/局、政府信息办/信息中心、电子政务办公室,交通、环保、农业、国土资源、科技、卫生、人力资源与社会保障、工商管理、民政、公安、测绘地理等部门的信息中心/科技处等实施政府信息化建设的机构发放问卷 158 份,回收 112 份,剔除不完整、无用问卷 34 份(部分问卷存在理解偏差,例如将食品安全追溯公共服务平台、企业劳动用工备案信息系统中需要企业提交相关信息视为公私合作/政企合作),最终政府版有效问卷 78 份,问卷有效率 69.6%。企业版问卷发放中,面向与本地政府部门合作过的企业,已获得案例的合作伙伴,利用网络新闻中相关 IT 企业业绩公告、政府采购网中标公告进行问卷对象选择发放,涉及百度、世纪高通、高德、航天宏图、科大讯飞、神州数码等公司发放问卷 150 份,回收

① 赖茂生等:《我国政府信息资源开发利用模式创新研究》,《图书情报工作》2014 年第 6 期。

问卷95份,剔除不完整、无用问卷28份(未曾参与过政府信息资源开发项目或政府信息化建设项目),最终企业版有效问卷67份,问卷有效率70.5%。此次共计发放问卷308份,回收问卷207份,有效问卷145份,问卷回收率为67.2%,问卷有效率70%。问卷调查对象的基本信息如表5-4所示。

表5-4　问卷调查对象基本信息表

项目	类型	政府		企业	
		频次	百分比	频次	百分比
职位	管理人员	52	66.67%	51	76.12%
	工作人员	26	33.33%	16	23.88%
政府信息化建设的经验年限	少于3年	8	10.26%	5	7.46%
	3—5年	20	25.64%	15	22.39%
	6—10年	33	42.30%	36	53.73%
	超过10年	17	21.80%	11	16.42%
对PPP的了解程度	非常了解	12	15.38%	4	5.97%
	比较了解	39	50.00%	15	22.39%
	了解	20	25.64%	30	44.77%
	了解一些	7	8.98%	12	17.91%
	完全不了解	0	0.00%	6	8.96%

二、调查结果与分析

(一)合作的内容

如前所述,政府信息资源开发不是孤立的活动,不仅仅是信息本体的开发,还要涉及相应的软硬件环境的建设。根据问卷调查反馈的信息,目前政府信息资源开发公私合作的领域多集中在系统开发、技术支持、数据库开发等领域,直接针对信息本体的开发占比不高(见图5-3)。根据访谈了解,很多公私合作仅限于信息系统软件等的采购服务，系统安装调试运行后，企业一般提供1年左右的免费升级与维护服务，并不涉及信息层面。但随着大数据平台建设的不断继起，公私合作的领域日渐转向信息和数据层面，由私营部门提供包括软硬件设施、信息采集、信息处理、信息分析与应用的一条龙服务。

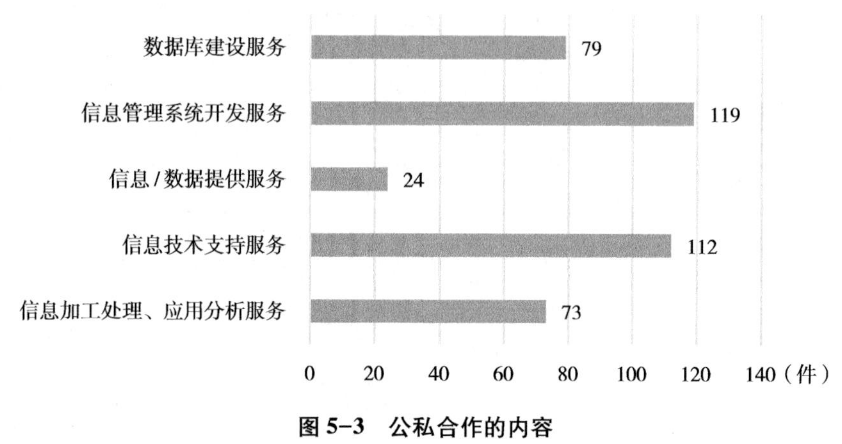

图5-3 公私合作的内容

（二）合作的类型

1. 按照合作的层次划分

（1）“原生态”层面的合作。即借助私营企业的渠道、平台，扩大政府信息传播的受众面。例如，国家食品药品监督管理局与百度公司合作，将药品数据库、药品说明书范本数据库、经过认证的可向个人售药的网站的数据库信息提供给百度，供公众检索利用。

（2）增值性层面的合作。即政府与企业合作，形成深度加工的信息产品。例如，黑龙江省测绘局和北京吉威数源信息技术有限公司等合作建设了黑龙江省地理信息公共服务平台。基于该平台，又与企业合作推动地理信息的开发应用，联合中国移动黑龙江省分公司、中国网通黑龙江分公司、GPS终端厂商、龙图信源科技发展有限公司开发了黑河林业局森林防护GPS系统。其中黑龙江省基础地理信息中心负责提供基础地理信息和建设位置服务中心，移动公司负责当地移动基站建设和通过GPRS进行位置信息的远程传递，网通公司负责提供互联网专线、龙图信源公司负责系统开发和地理信息的经营和服务。

(3)创新性层面的合作。即出于鼓励创新的目的，政府与企业合作举办数据创新应用大赛，鼓励行业企业、高等院校、科研院校等以竞赛方式参与政府信息资源的开发应用，例如，上海开放数据创新应用大赛(SODA)、中国气象“神·气”大数据算法与应用大赛、“云上贵州”智慧交通大数据应用创新大赛、苏州信用大数据大赛等。

2. 按照合作中的信息交易属性划分

(1)政府购买型。即政府购买企业提供的信息、信息产品或服务。例如，安徽省环境监测中心站购买“安徽省环境监测中心站土地利用类型遥感解译”服务，广东省国土资源厅购买广东省部分区域及港澳地区约11.3万平方公里的高分辨率卫星遥感影像原始数据，陕西省果业局与京东建立合作关系并购买京东的苹果销售数据用以建设苹果大数据平台。

(2)信息置换型。即政府与私营部门进行信息置换，实现资源共享。例如，辽宁省通过数据资源置换，在“交通出行云”上企业的支持下，不仅升级了网站上的出行信息服务系统，还开发了手机APP，实现实时路况查询等功能。交通运输部出台了《政企合作模式的全国综合交通出行服务信息共享应用示范实施指南》，鼓励交通运输行业部门以数据资源置换互联网企业的数据、技术与服务资源。

(3)以信息换技术型。即政府以信息资源换取私营部门提供的技术服务和支持。湖南省高速公路交通警察局、杭州交警将所辖范围内的交通事件信息、交通管制信息、交通事故信息等提供给高德地图，高德地图则免费提供定制开发专属的交通信息分析平台，辅助交通管理与决策。

(4)信息授权型。即政府授予私营部门经营和提供某项政府信息资源产品或服务的权利。例如，贵阳市授予贵阳块数据城市建设有限公司5年期的运营政务云平台及利用政府数据开展大数据清洗加工、增值运营及政府数据开放运营服务的权利①。香港特区政府将香港特区数字地图、招投标信息等授权给私营企业进行增值开发、运营并获取收益。北京市专业气象台指定墨迹风云软件科技发展有限公司作为唯一授权企业经营手机客户端业务气象信息服务。

3. 按照合作所处信息生命周期的阶段划分

信息生命周期(Information Life Cycle),即信息运动的自然规律,大致可以归为信息采集、信息融合与处理、信息发布与传递等阶段。

(1)信息采集。即政府与私营部门的合作主要处于信息采集阶段,私营部门帮助政府部门进行信息采集。例如,国家林业局的"森林资源管理与检查项目卫星遥感数据采购项目"(2015)、国土资源部中国国土勘测规划院的"2014年全国土地利用变更调查监测数据采集项目""全国土地利用变更调查监测与核查项目遥感数据采集项目"(2014、2015)等。目前统计信息采集、环境监测信息采集等都是政府部门向私营部门购买数据的主要领域。

(2) 信息融合与处理。即政府与私营部门的合作主要处于信息融合与处理阶段,为政府信息资源的处理提供数据层面的技术与服务,以及信息处理所需的系统开发、数据库建设等工作。例如,北京航天宏图信息技术股份有限公司为广东省国土资源厅提供省地理国情普查数据入库前质量检查与处理的软件及技术服务、百分点与国家质检总局建立缺陷产品管理中心的大数据处理和建模分析平台。

(3)信息发布与传递。即私营部门提供推动政府信息资源传播利用的平台,例如微信、微博、支付宝的城市功能等平台。墨迹天气与中国国家气象局、中国环境监测总站进行合作,加快气象信息、环境信息在社会各阶层的传播速度。

---

① 《关于授权贵阳块数据城市建设有限公司运营政务云平台及提供政府数据服务的通知》(筑府办发[2017]24号)。

(4)全寿命周期合作。即政府与私营部门在“信息采集→信息融合与处理→信息发布与传递”整个价值链的全链条合作。例如,陕西省果业管理局等与神州数码信息服务有限公司合作开发苹果大数据平台,由神州数码的子公司神州远景科技发展有限公司负责设计开发建设大数据中心平台,并负责苹果种植、经营、科研等基础数据采集、研发大数据分析应用以及平台建成后的运营维护等。

(三)合作的动机

关于 PPP 模式采纳动机的研究比较多,例如 Chou 等(2015)归纳总结了 15 种动机。[①] 本研究结合政府信息资源的特点,借鉴了信息技术外包的相关文献,提出了 15 种公私合作的原因或动机。经过调查发现(见表 5-5),人才技术经验不足、提高项目建设与管理或服务效率、加速项目进程、获取前沿技术被认为是政府实施政府信息资源开发公私合作的主要原因,企业的主要动机则是获取经济利润和占领市场先机。总体而言,可以看出政府与企业之间是一种共生的而非零和竞争的资源依赖关系,彼此之间相互需要、相互补充。

在实践中,PPP 模式常常被视为融资手段,用于降低政府成本,缓解政府财政压力。而在政府信息资源开发公私合作中,政府成本动机不够凸显,究其原因主要在于政府信息资源开发属于技术服务,投资规模较小[②]。但近些年来,随着各个地方带有顶层设计的大数据平台或信息化平台的建设,以及智慧城市的开展,所需投入资金较大,公私合作日渐成为一种融资手段。例如后面

① Jui-Sheng Chou, Dinar Pramudawardhani, “Cross-Country Comparisons of Key Drivers, Critical Success Factors and Risk Allocation for Public-Private Partnership Projects”, *International Journal of Project Management*, Vol.33, No.5(November 2015), pp.1136-1150.

② 访谈调研中发现,由于信息化建设的必要性,以及很多项目都是某一单位内部应用,规模小、投入少,政府更关注的是尽快让系统上线,而不是降低成本。例如在对某地市交通局的调研中,该局的智慧交通建设项目投资 1400 多万元,省厅拨款、下属二级单位筹集、地市政府补贴以及交通局自有经费就能完全满足建设资金需求。

分析的L市人口健康信息化平台项目和C市社会服务管理信息化平台项目。在后期的访谈中,一些政府部门还表示合作的动机是"成本测算","以前都是政府自建,财政支出,无法真实有效获取成本信息,通过政府购买,也能够更为清晰了解实际成本,为以后更大范围推广提供依据"(访谈记录)。

表 5-5 公私合作的动机

Chou 等(2015)		本研究					
		政府动机			企业动机		
序号	主要动机	序号	主要动机	频次	序号	主要动机	频次
1	缓解政府财政压力	1	人才、技术、经验不足	67	1	获取经济利润	61
2	提供集成方案(为公共基础设施/服务)	2	提高项目建设、管理或服务效率	61	2	占领市场先机	54
3	降低政府的资金投入	3	加速项目进程	52	3	服务于企业发展战略	41
4	承担最终服务费用	4	获取前沿技术	48	4	获取与政府的合作关系	35
5	便于创新性方案	5	降低项目总成本	45	5	获取政府信息/数据	27
6	降低项目总成本	6	财政资金不足	32			
7	加速项目交付	7	促进创新或改革	27			
8	将风险转移给私营部门	8	有利于地方经济发展	12			
9	降低政府行政成本	9	降低行政等成本	12			
10	有利于地方经济发展	10	仿效先进做法	11			
11	提高建设能力	11	将风险转移给私营部门	8			
12	提高运营维护能力	12	便于信息商业化开发	7			
13	将技术移交给地方企业	13	降低人员规模	4			

续表

Chou 等(2015)		本研究					
		政府动机			企业动机		
序号	主要动机	序号	主要动机	频次	序号	主要动机	频次
14	提供无追索权或有限追索权的政府资金	14	政策要求	4			
15	加速项目开发	15	规模效应	2			

(四)合作的风险感知

对于合作中的风险感知,政府部门认为公私合作存在的主要风险分别为:信息安全风险、侵犯隐私风险、交易成本过高以及失去对信息的控制(见图5-4)。例如,在L市人口健康信息化平台项目中,由于考虑到项目数据的保密性,采取了政府参股的形式,以加强对项目的监管。私营部门认为公私合作存在的主要风险分别为政府的要求不断变化、政府未能提供全力支持、项目实际成本高于预期成本以及政府行政干预过多等(见图5-5)。

(五)合作的影响因素

本研究对国内101篇有关PPP模式的论文进行了梳理,得出影响因素106个,结合政府信息资源的"软性"特征,选取了22个排名在前的因素。本研究采用Chan等人(2010)①使用的"均值"方法对影响因素的重要性进行排序,利用利克特的五级量表(1代表非常不重要,5代表非常重要)来计算每一影响因素的均值,然后按重要性降序排列确认其排名。每个影响因素的均值通过以下公式计算:

① D.W.M.Chan, et al., "An Empirical Survey of the Benefits of Implementing Pay for Safety Scheme(PFSS) in the Hong Kong Construction Industry", *Journal of Safety Research*, Vol.41, No.5(October 2010), pp.433-443.

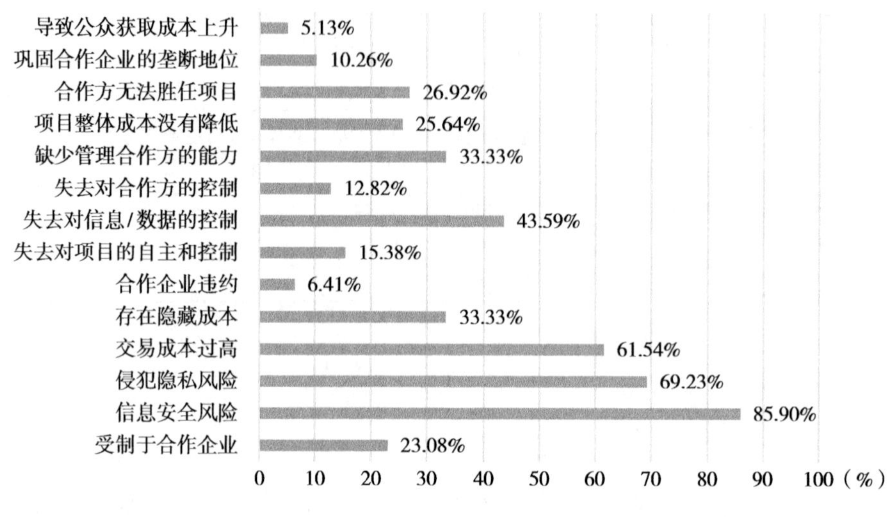

图 5-4　政府部门对于合作风险的感知

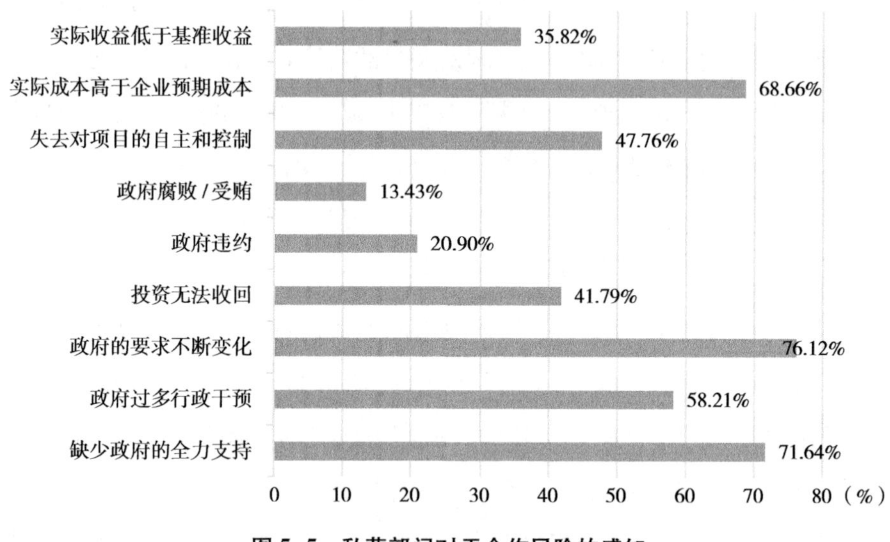

图 5-5　私营部门对于合作风险的感知

$MS=\frac{\sum(f\times s)}{N}$,（$1\leqslant MS\leqslant5$）其中,S 为调查对象给每一影响因素的分值,范围从 1 至 5(1 表示非常不重要,5 表示非常重要);f 为每一影响因素某一评分的频次;n 为某一影响因素的回复总数。

经过计算每一影响因素的平均分如表 5-6 所示。由表 5-6 可以看出,所有影响因素的均值均在 3.00 以上,每一因素都对公私合作的成功比较重要。政府部门和私营部门都认为比较重要的因素包括有利的法律政策框架、充分的政治支持、政府信用、竞争且透明的招标过程、积极的财政/融资政策、成熟竞争的信息市场、充分的项目可行性论证、良好的合作关系。

不同之处在于,政府部门更关注合约、双方角色责任明晰,而私营部门较为关注金融市场的可获得性、合理的风险分担机制等。总的来说,公私合作的有效开展需要有利的法律政策框架、充分的政治支持、积极的财政/融资政策、政府信用、竞争且透明的招标过程、充分的项目可行性论证、成熟竞争的信息市场、良好的合作关系、完备详细的合约、合理的风险分担机制。Cheung 等人(2012)①在中国大陆地区和香港特区进行了 PPP 模式的关键成功因素的调查分析,结果显示 18 个因素中排名前 10 的为:有利的法律框架、合理的风险分担机制、双方的承诺和责任、稳定的宏观经济环境、金融市场的可获得性、强大的私人财团、合理的经济政策、政治支持、竞争透明的采购过程、互益的目标,能够一定程度上验证本研究的有效性。

表 5-6　公私合作关键影响因素的重要程度

序号	关键影响因素	政府和私营部门			政府部门			私营部门		
		数量	均值	排序	数量	均值	排序	数量	均值	排序
1	充分的政治支持	145	4.48	2	78	4.53	2	67	4.46	2
2	有利的法律政策框架	145	4.52	1	78	4.62	1	67	4.42	4

① Esther Cheung, et al., "A Comparative Study of Critical Success Factors for Public Private Partnerships (PPP) Between Mainland China and the Hong Kong Special Administrative Region", *Facilities*, Vol.30, No.13/14 (October 2012), pp.647-666.

续表

序号	关键影响因素	政府和私营部门			政府部门			私营部门		
		数量	均值	排序	数量	均值	排序	数量	均值	排序
3	稳定的宏观经济环境	145	3.86	20	78	3.86	19	67	3.85	20
4	稳定、长期的市场需求	145	3.92	19	78	3.81	21	67	4.03	16
5	积极的财政/融资政策	145	4.44	3	78	4.41	4	67	4.48	1
6	成熟竞争的信息市场	145	4.32	6	78	4.36	6	67	4.27	10
7	项目的复杂程度	145	3.95	18	78	3.99	16	67	3.90	19
8	项目的盈利水平/预期收益率	145	4.03	15	78	4.03	14	67	4.04	15
9	项目的投资额	145	3.84	22	78	3.77	22	67	3.93	18
10	充分的项目可行性论证	145	4.32	6	78	4.33	7	67	4.33	8
11	合理的风险分担机制	145	4.22	10	78	4.00	15	67	4.39	5
12	企业的资金实力	145	4.06	14	78	4.05	12	67	4.07	14
13	竞争且透明的招标过程	145	4.39	5	78	4.41	4	67	4.37	7
14	政府信用	145	4.44	3	78	4.44	3	67	4.45	3
15	完备详细的合约	145	4.26	9	78	4.33	7	67	4.16	11
16	良好的合作关系	145	4.30	8	78	4.28	9	67	4.33	8
17	双方角色、责任明晰	145	4.18	11	78	4.23	10	67	4.12	12
18	金融市场的可获得性	145	4.08	13	78	3.82	20	67	4.39	5
19	开放、持续的沟通	145	4.09	12	78	4.06	11	67	4.12	12

续表

序号	关键影响因素	政府和私营部门			政府部门			私营部门		
		数量	均值	排序	数量	均值	排序	数量	均值	排序
20	双方的合同协商/管理能力	145	3. 99	16	78	3. 92	17	67	3. 99	17
21	政府的监管能力	145	3. 96	17	78	4. 05	12	67	3. 85	20
22	双方战略/目标一致	145	3. 86	20	78	3. 92	17	67	3. 78	22

（六）合作的关系及满意度

对于双方的合作关系，56%的认为属于伙伴型，36%的认为属于交易型（见图 5-6）。从对合作的满意程度看，非常满意的仅占 4. 14%，比较满意为 33. 79%，一般满意为 39. 31%，不满意为 20%，非常不满意为 2. 76%（见图 5-7）。这与目前公私合作的形式有很大关系，主要是政府采购或政府购买的形式，而且多为一次性的合作关系。

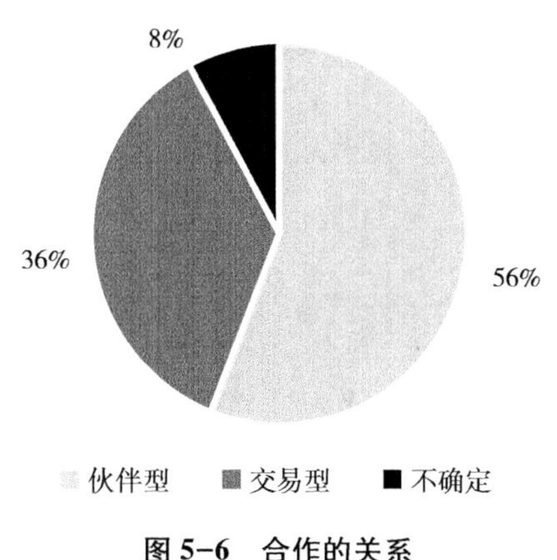

图 5-6　合作的关系

（七）合作的意愿

对于问题“您认为政府信息资源开发应该由谁进行？”，政府和私营部门

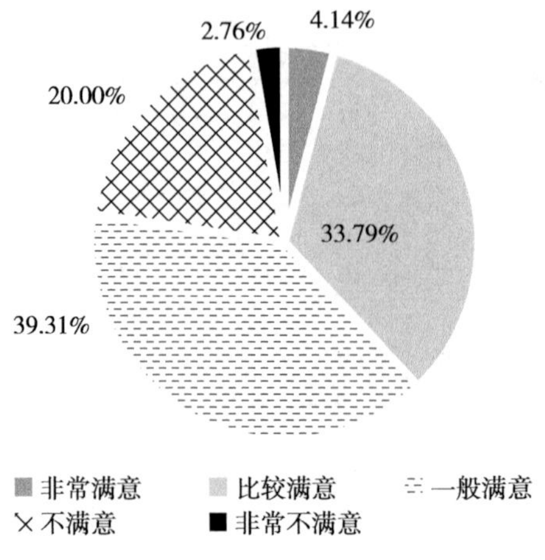

图 5-7　合作的满意度

55%的都支持政府和企业合作开发，但是政府部门依旧有 28%的认为应该由政府自己开发。50.7%的私营部门希望政府开放数据，企业自行开发，体现了目前公私双方之间的合作意愿不够强烈（见图 5-8）。

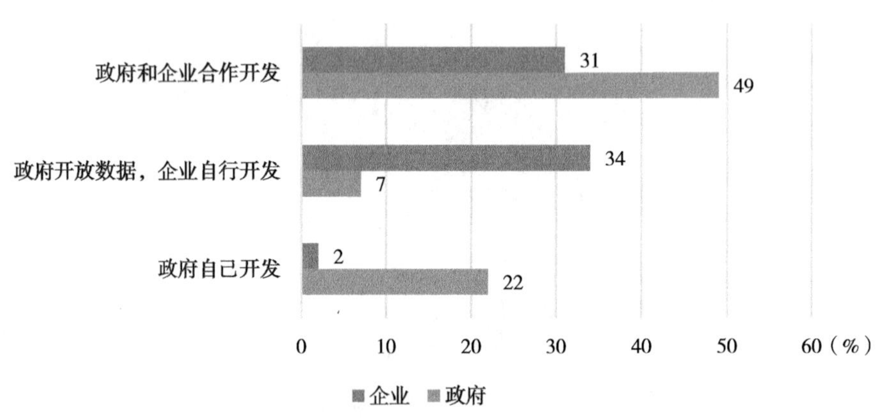

图 5-8　公私合作的意愿

第三节　政府信息资源开发公私合作的案例分析

一、案例选择过程

（一）项目检索

登录财政部政府与社会资本合作中心网站（https://www.cpppc.org/）的“项目信息公开库”进行了相关项目搜索。通过输入“智慧”“智能”“信息”“数据”等词，累计反馈185条记录。将范围限定在已经处于执行阶段的项目，通过逐一查阅项目公开的信息，主要指项目的实施方案、可行性报告、合同核心条款等，剔除建设内容完全立足硬件基础设施而不涉及政府信息资源开发的项目，例如政府信息化建设、大数据研究平台、数据中心建设、数据产业园建设等，选择建设内容或者合作方回报机制中包括数据分析等内容，共获得沈阳市区域人口健康信息平台PPP项目、黑龙江省大庆市信息惠民工程PPP项目、丽水市人口健康信息化平台PPP项目、安徽省宿州市全民健康信息平台PPP项目、安徽省池州市社会服务管理信息化平台PPP项目、新疆维吾尔自治区阿克苏地区数字阿克苏地理空间数据服务平台建设PPP项目、西咸新区空港新城“智慧空港”PPP项目、湘潭市智慧城市建设PPP项目8项。这些项目公开的“两评一案（物有所值评价、财政可承受能力评价与实施方案）”、可行性研究报告、PPP项目协议或合同都构成本研究的数据与资料来源。

（二）实地访谈

基于问卷调查的反馈、网络搜集，获得一些项目信息，进而通过联络实地访谈，重点获得了“X市交警‘互联网+路况’大数据平台项目”“C市社会服务管理信息化平台PPP项目”“L市人口健康信息化平台PPP项目”“Y市环境空气质量自动监测技术服务项目”“S省国家级苹果大数据平台项目”“D省城市环境空气质量自动监测站运营服务项目”等案例的一手资料。

二、案例项目概况

基于充分反映政府信息资源开发中公私合作的多样性，选择了不同运作模式、涉及信息生命周期不同阶段的四个案例，以期充分反映公私合作的基本现状。

表 5-7 公私合作案例的项目概况

项目信息	X市交警“互联网+路况”大数据平台	L市人口健康信息化平台	C市社会服务管理信息化平台	D省城市环境空气质量自动监测站运营服务
项目建设单位	X市公安局交警支队	L市卫生和计划生育委员会	C市信息办公室	D省环保厅
项目合作机构	北京世纪高通有限公司	运盛（上海）医疗科技股份有限公司	讯飞智元信息科技有限公司	运营单位：青岛吉美来科技有限公司；河北先河环保科技股份有限公司；厦门隆力德环境技术开发公司 比对单位：中节能天融科技有限公司
项目范围	“互联网+路况”大数据平台 城市交通大脑建设	人口健康信息化平台的建设与运营	社会服务管理信息化平台的建设与运营	全省17市144个城市空气自动监测站的运营与数据采集服务
合同签订时间	2016	2015	2016	2012
项目期限	1年（已经连续合作3期）	11年（建设期一年）	11年（建设期一年）	3年（已经连续合作3期）
项目运作方式	合同外包	BOT	BOOT	PUO
招标方式	单一来源采购	竞争性磋商	单一来源采购	公开招标

续表

项目信息	X 市交警"互联网+路况"大数据平台	L 市人口健康信息化平台	C 市社会服务管理信息化平台	D 省城市环境空气质量自动监测站运营服务
回报机制	政府付费	政府付费+使用者付费	政府付费+使用者付费+可行性缺口补助	政府付费
资产所有权安排	政府	政府	政府	企业

案例 1:X 市交警"互联网地图和路况数据工程"外包实践

项目概况

为了提高 X 市交警的决策管理与服务水平,满足群众的出行需求,依据 X 市交警"智慧交通"以及"互联网+政务服务平台"的建设方案和要求,X 市交警启动"互联网+路况数据"平台、X 市交警"城市大脑"建设项目。需要依托专业的地图及路况服务提供商提供底层的数据以及专业的定制化开发服务,为 X 市交警建立本地化的电子地图、路况数据发布平台,制作专题数据,提供数据处理、分析服务,实现平台、数据和服务与 X 市交警大数据平台、APP 后端、微信后端的对接。

项目合作方选择

选择方式:单一来源谈判采购

该项目的合作方遴选采用了单一来源谈判采购的方式,拟定的唯一供应商为北京世纪高通科技有限公司。X 市公安局交警支队经市财政局政府采购管理处审批,委托四川国际招标有限责任公司陕西分公司代理招标,经专家论证,考虑项目所需地图数据、路况数据的专业性和唯一性,以及对专业的定制化开发和团队驻场支持要求,建议采用单一来源采购。2017、2018 年转为公开招标方式,以期通过充分竞争不断提高服务质量。

项目合同由北京世纪高通科技有限公司与X市公安局交通警察支队签署。

项目运作形式

本项目属于政府采购,采用合同外包的方式。按照合同标的,合作方北京世纪高通科技有限公司负责提供"数据+技术+人"服务。

数据服务。在合作中,世纪高通将自己拥有的数据提供给X市公安局交警支队免费试用,其数据主要包括:地图数据:世纪高通是北京四维图新科技股份有限公司旗下的子公司,而四维图新是国内第一个获得政府批准的导航地图公司,2001年获得全国第一张导航电子地图制作资质,拥有甲级测绘资质。动态实时交通数据:来自与世纪高通公司建立合作关系的全国出租车、客车/物流车(主要指两客一危:从事旅游的包车、三类以上班线客车和运输危险化学品、烟花爆竹、民用爆炸物品的道路专用车辆)、互联网交通(即网约车,主要与滴滴合作)、腾讯的动态交通数据;动态交通信息覆盖了全国340多个城市、110多个车规级城市。城际交通信息覆盖全国主要高速和三大经济圈,主要通勤道路覆盖率达70%—90%。数据更新频率为1分钟快读更新。车载数据:主要来自世纪高通公司车载导航系统的数据,车载用户数量超过500万人。其他数据:主要指驾驶员行为习惯、电信信令等。

技术服务。成立X市交警城市大脑研发中心,提供3项技术服务:研判分析:通过对交通流量数据进行规律分析,形成交通画像以支撑勤务。可视化指挥:建设可视化指挥调度系统,实现警务资源(警车、警务人员等)实时展现在可视化大屏,提高出警效率。定制化功能开发服务:依据X市交警的个性化需求,提供定制开发服务,例如"2018X市马拉松"指挥调度专题开发、"X市交警"微信及APP的部分功能开发等。

人员服务。世纪高通每年安排有15—20人的项目团队进驻X市交警支队,现场提供技术支持服务。

项目合作期限

合约期限为一年,自2016年第一次签约,至今已经连续签署三年。

项目投资总额与资金来源

本项目为X市交警智慧交通建设的子项目,逐年签约,每一年合同价格大致为200—300万元,2016年第一次签约合同价格为373.68万元,近三年累计不到1000万元(数据来自访谈记录)。资金来源为财政资金。

项目回报机制

本项目的回报机制为政府付费,即政府每年支付的合约费用(该费用实际为支付公司进驻团队工作人员的工资、社保)。

项目进展与成效

目前,X市交警"互联网+路况大数据平台"已经建立,将X市交警的电子监控、电子卡口、电子警察、微波、地磁等科技设备所采集的数据,与世纪高通提供的浮动车数据、出租车、两客一危车辆数据相融合,在全国首创3D粒子地图,构建了最为精准的全市路况全息感知系统,形成了X市交通的点、线、面动态监控。X市交警城市大脑指挥中心于2018年12月投入使用,融合指挥中心、情报中心、互联网研发中心、X市交警大数据平台、可视一体化指挥调度平台等多个部门和系统,在缓堵保畅、精细管理、科学服务等方面取得初步成效,获得多项荣誉。

案例2:L市人口健康信息化平台项目

项目概况

随着人口健康信息化建设的推进,医疗卫生计生服务机构采集产生的电子健康档案、电子病历、全员人口信息等人口健康信息的数据量越来越大,利用人口健康信息服务于群众健康的需求也越来越多。根据国家和Z省关于人口健康信息化建设的指导意见,项目采取"市—县—乡—村一体化"模式,推进"三大工程建设(基础建设工程、智慧健康工程、信息惠民工程)",到

2020年建成一朵云(人口健康信息云平台)、一张网(人口健康信息专网)、一个中心(人口健康数据中心)、四大数据库(全员人口信息库、电子病历信息库、健康档案信息库、卫生综合管理数据库)、四大标准规范(数据标准规范、技术标准规范、管理标准规范、业务标准规范)、六大业务应用(公共卫生、计划生育、医疗服务、医疗保障、药品管理、综合管理),实现全市域范围内各医疗业务系统、相关部门数据中心和省人口健康信息平台之间的数据采集、交换和共享,实现持续可及的健康服务、智慧高效的医疗服务、科学的卫生管理与辅助决策。

项目合作方选择

选择方式:竞争性磋商。

该项目的合作方遴选采用了竞争性磋商采购的方式。首先由L市卫生计生委委托江苏现代资产投资管理顾问有限公司编制项目的整体实施方案;然后由L市卫生计生委牵头实施合作方的竞争性磋商程序,经政府采购管理部门批准,在Z省采购网、L市政府采购中心、L市政府网站同时发布竞争性磋商公告。通过资格预审、符合性审查,确立7家潜在投资人。最终依据技术方案、企业实力和最终报价三方面的评审打分,确定运盛(上海)医疗科技股份有限公司为该项目的合作方。

项目运作形式

本项目采用"建设—运营—移交"即BOT的运作方式,具体内容为:由政府指定的出资代表——L市城市建设投资有限责任公司与中选的合作企业——运盛(上海)医疗科技股份有限公司合资成立项目公司——L市运盛人口健康信息科技有限责任公司。由项目公司负责项目的投融资、建设、运营、维护等工作。运营期内,项目公司拥有项目建设期内投资建设形成的固定资产,以及本项目运营期内因更新重置或升级改造投资形成的固定资产的权属,但信息系统相关软件的所有权及知识产权、数据所有权归L市人民政府所有,项目公司在特许经营期间仅获得该系统的运营与使用权。特许经营期满后,将项目设施无偿、完好移交给L市卫计委或L市政府指定的机构,并保证正常运行。

授予组建后的项目公司在特许经营期内享有对项目进行投资、融资、设计、建设、运营、维护、移交的独家权力,特许经营期限为10年。

特许经营权的具体范围包括:人口健康信息化平台涉及的专有网络、云平台、数据中心及各医疗卫生信息系统的建设、运营、维护;在保证数据安全和居民隐私的前提下,基于人口健康信息平台开发针对居民和第三方机构的运营项目。

项目投资总额与资金来源

本项目总投资为11265.25万元,项目公司注册资本为7000万元,政府方与社会资本方按照20%∶80%的股权比例以现金形式分别出资1400万元和5600万元,以保证项目公司后续资金的持续投入。

项目回报机制

(1)使用者付费:经政府授权,基于人口健康信息平台开发运营项目带来的收入。(2)政府付费:是指政府每年支付的购买服务费,每年为176.7万元,10年共计1767万元。

项目进展与成效

项目建设期为PPP项目协议签订之日起到2017年底,分3期实施。截至2017年底,项目三大块建设内容:专网、数据中心和信息系统基本按照合同约定进度进行。构建了覆盖市、县、乡、村四级的全市人口健康信息专用网络,数据中心已经启用,建立了覆盖全市的区域卫生信息平台,市人民医院、中医院和各县级医院也已陆续上线运行,居民电子健康档案管理系统、区域影像协同系统、医疗费用诊间结算等都已投入使用。但是由于系统互联、部门协同、设备匹配等问题,导致很多系统在推广应用中存在很多障碍。一些系统,例如人口计生信息平台、人口宏观管理系统等因需求不够明确延迟或暂缓实施。对于推动公共卫生系统数据共享融合、一网通办起到了一定的作用。

案例 3:C 市社会服务管理信息化平台项目

项目概况

为了给社会服务管理提供信息技术支持,实现跨部门、跨地区的信息资源共享,促进业务系统的互联互通和信息共享,根据本省社会治理信息化整体布局,C 市启动了社会服务管理信息化平台建设工作。该平台依托“数字 C 市”现有基础设施,建设完成“一个中心六个平台”,即政府数据共享交换中心、政府权力网上运行平台、社会服务管理网格化平台、社会公共信用信息平台、智慧旅游平台、数据管理与业务调度中心、信息综合平台,推进政务信息资源共享,实现政府权力网上运行、社会服务管理网格化、旅游大数据、旅游管理服务、旅游电商服务等智慧应用,为面向城市管理信息化应用提供大数据支撑。

项目合作方选择

选择方式:单一来源谈判采购。

该项目的合作方遴选采用了单一来源谈判采购的方式。首先由 C 市信息办公室委托江苏省设备成套有限公司编制项目的整体实施方案,然后由 C 市信息办牵头实施合作方的招标程序,经 C 市公共资源交易中心公开招标,最终确定讯飞智元信息科技有限公司为该项目的合作方。

项目合同、特许经营协议与运营服务协议由项目公司与 C 市信息办签署。

项目运作形式

本项目采用“建设—拥有—运营—移交”即 BOOT 的运作方式,具体内容为:由政府指定的出资代表——C 市城市经营投资有限公司与中选的合作企业——讯飞智元信息科技有限公司合资成立项目公司——C 市讯飞信息科技有限公司。由项目公司负责项目的工程投融资、建设、运营、维护等工作。运营期内,项目公司拥有项目新建资产经营权和收费权,并负责项目的运营和维护。合作期满后，项目公司将设施完好、运营状况良好的项目移交给政府。

授予组建后的项目公司在特许经营期内享有以下特许经营权：经营、管理、维护、改造项目设施以及后续投资等，特许经营期限为10年。

特许经营权的具体范围包括：云平台运营权、数据运营权、旅游电子商务平台官方授权、征信中心官方授权，并针对相关数据运营和社管平台子项目建设授予特许经营权。依据适用法律独家在特许经营区域范围内，收集整理数据资源，合法进行数据分析并取得合理回报；依据适用法律独家在特许经营区域范围内，从数据资源中挖掘涉旅数据并进行商业化开发，合法经营并取得合理回报。

项目投资总额与资金来源

项目总投资为10547.5万元，项目公司投入资本金为9547.5万元，项目公司引入第三方投资1000万元合作运营智慧旅游无线覆盖子项，无其他融资部分。

融资方案：(1)本项目资本金9547.5万元，政府方与选定的社会资本按照30%∶70%的股权比例出资，其中政府平台公司以部分现金以及现有基础云平台硬件设施(经评估作价)出资，社会资本以现金及智慧旅游应用等无形资产(经评估作价)方式入股。(2)SPV公司引入第三方投资1000万元合作运营智慧景区无线覆盖子项。

项目回报机制

(1)使用者付费：项目数据分析收入、广告收入及智慧旅游运营收入。

(2)政府付费：是指政府每年支付的可用性服务费及可行性缺口补贴。包括支付社会服务管理信息化平台部分建设成本3915万元，运营期前3年每年支付500万元弥补项目公司智慧旅游服务部分运营缺口，共计5415万元。

项目进展与成效

项目按照合同约定进度进行，各平台陆续上线并开始运行，例如公共信用信息平台、智慧旅游云平台、政府权力网上运行平台等,合作效果良好。基于双方合作的基础,2019 年 2 月,C 市政府与科大讯飞股份有限公司举行战略合作签约仪式,进一步加深合作范围和深度。

案例 4:D 省城市环境空气质量监测数据采集服务项目

项目概况

为了避免政府既当提供环境监测数据的运动员,又当负责监督管理的裁判员,导致环境监测数据公信力受到质疑。D 省启动了环境监测体制改革。该项目是在本省 3 个城市试点的基础上,将环境空气质量自动监测站第三方运营模式推广至全省所有城市。项目具体内容涉及:(1)环境监测数据采集:中标运营企业负责全省 144 座空气监测站的运营维护及监测数据采集上传。(2)环境监测数据质量比对:中标比对企业负责通过移动监测站对采集上传的数据进行整体校核、质控工作。

项目合作方选择

选择方式:公开招标。

该项目的合作方遴选采用了公开招标的方式。2012 年经过发布“D 省城市环境空气质量自动监测站运营服务推广项目”招标公告,通过谈判,确定河北先河环保科技股份有限公司、青岛吉美来科技有限公司、厦门隆力德环境技术开发有限公司为项目运营服务合作方,中科天融(北京)科技有限公司为项目质控比对服务合作方。

项目至今,合作方仍为上述四家企业。为了保持监测工作的连续性和一致性,后面采购形式由公开招标变更为单一来源采购方式。

省、市环保部门均作为运营合同的主体单位(即甲方),共同与运营单位签署运营合同;省环保部门作为比对合同的主体单位,与比对单位签署比对合同。

项目运作形式

本项目采用“购买—更新—运营”(Purchase-Update-Operate,PUO)的运作方式①,政府公开招标“运营单位”购买试点城市的空气站并负责运营维护及设备更新,公开招标“比对单位”通过移动监测站对空气站数据进行整体比对,省、市两级环保部门共同对运营单位、比对单位进行质控考核,共同出资购买符合质量要求的监测数据。“监测设备有偿转让,专业队伍运营维护,专业机构移动比对,环保部门质控考核,政府购买合格数据”②。

具体内容为:

设备转让:对项目涉及的空气监测站进行资产评估,转让给中标运营企业。资产评估结果作为设备转让的标底,转让价格以中标价格为准。运营企业需要一次性将转让设备的购买资金支付给环保部门。

设备更新:设备使用年限满 6 年后,需经 D 省信息与监控中心进行性能测试,若能满足规范要求,可继续使用,若不能通过测试或者使用年限不足 6 年但在考核中不能满足规范要求的,必须更新。设备更新由运营单位负责。如果需要增加监测项目,可由环保部门、财政部门与所有合作方协商调整运营费和比对费。

质量监控:一方面,项目招标一家比对单位,按照省环境信息与监控中心要求对空气站监测数据进行移动整体比对;另一方面,采取省级为主、市级协助的监管方式,省级负责对运营单位、比对单位的全面管理,市级负责保障监测条件,并随时向省环保厅反映运营问题和数据疑问。

---

① D 省环保部门将该项目运作模式成为“TO(移交—运营,Transfer-Operate)”模式,但其实际为 PPP 模式的 PUO(购买—更新—运营,Purchase-Update-Operate)模式。Transfer 移交一般不涉及产权和所有权,移交的仅是经营权的有偿移交。但该模式中企业获得资产的所有权。《关于推广全省城市环境空气质量自动监测站 TO 模式工作的通知》在模式架构中的原话表述为“省环保厅组织公开招标社会化机构(以下简称“运营单位”)购买试点城市的空气站并负责运营维护及设备更新”。

② 《关于推广全省城市环境空气质量自动监测站 TO 模式工作的通知》,2012 年 7 月 16 日,见 http://xxgk.sdein.gov.cn/zfwj/lhf/201209/t20120917_1172563.html。

产权归属：空气监测站的资产所有权归中标企业所有，空气质量监测数据由省、市两级环保部门共同出资，监测数据归省、市环保部门所有。

合作期限

运营、比对合同期限为3年，运营、比对单位经省环保部门考核合格后，省、市环保部门与所有中标单位每3年续签一次合同。

项目投资总额与资金来源

本项目直接投资主要涉及城市空气监测站的转让购买资金，共计6795万元。项目包括四个分包，涉及3家运营单位和一家比对单位。根据其中一家中标A包的运营企业提供的数据，该公司购买了本省5地市的40个空气站，购买价格为2035.22万元。资金来源于超募资金投入。

项目回报机制

政府付费，即政府支付的服务购买费。根据2018年的运营服务合约，运营服务A包合同金额为840.7万元，B包为795万元，C包为714万元，比对服务为206万元，2018年项目政府支出共计2555.7万元。按照"信息共享，费用分级负担"的原则，省财政负担全部比对费和质控费，对运营费，省财政按每站每年8万元的标准予以补助，其余部分由市财政负担。

项目成效

该项目2011年经过在本省3个城市半年试点运行，2012年推广至全省范围的城市空气监测站，目前，已经推广至D省全省范围的县级空气监测站。

三、案例具体分析

在上述几个案例中，政府通过引入私营部门参与了政府信息资源的采集、融合处理、开发以及提供政府信息资源管理的技术、系统、平台支撑等活动。为了反映公私合作模式的实际运作，将从合作起因、合作过程、合作效果等方面对上述四个案例进行深入分析。

（一）合作的管理情境

合作的管理情境是指政府推行公私合作的基本条件或环境因素，涉及的核心问题是合作内容、合作机因、合作环境等，这些将反映政府实施公私合作时所面临的基本环境或条件，而这些条件将影响与制约后续的合作关系的建立、运行。

1. 合作内容

主要用于分析公私合作应用的领域和所处的生命周期，以此反映公私合作的适用性。

（1）合作内容涉及的领域。首先，四个案例分别涉及交通、卫生、环境、信用、旅游等领域，属于《促进大数据发展行动纲要》《“十三五”发展规划》《“十三五”国家信息化规划》等提到的要求开放的“民生保障服务相关领域的政府信息”，也有《关于促进和规范健康医疗大数据应用发展的指导意见》（国办发[2016]47号）、《促进交通旅游服务大数据应用实施方案（2016—2018年）》（交规划法[2016]228号）、《关于推进环境监测服务社会化的指导意见》（环发[2015]20号）等行业性政策的支持，因此具有较强的政策导向性。其次，尽管这些信息属于民生保障服务领域，具有极强的公益性，但是也存在巨大的经济价值。在美国，从事数据开放再利用的企业广泛分布在金融、健康、环境、地理交通、教育以及能源等行业，从而形成了对企业的吸引力，为公私合作提供了必要的前提和基础。

（2）合作内容所处信息生命周期的阶段。在这四个案例中，案例1和案例4属于信息层面的项目，而案例2和案例3涉及技术、平台或系统服务及信息层面。案例1属于政府信息资源开发的理想状态，基于政府拥有的信息和数据，引入私营部门实现对政府信息的增值开发，从而延伸政府信息资源的价值链，实现信息价值。案例2和案例3是目前政府信息资源开发中最常见的情况。借助私营部门力量，建设政府信息资源管理与开发的前提——政府信息资源收集、处理与存储的软硬件设施平台，并以此获取部分政府信息资源开展相应的运营活动（该运营活动可以是形成新的政府信息资源产品，也可以是基于政府信息资源的其他商业运营活动，例如基于医疗数据提供个性化健康服务等）。案例 4 属于政府购买私营部门提供的数据，属于《政府购买服务管理办法（暂行）》（财综［2014］96 号）推荐购买的领域，也有助于“建立政府和社会互动的大数据采集形成机制”。如前所述，大数据时代改变了政府和私营部门在信息采集方面的竞争优势。因此，可以借助私营部门发掘信息来源、开拓信息渠道，实现政府信息资源公私合作的领域向源头延伸，打造“信息采集→信息加工处理→信息开发利用”整个价值链的全链条合作。

2. 合作动机

合作动机即为什么采取公私合作模式。如前所述，四个案例均有政策的引导。但除了政策引导之外，每个案例都有各自的合作动机。总体而言，政府提高管理、服务的水平与效率的内在动力和迫于人员、技术、经验不足的内在压力是选择公私合作的最主要的驱动力，推动公私合作从具有可行性变为具有可能性。

案例 1，较早积极响应国家政策要求和部署，启动了“智慧交通”和“互联网+政务服务”工作，树立了一定的标杆，例如“‘X 市交警’微信公众号自 2016 年上线以来，已经拥有了 300 万粉丝，而 X 市的机动车保有量也就 320 万左右”（访谈记录），产生了较大的影响，也获得了很多的殊荣。因此，面对交通拥堵的现实压力以及内在提高交通管理水平与交通出行引导能力的驱动力，X 市交警希望借助专业化、高水平的技术和数据支持服务，辅助交通指挥决策以及提高公众出行引导的精准性（在国内较早地成立了交通城市大脑研发中心），从而进一步巩固标杆地位以及扩大影响力（根据访谈，相关负责人说下一步会考虑共享数据给合作企业北京世纪高通有限公司，并在其导航产品中设置“X 市交警提醒您，前方……”，以此扩大影响力）。

案例 2 和案例 3 两者所在的 L 市和 C 市，已经形成了一定的 PPP 模式运作的经验积累。首先,财政部政府和社会资本合作数据库中 L 市有 37 项 PPP 项目,C 市有 19 项 PPP 项目。C 市还是财政部首批示范项目中第一个签约落地的 PPP 示范项目地,其污水处理及市政排水设施 PPP 项目被选为全国 7 个经典 PPP 案例之一,被誉为“C 模式”。因此,相对成熟的 PPP 实施环境成为两个项目的基本背景。其次,两者都是基于政府信息化建设的集成化、规模化要求,统一规划、顶层设计,使得建设内容较为复杂,现有人员技术水平的不足成为第二因素。再次,两者都注重增值开发,提高项目运营收益,以此降低政府投入,缓解政府财政压力。案例 2 采取竞争性磋商的方式选择合作方,将项目开发能力作为磋商竞争点。通过竞争促使投资人提高第三方开发营运收入,弥补信息化系统建设成本,降低政府每年购买服务的价格。C 案例采取了 BOOT 模式,“项目公司享有部分新建设施或项目的经营权和收费权,拥有更大的运营权利和创新空间来盘活政府信息,从而有助于降低财政后续投入压力和提高公共服务水平”(访谈记录)。最后,两者都有着推动本地经济发展的初衷,表现为两者在项目可行性研究报告或实施方案中对合作方的条件要求中,都提出了本地化的要求。例如,案例 3 要求“招标人是在本省经工商部门注册的公司,或者在本地有经工商部门注册的子机构,且本地化机构人员配备不少于 150 人,并提供近一年在本省内的社保缴费证明”,案例 2 在其可行性研究报告中也要求“通过规范招标、竞标方式选择本地化服务能力最强的 IT 公司承建”。案例 3 中,还有盘活国有资产的目的。由于 C 市信息办公室技术力量不足、信息化设备利用率不高、数据资源应用不足,造成了巨大浪费,因此,通过公私合作,采取以现金和既有基础云平台硬件设施入股的方式来达到盘活国有资产的目的。

案例 4 主要是由于现有空气监测数据质量不好,政府部门人员力量不足、技术短缺而引起的。2007 年之前,D 省实施各地市自行上报空气质量监测数据的方式,但该模式存在严重的同级行政干预,导致监测数据不够真实。为了改变这种状况,2007 年 D 省环保厅实施了对各地市监测数据进行二次回查的做法,但现有机构和人员无法完成对全省所有监测站的二次回查。因此,在调查研究的基础上,D 省启动了环境监测管理机制改革,实施向社会力量购买合格环境监测数据的模式①。

四个案例公私合作中政府动机具体如表 5-8 所示。

表 5-8　案例分析项目中的政府合作动机

合作动机	案例 1	案例 2	案例 3	案例 4
提高项目建设、管理或服务效率	√	√	√	√
加速项目进程	√	√	√	
获取前沿技术	√			
人才、技术、经验不足	√	√	√	√
将风险转移给私营部门		√	√	
促进改革创新	√	√	√	√
促进地方经济发展		√	√	
降低成本		√	√	
便于信息商业化开发		√	√	

3. 合作环境

合作环境分析主要用于识别市场的竞争程度。公私合作优势互补的前提和基础在于通过竞争引入最优供应商。现有市场的竞争程度会影响到合作的质量,“竞争是一种可以花更少的钱得到更多回报的力量”②。总体而言,4 个案例都存在竞争不足的缺陷。案例 1 中的交通信息服务中,既存在政府部门提供的公众出行信息服务,也存在大量的商业化导航产品,看似存在一个现成的竞争性市场,有助于选择最优合作方。而实际中,X 市交警也能严格执行公开招标过程,选择了行业优势企业。但行业优势企业,例如百度、高德、世纪高

---

① 黄春蕾等:《环境监测领域政府与社会资本合作模式与改革路径——基于山东省的实践》,《华东经济管理》2017 年第 5 期。

② [美]菲利普·库珀:《合同制治理——公共管理者面临的挑战与机遇》,竺乾威等译,复旦大学出版社 2007 年版,第 83 页。

通都与国内交警、交通主管部门建立了广泛的合作关系。这种竞争优势进一步的积累则会形成一定的垄断,从而提高了企业在与政府合作中的主动控制权,使得政府陷入被动状态。案例2与案例3中,由于项目软硬件设施建设运维的复杂与多样化,要求IT企业提供“一条龙”服务硬件设施、系统软件开发、数据应用分析。我国IT市场竞争激烈,但整体较为分散,属于集中度较低的竞争格局①。很多智慧城市PPP项目未能落地都是因为没有企业能够承接,例如昆明市智慧城市一期项目、第三批PPP示范项目许昌市公有云中心及智慧应用项目。案例4中,我国环境监测社会化起步晚,大型企业不多,小微企业占比超过75%,存在鱼龙混杂、技术能力参差不齐的情况。低价中标恶性竞争、监测数据弄虚作假的新闻报道层出不穷。根据河北省市场监督管理局、河北省生态环境厅联合发布的《关于2018年度生态环境监测机构检验检测活动专项监督检查情况的通报》(冀市监发[2018]29号),在接受检查的60家生态环境监测机构中,18家机构存在严重问题,39家存在其他一般性问题。案例4中的合作企业,例如河北先河环保科技股份有限公司是近几年才成立了业内首家生态环境大数据应用中心,从环境设备供应商转型为环境信息服务供应商。在理想竞争状态不存在的情况下,政府就承担有更大的监督职责,需要密切关注和监督合作企业的行为,从而也造成了政府在合作中“监督者”与“合作者”两种身份的矛盾性,对项目成功产生影响。

(二)合作中的管理行为

将以合作中涉及的合作方选择、合作方式、合作关系、合作监管与绩效评价等作为分析点。

1. 选择承包商的方式:竞争或非竞争

前面从合作情境,即竞争市场角度,分析了不同行业的竞争程度,而具体

① 《2017年中国软件及信息技术行业竞争情况、细分领域的市场格局分析》,2017年7月6日,见http://www.chyxx.com/industry/201707/539173.html。

到项目层面,市场的竞争程度也会影响承包商选择的具体方式,进一步影响到项目的成功与运作。财政部《政府和社会资本合作模式操作指南(试行)》《政府和社会资本合作项目政府采购管理办法》规定了五种 PPP 模式项目采购方式,即公开招标、邀请招标、竞争性谈判、竞争性磋商、单一来源采购。四个案例分别采用了单一来源采购到续约的公开招标(案例 1)、竞争性磋商(案例 2)、从公开招标变更为单一来源采购(案例 3)、从公开招标到续约的单一来源采购(案例 4)。

公开招标又称为无限竞争招标,是最具竞争性的招标方式,可以为招标人提供最大限度的选择范围,保证了选择最优承包商。公开招标主要适用于"采购需求中核心边界条件和技术经济参数明确、完整、符合国家法律法规及政府采购政策,且采购过程中不作更改的项目"①。案例 3 中,政府部门认为项目需求涉及范围广,技术方案明确,核心边界条件较为清楚,建议采取公开招标的采购方式。项目分别于 2016 年 8 月 9 日、2016 年 8 月 22 日挂网公开招标,两次报名均只有安徽讯飞智元信息科技有限公司一家报名,因此申请变更为"单一来源谈判招标"。单一来源采购意味着只能从唯一供应商处采购。在访谈中了解到,该公司在安徽省已经承接了合肥市、六安市、黄山市等社会服务管理信息化平台的建设项目,具有较好的市场基础和经验,单一来源采购具有可行性。案例 4 中,2012 年通过公开招标确立了合作企业,三年合约期满后,为了"保证与原有采购项目一致性或服务配套的要求,继续从原供应商处购买",采取了单一来源采购。案例 1 中,世纪高通是百度地图、腾讯地图、360 地图背后的地图及路况服务商,考虑项目所需地图数据、路况数据的专业性和唯一性,以及对专业化的定制化开发和团队驻场支持要求,首次采用了单一来源采购。但在一年的合作期满后,为了避免竞争不足带来的低效率,转向公开招标,对合作企业形成不断提升服务质量的压力。

---

① 《政府和社会资本合作项目政府采购管理办法》(财库[2014]215 号)。

竞争性磋商采购方式是财政部首次依法创新的采购方式，核心内容是“先明确采购需求、后竞争报价”的两阶段采购模式。《政府采购竞争性磋商采购方式管理暂行办法》和《国务院关于创新重点领域投融资机制鼓励社会投资的指导意见》对竞争性磋商方式作出了相关规定。竞争性磋商要求采用综合评分法，其适合范围之一是“技术复杂或性质特殊，不能确定详细规格或具体要求的项目”①。案例 2 中，L 市政府提出了信息化系统的建设目标，但对于该系统的运行过程、运行方式以及服务效率难以事先确定，因而采取了竞争性磋商方式，从企业实力、技术方案、最终报价三个方面进行综合评分确定了合作方。但出于降低政府每年购买服务的价格的动机，选择了报价最低而技术得分与企业实力得分在七家响应企业中排名第五的企业（访谈记录）。这也使得项目一度在进度和质量方面与原定目标存在差距，而且存在分包等情况，造成监督困难。

尽管 4 个案例中能够依据采购需求，依法确定采购方式。但是也需要警惕承包商或合作企业选择中的不公正、交易锁定风险以及助长政府与合作企业亲密关系形成实质性垄断的现象。此外，竞争性不足，也一定程度上反映出政府信息资源开发中存在门槛过高、企业承接能力有限或项目对企业的吸引力较弱的问题。

2. 项目运作方式：外包类、特许经营类或私有化类

即政府和私营部门在项目投融资、设计、建设、运营、管理等环节的不同安排或者公共责任（规划、设计、建设、融资、运营管理、维护、用户服务）和项目风险（通常随同公共责任一并转移）向社会资本转移的程度。四个案例分别采取了合同外包、BOT 模式、BOOT 模式、PUO 模式，对应于 PPP 模式现有分类中的外包类、特许经营类、私有化类。从表 5-9 可以看出，不同的模式下，政府承担的风险大小程度不一。但特许经营类不仅要求项目具有经营性质，

① 《政府采购竞争性磋商采购方式管理暂行办法》（财库［2014］214 号）。

而且要求合作期限至少10年以上,加之审批手续过于复杂,所以现实中很多项目采取了类似PPP模式,而不是真正的PPP模式。总体而言,各种模式都有其适用范围与作用条件(除私有化外,其他模式优缺点相关分析见前面"政府信息资源开发模式"相关内容)。

表5-9 案例项目运作方式一览表

方式	意涵	投资方	所有权归属	成本支付	风险分配	优点	缺点
外包类	政府投资,私营部门承包整个项目中的一项或几项职能	政府	政府	政府	政府风险大,私营部门风险小	提高效率;节约成本;缩小政府规模	政府承担全部责任和风险
特许经营类	私人参与项目部分或全部投资,并通过一定的合作机制与公共部门分担项目风险、共享项目收益	私营部门全部或部分投资	最终归属政府	使用者付费	政府和私营部门约定风险分配	合作方式多样灵活;利于吸引民间资本、知识和技术;节约成本	涉及经营权转移,需要政府监管,避免产生新的垄断、违规经营和收费高
私有化类	私营部门负责项目的全部投资,在政府的监管下,通过"使用者付费"收回投资、获取利润	私营部门	私营部门	使用者付费	私营部门承担全部风险	扩大市场作用,促进竞争	私营部门权力大,需要政府对项目定价及收费进行监督

案例1采用的合同外包制被视为保持既定服务水平前提下缩小政府规模的重要途径,降低成本、节约开支的有效手段。① 除提高效率之外,合同承包在效能上也具有优势,"承包商具有更加专业的技术,有更大的灵活性,因此,

① 周志忍:《英国公共服务中的竞争机制》,《中国行政管理》1999年第5期。

毫无争议,对一系列政府的日常活动来说,合同承包远比政府直接提供有效”①。在政府信息资源开发中,安排者、监督者、成本支付者都是政府,私营部门只是实际生产者,不涉及所有权或者经营权的转移,所以除了一些涉及国家机密、个人隐私或者商业机密或其他需要保密的信息外,若信息项目的要求和标准能够被清晰地表述,大多数都可适用合同外包方式。现实中,合同外包也是目前政府信息资源开发领域应用较为广泛的方式,这种方式有助于维护政府信息服务的公益性、保障政府的领导和控制。

案例2和案例3属于特许经营类。特许经营的核心是特许权,其特征从本质上说是一种使用许可权;特许经营是一种持续性关系,不是一次性的授权关系,贯穿于整个特许经营业务的始终;在政府的规制下,私营部门有投资收益权,可以通过向使用者收费或以其他经营方式来收回成本和追求回报。特许经营的最大优势在于政府和私营部门风险共担、利益共享,而且合作周期长,有利于建立信任关系,提升合作品质,从而真正达到优势互补的目的。但特许经营一般适合具有经营性质的项目,即政府信息资源产品或服务的可销售性指数要高,因为它决定了该服务的利润潜力,从而决定私营部门参与提供该项服务的程度。世界银行在其《1994年发展报告:为发展提供基础设施》中指出,“可销售性指数通过对竞争的潜力、产品与服务的特征、以使用费弥补成本的潜力、公共服务义务(主要指权益问题)、环境的外部因素等多项指标的评估获得”②。这些指标体系同样可以适用于政府信息资源开发公私合作的可行性分析。一般而言,可销售指数高的服务项目对私营部门的吸引力就大,特许经营的具体方式就越有可能接近私营。值得注意的是,可销售指数还

① Lester M.Salamon,“Tools of Government:A Guide to the New Governance”,转引自陈振明:《当代西方政府改革与治理中常用的市场化工具》,《福建行政学院福建经济管理干部学院学报》2005年第2期。

② 世界银行:《1994年发展报告:为发展提供基础设施》,中国财政经济出版社1994年版,第115页。

受一个国家或地区条件的影响，经济发展水平低的国家或地区，其总体消费水平低，对政府信息资源的消费需求也低，这直接影响相关服务的经营状况，进而影响私营部门的参与意愿。

案例4属于私有化类，介于特许经营和完全民营化之间。政府将直接生产能力，如空气监测站及设施有偿转让给私营部门，私营部门负责转让设备的购买、更新及运营的全部投资，看似承担了全部风险，但却会造成政府对私营部门的依赖。“一个令人担忧的现象是私营部门正在以始料未及的速度介入政府固有的职能领域中，政府对私营部门的依赖性正在持续地增加，而政府正在逐渐退出许多公共服务的生产领域……从而形成了市场对于政府的不对称权力，这不仅严重降低政府的谈判能力，也导致政府管理能力的流失，使得政府难以迅速有效地实施其政策意图”①。但也如同本研究在政府信息资源物品属性分析中提到的，“私人物品属性具有与纯公共物品属性完全不同的激励功能，这些激励功能在特定的情况下，可以弥补政府信息资源纯公共物品属性对开发主体激励有限的不足。当政府信息资源需要以竞争性和排他性来激励或制约利用对象，从而达到有效开发政府信息资源的时候，就需要政府信息资源具有私人物品的属性”。因此，需要分析政府信息资源开发目的属于公益性还是私益性，谨慎将政府必须承担的公益性信息资源开发之责完全移交给市场，造成开发不足或依赖市场的情况。

不同模式都有其适用性，但案例1和案例4属于短期合作，会导致频繁招投标、选择合作伙伴、磨合等隐性或交易成本。例如案例1中，合约期仅为1年，每年都需要耗去大半年的时间重新写规划和项目需求，每年都需要重新公开招标，交易成本很高（访谈记录）。此外，大量研究也显示，合作时间的长短决定了双方信任程度的高低。所以合作模式选择过程中，需要综合考虑多种因素。

---

① 王雁红：《公共服务合同外包的内在冲突与现实挑战》，《经济社会体制比较》2015年第4期。

3. 合作双方之间的关系：双方基于合约建立的交易关系或伙伴关系

经过访谈，案例 1 和案例 3 中的公私双方对合作非常满意，认为双方之间是伙伴关系，而其余两个案例都仅表示对合作比较满意，认为双方之间的关系介于交易和伙伴关系之间。

案例 1 和案例 4 中，公私双方在合作之初，是基于合约的买方和卖方的交易关系。但在案例 1 中，基于“双赢”的目标（政府基于数据分析提高决策管理水平和公众出行引导效率，企业积累在交通领域的经验并基于政府数据形成可以复制推广到全国的数据分析算法或模型），双方高层领导之间多次会面沟通、私营部门开发团队进驻 X 市交警，从项目需求分析到定制化开发形成了良好的沟通机制，双方合作非常满意，建立了良好的合作伙伴关系。案例 4 中，双方已经合作了六年，建立了一定的伙伴关系，但政府一直表现为“精致的买家（Smart Buyer）”，通过合约、数据比对与质控等机制确保成本最小化、服务最大化。“为了更好地驾驭和控制市场力量，以便于把市场逐利的动机和冲动控制在不威胁和损害公共利益的范围内，政府必须强化并履行好其监管职能”①。但“政府与服务承包商之间信任和合作关系的建立也是极其重要的，信任会抵消对机会主义行为的担心，结果会降低与交易相关的交易成本”②。

案例 2 和案例 3 属于正规的 PPP 项目，公私双方基于私法契约形成了平等的合作伙伴关系，即政府规定产出规格与服务标准，合作企业享有较大的经营控制权。但由于案例项目主要服务于政府部门，需要政府提供必要的协调帮助，也会存在较多的行政干扰。实践中，案例 2 中，由于项目初期的需求不明确，并且涉及“市—县—乡—村”的统一部署，相关机构诉求不一，加之合约中未能将政府责任具体化，使得政府在前期协调工作中缺位，给项目推进造成

① 王雁红：《公共服务合同外包的内在冲突与现实挑战》，《经济社会体制比较》2015 年第 4 期。

② 王雁红：《公共服务合同外包的内在冲突与现实挑战》，《经济社会体制比较》2015 年第 4 期。

很大的困境,延缓了项目进度,影响了双方之间的关系。案例 3 中,虽然也存在需求变化等问题,但由于项目边界较为清晰,合作企业有多次承担类似项目,具有掌握话语权的主动性,而地方政府也针对该项目成立了由市委常委、常务副市长为组长,市各职能部门领导为成员的“市社会服务管理信息化平台 PPP 项目小组”,并在合约的“前期工作”中明确列出政府应该完成的工作和责任,例如组织领导、责任分工、对接协调等,并将项目落实列入各部门的考核内容,发挥了政府的协调优势,双方形成了平等的合作伙伴关系。因此,合作的成功不仅取决于完备的合约,更要求依靠双方之间的伙伴关系来应对环境的不确定性与合约条款的不完备性。

4. 合作中的风险管理:风险转移或风险共担

如前所述,公私合作是为了达到风险共担、利益共享的目的。案例 1 和案例 4 属于政府采购,仅以合约作为最主要的风险管理手段,政府作为具有控制主动权的一方,往往采取自我保护方式,在合同中写入乙方应该承担的责任条款,以此实现责任以及相对应的风险转移,从而存在造成潜在的牺牲“伙伴关系”的风险,会引发合作企业的逆向选择,不利于项目质量的提升。案例 2 和案例 3 中,首先,基于 PPP 模式的要求,按照财政部《PPP 项目合同指南》提出的规范,制定了相对完整的合同,明确了公私双方之间的权利义务安排、违约处理、争议解决等问题。其次,在项目论证、可行性研究、实施方案中都纳入了风险管理的内容,建立了风险分配机制,实现了风险在政府和合作企业间的分配。但是案例 2 和案例 3 在风险识别方面都未能考虑政府信息资源开发的特征,识别的风险限于常规的建设风险、运营风险、财务风险、法律政策变更风险、不可抗力风险等,需要进一步加强风险的识别、评估与分配。

5. 服务监测与评价:多元评价或内部评价

四个案例在实践中,都实施了绩效与政府付费相挂钩的制度。对于绩效的衡量主要包括服务的可用性,即服务应该满足合同约定的服务标准和要求,达到预定的性能标准。在服务监测中除了采用合作企业定期情况汇报,政府监督检查等常规形式外，各案例采取了不同的评价方式。

案例1中，合作企业提供的服务既包括面向政府交通指挥管理的辅助决策分析，也包括面向公众为“X市交警”微信公众号、“X市交警”APP提供定制化功能开发，因此，在评价中对服务的可用性采取了以项目监理、部门内部业务测试评价为主，专家咨询团队评价、系统可用性、微信与APP功能反响量（使用频率、评论数量）为辅的评价形式。评价内容设有两类指标：量化类，即系统每秒的计算能力、数据更新频率等，使用频率、评论数量等反响量；效果类，即对交通指挥与决策、公众出行信息服务的支持程度。

案例2中，形成了软件项目监理、开发建设现场监督等监测手段，由于项目复杂，政府在缺少相应资源和技能的情况下很难对合作企业的履约能力和情况进行有效监管以及忽视外部力量对合作企业的评价，导致“项目监督管理不力”，可交付成果未能按照原计划进行，被要求制订详细的年度、季度、月度项目建设进度计划，并每周向市政府、纪委派驻组汇报项目进展情况；调整和充实市卫计委信息化工作领导小组，加强对项目的领导；采取公开招聘、公开选调、内部交流等多种方式充实信息中心人员力量等。

案例3和案例4中，基于引入外部力量改善服务质量、提高服务效率目标的影响，政府注重对合作方行为进行多元主体、多方位的监测与评价。案例3中，政府通过公开招标，交由北京大岳咨询有限责任公司设计绩效考核体系，并对项目开展绩效考核。在项目前期和实施过程中展开了民意调查、公开听证，并及时在相关网站公布本项目的实施进展。案例4中，D省出台了一系列有关运维、比对、质控的技术文件，省市环保部门和运营单位全部建立质控实验室，由省级统一组织开展量值溯源和标准传递，运营单位按照统一标准开展运维，并实行“运营公司专业运维、比对公司移动比对、省级环境管理考核、市级环保定期互查，社会公众参与监督”的“4+1”监督模式。①

① 王学鹏：《环境监测改革创新的山东实践》，《中国环境报》2017年10月18日。

(三)合作效果

公私合作的效果是与公私合作模式推行的动机有关的。总体而言,理论界认为“推行公私合作制的直接动因来自财政压力、垄断势力和低效率”①,“选择 PPP 模式配置公共资源、提供公共物品,是节约交易成本、提高服务效率最有效的途径”②,推行 PPP 模式“有助于政府减轻财政压力,弥补公共资金不足;有利于提高公共项目服务的有效供给,提升公共服务水平;有利于降低经营成本,实现资金的最佳价值;有利于促进资本市场的发展;有利于转变政府职能等”③。本研究将从降低成本、提高效率、增加供给、培育市场等方面进行分析。

1. 降低成本

理论层面,降低成本一直被视为公私合作的重要动机。尽管现实中以及问卷调查中都反映降低成本并不是主要驱动力,但公私合作最直观的效果就体现为降低成本。案例 1 中,政府的主要目标是利用私营部门的数据、人力和技术资源,比较少关注成本节约的问题,但也起到了降低成本的目的(企业数据免费使用,支付的费用为合作企业进驻团队人员的工资、社保)。案例 2 中,10 年特许经营期间,政府付费总额不到项目预算控制价的 10%。案例 3 中,政府付费总额不仅大大降低,而且以现有基础云平台硬件设施经评估作价出资,盘活了国有资产,降低了政府的直接投资。案例 4 中,D 省生态环境厅副厅长周杰曾公开对记者说,运行成本(含设备更新)比原有模式下降了 15%。

但是我们也要看到案例 1 的模式不具有广泛复制性,案例 4 中,存在政府

---

① 王增忠:《公私合作制的理论与应用》,博士后学位论文,同济大学,2008。

② 陈婉玲:《公私合作制的源流、价值与政府责任》,《上海财经大学学报》2014 年第 5 期。

③ 何寿奎:《公共项目公私伙伴关系合作机理与监管政策研究》,博士学位论文,重庆大学,2009。

失去对监测设施的控制权所导致的风险成本，以及设有机构内部、第三方比对单位两套数据质量审核机制所存在的隐性成本和交易成本。案例2和案例3中，若企业盈利目标无法实现，也会引发一些逆向行为以此来节省运营成本和增加收益。因此，必须建立相应的约束与保障机制，约束私营部门的投机行为和逆向选择，保障私营部门获取合法收益，实现交易成本最小化。

2. 提高效率

提高效率是政府部门采取公私合作模式的首要驱动力。从理论角度而言，通过公私合作，降低私营部门获取政府信息资源的门槛，能够将政府的信息资源优势与私营部门的技术创新能力、灵活性有机结合，提高信息资源开发或服务的效率和质量。服务效率是个复杂的概念，在四个案例各有侧重。

案例1中，由于科学详细的项目规划，对项目的需求、目标、功能等形成的量化类和效果类的具体评价指标，通过“X市交警”微信公众号粉丝的数量、各地同行纷纷前来调研学习“互联网+路况”大数据平台、“X市交警城市大脑指挥中心”的经验，可以看出达到了预期目的。

案例4中，既有国家对环境监测数据的系列标准与要求，而且原本是属于政府部门的本职工作，因此项目产出明确、可衡量性高，主要表现为设备运行率和数据的准确率。根据访谈提供的数据，全省空气站设备运行率和数据准确率达到90%以上。

案例2和案例3主要项目内容是信息化平台的建设和维护、数据资源的采集、共享与应用，因此，服务质量与效率体现在项目建设进度、运行质量和数据资源开发应用方面。目前在建设进度方面，两者都基本能按照进度进行。而运营与数据资源开发应用仅仅处于刚起步阶段，无法评判。总体而言，基于合约的刚性约束，以及授予私营部门一定的经营自主权，“让专业的人做专业的事”、有助于创新，从而提高服务的质量与效率。

3. 增加供给

政府信息资源开发的目的是释放政府信息资源价值。案例1、案例2和案例3通过引入私营部门,都能一定程度上起到盘活现有政府信息资源、推动政府信息资源的作用,有助于实现信息资源价值(服务于交通指挥、服务于公众出行、服务于企业的经营活动)。案例4属于政府原有职能向私营部门的转移,其本质上并未涉及对政府信息资源的开发。目前,在环境保护领域,数据资源分散、综合支撑能力弱、环境信息资源开发利用程度低的问题普遍存在,与需求极不匹配。习近平总书记明确指出,要推进全国生态环境监测数据联网共享,开展生态环境大数据分析。李克强总理强调,要在环保等重点领域引入大数据监管。《生态环境大数据建设总体方案》(环办厅[2016]23号)要求通过生态环境大数据建设和应用,实现生态环境综合决策科学化、实现生态环境监管精准化、实现生态环境公共服务便民化。因此,实现合作范围从环境质量数据采集扩展到环境信息资源开发,推进行业应用,是案例4中公私双方合作长效运行的路径选择。

4. 培育市场

我国信息市场起步晚,规模有限,市场化、产业化程度低是影响政府信息资源开发和价值实现的主要问题之一。因此,需要通过公私合作,培育信息市场主体,推动信息资源市场发展。案例1、案例2、案例3和案例4都通过公私合作,降低了私营部门获取政府信息的门槛,有助于培育信息市场主体。但公平、有序的竞争带来的是效率的提高,而不公平、无序的竞争必将带来政府信息资源市场运作的低效。案例1选择了具有行业绝对优势的企业,案例2和案例3通过独家特许,将政府信息资源的开发运营权交给了私营企业,不可回避的问题就是会造成新的垄断,造成其他主体无法或很难进入。因此,推行公私合作,也需要政府数据开放等配套措施的支持,以此培育更多的信息市场主体,形成充分竞争的环境。

(四)经验借鉴

四个案例各有特色与好的做法,为推动公私合作的有效进行,从组织、监管、激励、关系等方面提供了有益的经验借鉴。

1. 良好的组织保障体系

案例3中，在政府层面，成立了C市政府和社会资本合作(PPP)模式推广运用工作领导小组，建立了政府统一领导、财政部门牵头、各相关部门密切配合的工作机制。并在C市财政局设有PPP工作领导小组PPP办公室，具体负责PPP模式的推广运用、前期评估论证及参与PPP项目全生命周期管理等工作。项目层面，成立了由市委常委、常务副市长任组长，市政府办公室、市信息办、市编办、市综治办、市旅委等部门的"一把手"任副组长，市发改委、市政府法制办、市民政局、市财政局、市审计局、市城市管理行政执法局、市政务服务中心、市公共资源交易监管局的副主任/副局长为成员，以及市城市投资公司股东代表、九华山旅游发展股份有限公司总经理等组成的"C市社会服务管理信息化平台PPP项目协调小组"，为项目的有序推进提供了组织机构保障。

案例1中，设立了"互联网创新服务专班"，专门负责项目的需求分析、功能规划等，每年几乎大半年的时间用于进行各种调研、与合作企业团队沟通，提高了项目方案的科学可行性。

2. 合作共赢的伙伴关系

伙伴关系是公私合作的核心要求。案例1中，项目的成功主要得益于良好的合作关系。首先，基于战略目标相符的合作，以巩固彼此在业内的标杆影响。政府获取企业技术支撑和数据，企业依托政府的权威数据积累经验、形成数据分析和应用的技术与模型。其次，X市交警支队与北京世纪高通公司及其母公司北京四维图新公司进行多次高层交流会，不断加深合作范围。最后，采取项目公司技术团队入驻形式，加强了沟通，全面参与X市交警智慧交通建设的需求分析与规划、建设应用各环节。

3. 完善的质量监管体系

案例4中对于质量监管的做法值得借鉴。第一，建立社会环境检测机构目录，严格执行市场准入制度。明确了对社会环境监测机构的资质要求，并要求在机构目录列表中选择合作伙伴。第二,实行机构目录的动态调整,建立退出机制。定期对社会机构的监测设施状况和数据质量进行检查考核,对存在数据弄虚作假、出现重大质量事故的机构,将其从目录中删除。第三,设有比对企业,委托第三方对运营企业提供的数据进行整体校核,避免行政干预。第四,实行绩效量化考核,建立了资质管理、经济手段和行政监管相结合的绩效量化考核机制,每月对运营单位、比对单位进行绩效量化考核,考核结果与运营费挂钩。第五,制定质量管理规范,建立了多层级的质量管理体系。出台了《D省社会环境检测管理办法(试行)》《D省环境空气质量自动监测“转让—经营”(TO)模式质量管理体系技术规定》和配套技术文件,要求省、市环保部门和运营单位都要建立空气质量保证实验室,由省级环保部门统一组织开展标准物质、采样流量等量值溯源和标准传递,形成了“运营公司内部质控,比对公司移动比对,省级环保管理考核,市级环保定期互查以及公众参与监督”的“4+1”监督模式。

4. 形式多样的激励机制

私营部门的逐利性要求公私合作中必须赋予合作企业获利的空间或者未来盈利预期。考虑到政府信息资源开发的公益性及内生服务性,为了降低政府成本,引入私营企业就需要设计良好的激励机制。案例3在项目规划阶段,鉴于社会服务管理信息化平台的非营利性,学习黄山市建设经验,引入智慧旅游、电商平台等相关建设内容,允许合作企业通过数据分析、广告、智慧旅游运营等获得投资收益。案例2采取竞争性磋商的采购形式,将经营能力视为选择合作企业的主要指标,允许项目公司拥有项目建设期内投资建设形成的固定资产以及项目运营期内因更新重置或升级改造投资形成的固定资产的权属,在保证数据安全和居民隐私的前提下,可以基于人口健康信息平台开发针对居民和第三方机构的运营项目。两个案例都实行了公益性服务和经营性服务的“双轨模式”,增强了项目对企业的吸引力。

从上述四个案例运作过程的分析和比较中(见图5-9),可以看出,在政策的引导下以及私营部门的逐利性使得政府信息资源开发公私合作具有可行

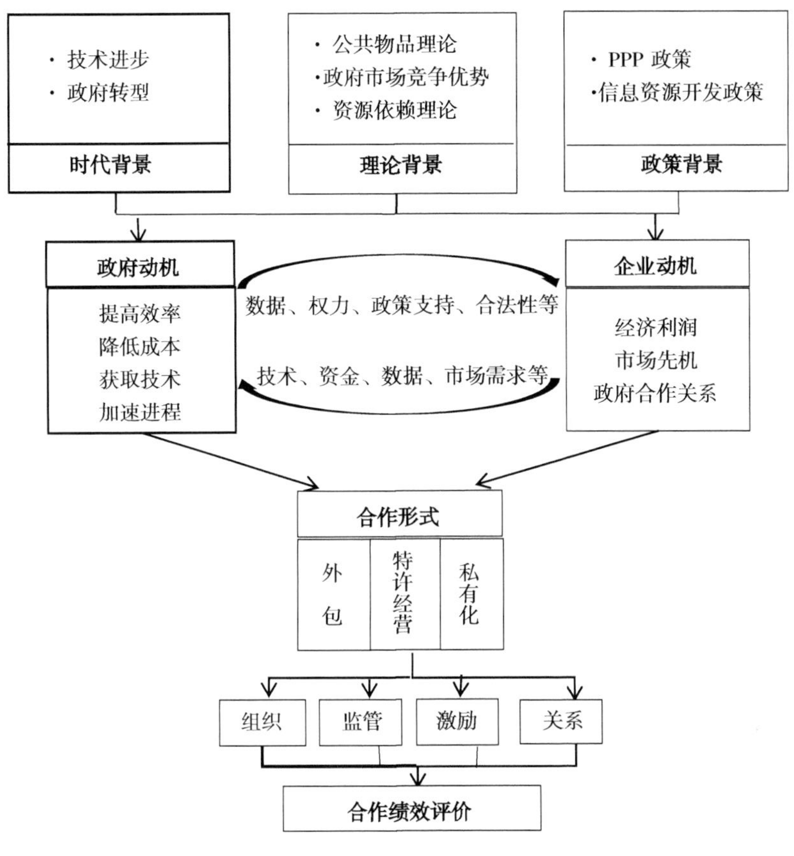

图 5-9　案例分析框架图

性，而政府部门和私营部门在政府信息开发中对彼此资源的依赖构成了合作的基础，政府可以采取合同外包、特许经营，甚至私有化等形式引入私营部门达到政府信息采集、融合处理、开发利用的目的。在合作中，政府能够基于合作动机、市场竞争程度、项目性质，以公开招标、单一来源采购、竞争性磋商等方式选择合适的合作企业，并由于政府能力、意愿、项目目标契合度等因素形成了平等协作的伙伴关系或买家与卖家的交易关系。基于对项目功能、目标的分析，设有定量、定性两种评价指标，形成了政府、第三方等多元评价体系。研究表明，通过公私合作不仅能够达到盘活政府信息资源、开拓政府信息资源渠道的作用，而且有助于培育信息市场和创新政府信息资源开发的方式。

第六章　政府信息资源开发公私合作困境的关键因素与个案分析

尽管在前面一章我们看到了公私合作的可行性与有效性，但是现实中存在很多的障碍因素影响了公私合作的有效开展，甚至造成合作中断或项目停摆。

经过国家农业部、S省农业厅支持批准，2018年，S省果业管理局、神州数码信息服务股份有限公司签署四方协议，合作建设“S省国家级苹果大数据平台”。该平台综合汇集了苹果种植、产量、销售、合作社、果库、苹果销售旗舰店、苹果专家、苹果种植户以及天气等信息，以期为苹果产业链各主体提供信息共享与交换平台。项目目前已经完成平台建设和基础信息的采集录入工作，在试点苹果产区人工采集了47000多万户种植户信息、2005—2017年的苹果产量信息，并设有88个数据监测点，实时采集种植和生产信息，开发了8个数据应用模型。根据项目协议，项目一期资金来源主要为省级财政专项资金1000万元、企业自筹资金1500万元。2018年政府部门投资实为780多万元，企业自称投入近1000万元。2019年，政府却因预算紧张未能进一步提供支持，项目目前主要依托企业开展。但因为平台整体未能实际投入运营，无法获取投资回报，从而使得项目的发展面临很多的不确定性。

在香港特区还出现了“逆向合同外包”情况。逆向合同外包是“政府将已经外包出去的公共服务收回并且重新交由政府提供”①的现象。香港特区政

① 董杨：《逆向合同外包：反思中国事业单位改革的新视角》，《行政论坛》2017年第1期。

府2000年左右曾陆续将政府招投标信息、香港特区数字地图、公共服务电子化项目等授权给私营部门运营。通过公私合作，政府不花钱或少花钱就实现了电子招投标系统的运营、地理信息的增值开发与服务，以及公共服务的电子化，为政府、企业和公众创造了三赢的局面。因其创新做法，“公共服务电子化项目”获得了国际享有盛名的IT项目大奖——斯德哥尔摩科技挑战奖(Stockholm Challenge Award)。但时至今日，电子招投标系统已经被香港特区政府物流服务署自己运营的“电子投标箱”所取代，政府推出了政府版“地理资讯地图”(https://www.map.gov.hk/gm/)。公共服务电子化平台——生活易网站也不再提供公共服务，生活易公司与香港特区政府的合约于2008年1月届满，所有的电子公共服务已经移至香港特区政府一站通(http://www.gov.hk)。

根据2006年3月3日香港特区立法会财务委员会的会议纪要①，该次会议商议了是否通过“增强电子政府基础设施以支援推行电子政府服务新策略”，也即是否需要继续与生活易公司合作。根据会议纪要，除运营商“生活易”外，参会的大部分代表团体均支持“放弃现有的基础设施而另行建设”的新策略，主要原因在于与生活易网站的公私合作模式未尽妥善。“网站以政府为中心的提供服务方式是导致香港电子政府服务使用量普遍偏低的原因……通过建立自己的电子政府基础设施平台，新的一站式门户网站可增加任何新的电子公共服务，而不会受到与生活易网站签订的合约下的现有限制所局限……另一方面，新的门户网站提供的一站式服务，涉及政府业务流程的重大重组，以及需要整合/重新包装各部门的信息和服务，由私营部门建设运营，并不可行……在外包服务时，披露个人资料的问题会备受关注”。由此可以看出，受制于企业影响了功能拓展、私营部门缺少相应的推动力以及对于个人隐私保护的关注是“逆向合同外包”的部分原因。

① 香港特区立法会财务委员会：《关于推行电子政府服务新策略的立法会会议纪要》，2006年3月3日，见http://www.legco.gov.hk/yr05-06/chinese/fc/fc/minutes/fc060303.pdf。

第一节　政府信息资源开发公私合作困境的关键因素识别

为了明确公私合作的主要困境,因此,本研究应用扎根理论,对前述相关案例的公私双方以及其他政府和私营部门的具有相关业务经历的专家的访谈记录进行了分析,以期识别合作困境关键影响因素是什么。

一、研究方法和数据来源

(一)研究方法

公私合作的影响因素分析本质属于探索性研究。扎根理论研究方法作为质性研究中的典型方法,可以不从理论研究假设出发,而直接基于实地观察归纳形成经验概括,进而上升为理论层面,有助于深入理论背后的情境中。本研究基于深度访谈的方式收集原始数据,然后遵循扎根理论的开放性编码、主轴编码、选择性编码等环节来构建理论,对影响政府信息资源开发公私合作的因素进行挖掘和探讨,并最终形成一个系统的影响因素模型。

(二)数据来源

本研究数据采集方式主要是实地访谈法。对一些公私合作项目的公私双方以及其他政府和私营部门的具有相关业务经历的专家进行了访谈。访谈对象数的确定以理论饱和的原则为准,即当访谈中不再出现新的概念范畴,就可以认为达到理论饱和,从而无需增加新的访谈,最终确定访谈对象为31人。

实地访谈采取的是半结构化访谈形式,即按照粗线条的访谈提纲进行,了解访谈对象对相关问题的看法。访谈内容主要包括:(1)对政府信息资源开发的看法;(2)对政府信息资源开发公私合作的看法;(3)对参与的合作项目的满意度以及存在的困境或影响因素;(4)对推动和完善政府信息资源开发公私合作的建议。每位访谈对象访谈时间均超过90分钟。访谈结束后,将访谈资料整理转化成文本信息,形成文字记录5万余字,见表6-1。

表6-1　实地访谈对象基本信息表

项目	类型	政府		企业	
		频次	百分比	频次	百分比
职位	管理人员	11	61.11%	7	53.85%
	工作人员	7	38.89%	6	46.15%
政府信息化建设的经验年限	少于3年	3	16.67%	2	15.39%
	3—5年	6	33.33%	5	38.46%
	6—10年	4	22.22%	6	46.15%
	超过10年	5	27.78%	0	0.00%
参与政府信息资源开发公私合作项目的数量	6项以上	1	5.55%	0	0.00%
	3—5项	2	11.11%	3	23.08%
	2项	5	27.78%	8	61.54%
	1项	10	55.56%	2	15.38%
	0项	0	0.00%	0	0.00%

二、关键因素的识别过程

(一)开放式编码

开放式编码是对原始访谈资料所记录的可用于编码的句子或片段进行概念化和范畴化,是将原始资料分解、比较后再以新方式重新组合的过程[①]。本研究采用逐字逐句编码的形式将原始资料初始概念化,在此基础上对概念进

① 张敬伟、马东俊:《扎根理论研究法与管理学研究》,《现代管理科学》2009年第2期。

行分析、比较、归类并进一步范畴化。部分初始概念提取实例如表 6-2 所示。经过剔除重复、无效以及频次低于 2 次的概念后,开放式编码最终得到 75 个初始有效概念、13 个范畴(见表 6-3)。

表 6-2 开放式编码过程(片段)

提问	回答(原始材料)与编码
Q:您如何看待政府信息资源开发?	该公开的都按要求公开了,开发的事情让专业机构去做吧(职责缺位)。
Q:您如何看待政府信息资源开发?	这两年为了缓解城市交通供需矛盾,我们积极作为,打造"智慧交通",为实战研判应用、服务市民出行提供了强大的数据支持,这都是基于对交通出行数据分析的结果(治理需求)。
Q:您如何看待公私合作或政企合作开发政府信息资源?	实话说很有必要,我们的交通城市大脑就是积极争取知名专家指导,和全国一流智慧交通企业开展"警企研发"合作开展的(合作意识)。我们依托国内领先的互联网地图及动态交通数据服务商和数据资源,构建了"交警互联网+路况大数据"平台,这些数据都是我们不具备的(数据资源需求)。
Q:您如何看待公私合作或政企合作开发政府信息资源?	以前与政府合作,总会存在需求不断调整的情况(合作经历)。
Q:目前仅和政府合作数据采集,有没有可能合作进行数据开发之类的项目?	我们只做空气质量数据,这些数据都是公开发布的,就是有延时性(数据价值不高)。数据品种太单一、加上在线监测国家标准不完善,可用的数据比较少,主要还是以手工监测为准(数据少)。环保信息化起步晚,这两年才开始加大投入的,想做生态数据产品开发,还得获取其他方面的数据,那些数据不太好获取(数据壁垒)。
Q:该项目进行中最主要的困境或障碍因素是什么?	目前开展大数据的没有几个营利的(投资收益不明确),营利的话,京东、阿里那些大企业早都去做了(市场竞争不充分)。数据至少需要五年的积累,才能得出一些有规律的东西(投资周期长)。去年我们已经投了 1000 多万元了,平台和基础数据框架基本可以了,但政府不给经费支持了(政府失信),我们自己贴钱白干着呢。
Q:您认为在该项目中最主要的困境或障碍因素是什么?	必须是"一把手"工程(组织保障),很多时候事情能不能有效推动取决于领导重视不重视(领导重视),领导重视,资金等各种资源都会到位(资源保障),领导不重视事情有可能搁浅。尤其是碰到领导更换,事情往往会烂尾(换届风险)。
Q:项目在博览会上反响那么好,领导为什么就不重视了?	预算紧张,钱都投到产业大数据中心的指挥显示大屏上了,已经没有经费了(资金有限)。

续表

提问	回答(原始材料)与编码
Q:您对合作比较满意,您认为合作成功哪些方面比较重要?	双方办事的方法还是不太一致(价值观),但是多沟通(沟通),大家目标契合度较高(目标一致),合作还是比较顺利的。
Q:您认为公私合作中最需要注意的问题是什么?	公私合作一定要公开招标(公开招标),选择有实力的合作单位(选择胜任的企业),且领导层不能干预太多(行政干预),使得企业不断改变建设内容,最后容易形成烂尾建设平台(合同变更风险)。

表 6-3　开放式编码形成的概念与范畴

范畴	概念
认知	职责缺位、没必要、合作体验差、政策不明确
动机	获取利益、治理需求、领导重视与要求
能力	资金有限、技术资质不高、数据资源需求、人手不足
政府信息质量	数据缺失、数据不完整、数据不准确、数据不及时、数据价值不高、数据权威、数据获取壁垒、
项目吸引力	门槛高、收益不明确、投资周期长、利润低
合同	合同不完备、合同缺少弹性、履约管理、合同变更、政府失信、企业违约
关系	地位不平等、沟通、信任、目标一致、价值观不一致、承诺、协商
程序规范	公开招标、加强监管、长官意志、政府腐败、可行性分析差、决策失误、需求变化频繁、交易成本高、合作企业不胜任、组织保障、行政干预
风险	成本超支、换届风险、兑现风险、政策变动风险、延期支付、隐私风险、信息安全风险、数据滥用风险、受制于企业、风险共担、风险识别、风险控制
激励	补贴、调价、优惠、奖励、更多项目机会
融资	贷款难、无形资产抵押不畅
市场培育	培育信息消费能力、培育用户支付意愿、扶持中小信息企业
政策	信息资源开发利用政策、公私合作政策、知识产权政策、隐私保护政策、数据开放政策、政府信息管理政策、政府采购政策

（二）主轴编码

主轴编码是根据各范畴间关系和逻辑次序，分析各范畴在概念层面的内在联系，归纳形成主范畴与副范畴并重新归类的过程。[①] 对上述所得范畴进一步分析其具体性质及内在逻辑联系，重新归类，本研究提炼出主体意愿、项目属性、过程管理、配套环境 4 个主范畴。表 6-4 为主轴编码形成的主范畴及其对应子范畴和关系内涵。

表 6-4　主轴编码所得主范畴及其对应的子范畴

主范畴	子范畴	子范畴内涵
主体意愿	认知	政府、企业对政府信息资源开发及公私合作的感觉、想象与意识等
	动机	政府、企业对政府信息资源开发及公私合作的心理倾向、内部驱动力
	能力	政府、企业在政府信息资源开发及合作项目中资源禀赋，包括技术、资金、人员、数据等方面。
项目属性	项目吸引力	项目对企业的吸引力、盈利能力
	政府信息质量	政府信息资源的可用性、完整性、准确性、价值性
过程管理	合同	公私合作双方签订的合同及合同履约管理
	关系	公私合作双方在项目中的关系质量
	程序规范	公私合作过程中的程序与规范
	风险	公私合作中存在的风险因素及其分配
	激励	公私合作中对提高企业积极性采取的措施
配套环境	融资环境	企业融资的环境
	市场培育	对信息消费意愿和信息市场主体的培育
	配套政策	政府信息资源开发公私合作的政策环境

① 王法硕、王翔：《我国政府数据开放利用的影响因素与实现路径——一项基于扎根理论的质性研究》，《情报杂志》2016 年第 7 期。

（三）选择性编码

选择性编码是一个整合与精炼理论的过程，需要在已经提炼出的范畴中，梳理和发现具有统领性的核心范畴，并将其他范畴以核心范畴为中心，形成一个完整的解释框架。本研究确定的核心范畴是“政府信息资源开发公私合作的影响因素”，它由前述的主体意愿、项目属性、过程管理、配套环境四个主范畴组成。核心范畴和其他范畴的典型关系如表6-5所示。

表6-5　主范畴的典型结构关系

典型关系结构	关系结构内涵	代表性语句
主体意愿→公私合作	主体意愿是影响公私合作的原生动力性因素	“我们下设有信息中心，基本需求都能够满足，仅有特殊情况，才会采取劳务聘用的形式，并非合作关系” “我们企业现在在从环境监测设备研发、制造商转型成为环境管理与区域环境治理的全产业链综合服务商，数据是根本，所以会积极主动寻求与政府合作”
项目属性→公私合作	项目属性是影响公私合作的主导性因素	“我们不是看重经济效益，我们的地图导航信息都免费供政府部门使用的，我们就是想通过合作，利用交警部门积累的数据积累经验，形成算法然后推广到全国” “其实还是希望能够有更多机会和政府合作的，但是一些项目门槛太高，要求具有信息系统集成一级资质”
过程管理→公私合作	过程管理是影响公私合作的保障性因素	“必须从需求分析到项目移交各环节严格把关，形成制度规范。我们设有互联网专班，每年要用半年多时间进行需求分析，制定了严格的合同，详细规定了项目移交的内容，避免出现受制于企业等各种风险。而且招标公告中就要求企业团队入驻现场，大大加强双方之间的沟通。我们是公开招标，年年公开招标一次，这对企业都是压力，能让企业时时保证较高的投入度”

续表

典型关系结构	关系结构内涵	代表性语句
配套环境→公私合作	配套环境是影响公私合作的支持性因素	"之所以最后市政府要求必须政府参股的形式,就是为了更好地对健康信息的开发实施监管" "政府部门办事,还是要有国家政策引导才行" "苹果大数据平台主要还是面向地方政府和种植户的,但实话说种植户目前缺少对于我们数据平台价值的认知,我们还需要大量的资金进行市场拓展,但是贷款比较难,政府今年没有拨付相关资金,还好因为项目前景比较好,我们被神州数码收购了,现在是集团公司提供经费才得以运转"

(四)模型构建

基于编码的结果,形成了政府信息资源开发公私合作困境的关键因素模型,如图 6-1 所示。

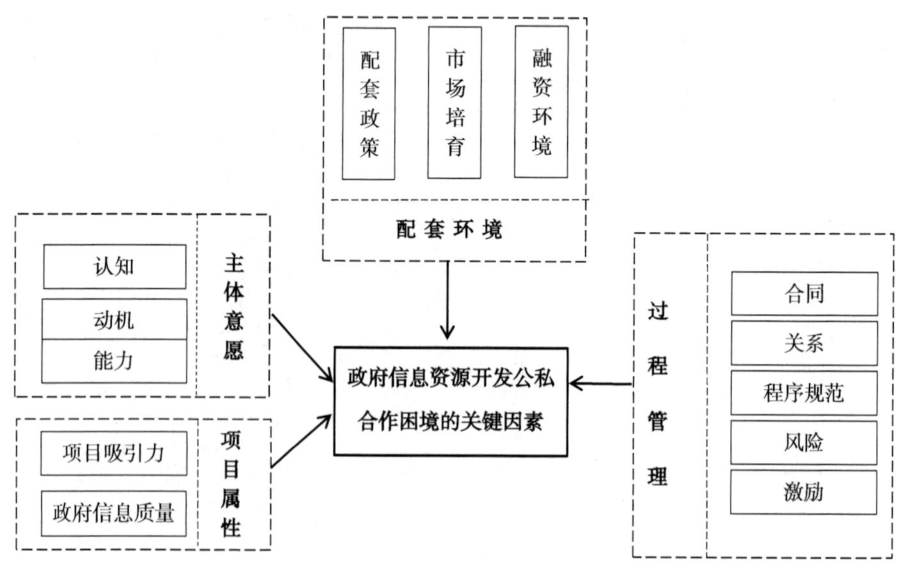

图 6-1 政府信息资源开发公私合作困境的关键因素模型

三、影响因素模型的阐释与例证

（一）主体意愿：影响公私合作的原生动力性因素

政府信息资源开发公私合作需要公私双方的参与才能推动项目生成。政府部门与私营部门对政府信息资源开发公私合作的认知、动机与能力共同构成了主体意愿因素，从而决定了公私合作项目的生成机制。根据访谈，目前政府与企业合作意愿不强使得政府信息资源开发公私合作缺少项目生成的原生动力。

1. 政府合作意愿不强

如前所述，在问卷调查期间，28%的政府人员认为“政府信息资源应该由政府自己开发”，体现出政府存在合作意愿不强的问题。究其成因，根据访谈主要归为以下几个方面。

（1）认识层面

首先，源于职责缺位引起的开发认知不强。政府信息资源开发一直是作为政府管理与服务职能履行的副产品而存在的，并未设有明确的职责要求。因此，未能在政府部门形成对政府信息资源开发的意识，因此没有公私合作的必要性。

其次，源于政府传统的职能履行理念，集掌舵与划桨于一身。调研中很多政府部门都设有信息中心、科技处，主要依靠这些部门完成相关的政府信息资源开发项目。例如，E 省交通运输厅在 2012 年之前未与企业进行过任何合作。在对 S 省基础地理信息中心 C 总工的访谈中，其指出“我们下设有信息中心，基本需求都能够满足，仅有特殊情况，才会采取劳务聘用的形式，并非合作关系”。

（2）动机层面

近些年来，随着数据在助力国家治理体系与治理能力现代化建设中的作用日益凸显,数据治理需求日益成为政府信息资源开发的主要动机。但由于现有政策的不明确导致合作动机不强。现有政策对政府信息公开和数据开放层面已形成较为具体的方案,但缺少推动公私合作落地的具体方案。政策的不明确使得很多政府部门一方面抱有“多一事不如少一事”的想法,另一方面也“不敢越雷池一步”。例如,信息安全是很多访谈对象提及的主要顾虑。王芳等(2018)对政府部门之间数据共享的调研中也发现“涉密性对于数据提供部门的共享态度影响很大”①。浙江省温岭市智慧城市一期 PPP 项目曾被列为财政部同 19 个部委公布的第三批政府和社会资本合作示范项目,因涉及信息安全问题,项目被终止。

(3)能力层面

政府部门的能力对公私合作意愿既存在正向也存在反向的影响。能力主要表现为政府在资源禀赋上的优势抑或劣势,既包括资金、人力等有形资源,也包括技术技能、工作经验等无形的管理要素。很多 PPP 项目的开展主要源于政府财政压力,借助 PPP 模式平滑财政支出。政府信息资源开发涉及软硬件设施、人力、技术等多方面的投入,而且是一个需要长期投入的过程,需要资金支持。困于部门有限的经费,以及注重政绩产出的短期效应,很多部门领导不得不将投资周期长、产出效果不明显或不易衡量或描述的政府信息资源开发放在工作日程的最后一位,例如前面所述的 S 省苹果大数据平台项目。在对 E 省公共出行信息服务、X 市交警城市大脑项目的调研中,获取私营部门的技术、地图与动态交通数据资源成为合作的主要驱动力。

2. 企业合作意愿不强

实践中,尽管存在低价竞标,获取合作机会情况,但是也存在企业参与意愿低的实际问题。在问卷调查期间,50.7%的企业选择“政府开放数据,企业自行开发”,一定程度上表明企业的合作意愿不是很强。D 省环境监测数据

① 王芳等:《跨部门政府数据共享:一个五力模型的构建》,《信息资源管理学报》2018 年第 1 期。

采集购买服务已经在全省范围得到推广与应用,形成了一定的运作基础与氛围。但下设两个地级市的138个乡镇空气质量自动监测站监测数据质控比对服务项目、环境空气质量自动监测站运营维护项目在公开招标中却都因为响应单位不足3家而终止招标。C市社会管理服务信息化平台PPP项目也仅有1家企业投标。有研究显示民营资本在PPP领域中的市场份额自2015年底以来呈现出持续下降趋势。[①] 2015年浙江省经济信息中心对省内千家重点工业企业PPP项目投资意向的调查显示,9.4%的企业表示有投资PPP项目的意愿,90.6%的企业表示无意愿。[②]

(1)认知层面

企业参与意愿不强首先与企业对政府的认知存在不良印象。由于有限理性和信息不对称,当企业感知到公共部门较自己具备某方面的优势,并能够利用该优势对自己进行制约时,隔阂和猜忌将随之而来 。现有研究中,提出的影响企业参与PPP项目意愿的因素,例如政府承诺存在不确定性、政府主导过渡、合作风险感知、投资回报不明晰、大型国有企业对小型企业的挤占效应、合作门槛高等,都在本研究的问卷及访谈中出现 。这些因素的存在导致企业较高的机会主义感知,从而直接影响到交易主体之间的合作意愿与关系。

(2)动机层面

随着数据信息资源经济价值的日益凸显,越来越多私营部门开始数字化、数据化转型,将数据和分析作为其运营的核心,因此公私合作动机增强。"我们企业现在在从环境监测设备研发、制造商转型成为环境管理与区域环境治理的全产业链综合服务商,数据是根本,所以会积极主动寻求与政府合作"(访谈记录)。但是一方面囿于私营部门对于政府的不良印象认知以及自身能力局限,另一方面由于项目的投资周期长、收益不明确等弱化了合作动机。

---

① 《民营资本PPP参与度缘何下降?》,2017年10月27日,见http://www.xinhuanet.com//energy/2017-10/27/c_1121863442.htm。

② 汪燕:《以契约精神构建PPP伙伴关系》,《浙江经济》2015年第13期。

(3)能力层面

如前所述,我国很多信息企业多为中小微企业,很多公私合作项目中,企业的技术和能力有限无法达到项目门槛的基本要求。一方面源于项目为了确保合作质量,对企业往往提出较高的要求,导致经营规模不大的社会资本往往因资质不够而无法参与竞争;另一方面也源于目前融资贷款抵押政策不利于以无形资产为主要资产的信息技术企业融资,降低了企业参与的可能性。

(二)项目属性:影响公私合作的主导性因素

如前所述,政府信息资源的物品属性是决定其由政府提供还是私人提供的最基本因素。项目属性反映了项目的客观状态条件,直接影响公私合作的基础。根据访谈,项目属性主要涉及政府信息质量和项目吸引力两个方面。

1. 政府信息质量不高

信息作为源头决定了合作有无基础,也在实际中对项目成本和进度产生了很大影响。在调研过程中,政府和企业部门都反映存在数据缺失、不完整、不及时、准确率不高的情况。首先是数据不规范、非格式化,其次是规范的但却不可分析的,业务数据质量参差不齐。“很多数据需要从源头重塑,涉及旧业务系统的数据治理、新业务系统的规范化,这需要前期投入大量的成本,否则无法真正产生有价值的结果”(访谈记录)。原因归于信息化建设起步晚、信息系统异构、人工采集等问题。“目前很多时候根本没有信息。省厅设有1600多人的信息采集队伍,但采集回来的数据的准确性还需核验”(访谈记录)。数据质量不高是各个国家各级政府部门都存在的问题。“数据质量是影响数据提供部门共享意愿的因素之一。由于担心质量不过关的数据共享后可能造成不良后果,一些部门会尽量拖延对数据请求部门的响应。”①在英国

① 王芳等:《跨部门政府数据共享:一个五力模型的构建》,《信息资源管理学报》2018年第1期。

政府的开放数据中，“一些已发布的数据存在着准确性和质量上的问题”①、“公务员已感知到风险，他们可能会因数据的不完美而感到担心”②。

2. 项目对企业的吸引力较弱

首先，表现为项目的准入门槛高。如前所说，很多政府信息资源开发或平台建设项目从资质、业绩、财务、信誉等方面对投标人的资格进行了限定。C市社会服务管理信息化平台项目两次招标仅有一家企业响应。昆明市智慧城市建设一期工程总投资高达23.8亿元，因企业无力承接而未能落地。2018年，昆明市财政局以资本金注入方式拨付昆明市智慧城市建设投资有限公司1亿元智慧城市发展专项资金，由该融资平台放大引导社会资本用于昆明市智慧城市重点项目建设。其次，投资收益有限或不明确。陕西智信环保科技有限公司承接了咸阳市23个乡镇空气质量监测数据项目，运营模式为BOT模式，公司负责23个空气自动监测站的投资建设、运维和数据上传服务，特许经营期为八年，以政府每年付费565万元的方式回收投资。访谈中，相关负责人告知，项目利润十分有限，基本处于不赚钱的情形，而且政府付费采取市级财政负担30%、县级财政负担70%。由于县级财政资金有限，存在延期支付或无力兑现等各种风险因素。在S省国家级苹果大数据平台项目中，由于面向的是农民农村市场，服务对象缺少支付意愿和能力，如果没有政府的前期扶持，项目很难回收投资。

（三）过程管理：影响公私合作的保障性因素

现有关于PPP项目失败影响因素分析的文献提出了多种影响因素，其中

---

① 贾一苇、刘鹭鸶：《英国完善数据开放提升政府服务质量经验借鉴》，《电子政务》2015年第12期。

② 贾一苇、刘鹭鸶：《英国完善数据开放提升政府服务质量经验借鉴》，《电子政务》2015年第12期。

运作不规范①、项目管理不善②是主要原因之一。而竞争透明的采购程序、合理的风险分担机制、有效的政府监管、完备的契约、项目科学决策等成功影响因素都可归纳为合理的管理机制。有效的过程管理是保障公私合作项目顺利进行的重要因素。根据访谈,过程管理包括合约管理、关系管理、流程管理、风险管理、激励机制等方面,影响公私合作困境的因素主要表现为以下几点。

1. 合约管理不健全

公私合作是基于合约建立的一种合作关系,“通过合同正确表达意愿、合理分配风险、妥善履行义务、有效主张权利,是政府和社会资本长期友好合作的重要基础,也是项目顺利实施的重要保障”③。需要加强对合同的起草、谈判、履行、变更、解除、转让、终止直至失效的全过程管理。总的来说,目前都存在合约不完善的问题,一些合约仅有几页纸,未能详尽相关事宜,科学性、规范性和操作性不足。例如,S 省国家级苹果大数据平台虽然目前困境的主要原因在于政府未能依据协议按时注资所导致的。实际中还存在合约不完善的问题。合约的形式仅为四家参与单位签署的四方协议,并非完整意义的项目合同,内容仅仅包括项目背景、共建内容、各方的权利与义务、共建机制、预期效果、资金来源与使用计划等,并未设有相应的保障或约束惩罚机制。

2. 公私合作关系质量不高

在问卷调查期间,对于双方的合作关系,56%的认为属于伙伴性质,36%的认为属于交易性质。从对合作的满意程度看,非常满意的仅占 4.14%,比较满意为 33.79%,一般满意为 39.31%,不满意为 20%,非常不满意为 2.76%。在访谈中,很多受访者也反映合作双方之间的关系质量不高。

① 陈秋月、黄威、王守清:《基于案例的我国 2014—2020 年 PPP 项目失败原因分析》,《建筑经济》2021 年第 3 期。

② 陈晓:《基于案例分析的 PPP 不成功项目失败历程及启示》,《建筑经济》2017 年第 5 期。

③ 《关于规范政府和社会资本合作合同管理工作的通知》,2016 年 5 月 25 日,见 http://www.gov.cn/zhengce/2016-05/25/content_5076544.htm。

访谈中,反映较多的就是公私双方在互动过程中存在自上而下的行政性,双方之间存在地位不平等的情况。政府作为购买方或采购方,拥有对项目的绝对控制权,出现了过多行政干预、政府缺位、项目需求不断变化、延期支付等问题,甚至政府失信的情况。龚强等在其研究中指出,"在中国 PPP 市场中,一旦社会资本进入后,地方政府往往会对 PPP 项目进行政策干预,在事后谈判中处于强势地位,对社会资本施加公共品负担"①。即使在一些正规的 PPP 项目中,政府与私营部门建立了长期伙伴关系,但在实际中也存在因为项目的公益性、烦琐的审批程序以及主体地位不平等使得双方之间的合同更多地表现为行政合同而非民事合同,从而影响了双方之间的合作关系,不利于企业的积极性发挥,会采取一些投机性或防御性策略。

3. 合作程序不够规范

很多政府信息资源开发项目都属于规模较小,财政资金投入基本能够支持,从而采取了政府采购或合同外包形式进行。因此,在项目的运行规范方面并不如严格意义上的 PPP 项目一样严格履行项目运行的各个环节要求。即使一些 PPP 项目,也未能从项目识别→项目准备→项目采购→项目执行→项目移交→项目后评价六个阶段实现全流程的规范管理,导致合作中存在决策失误、合作方不够胜任、需求变化频繁等问题。例如,第三批 PPP 示范项目浙江省温岭市智慧城市一期项目都已处于执行阶段,却因信息安全问题被终止,说明未能有效进行项目的合规性识别导致决策失误。

在对某人口健康信息化平台项目的调研中,政府方相关负责人表示在项目中期评估时,确实存在一些项目未按要求完成建设,而已完成建设的项目仍存在较多的问题,导致使用单位业务无法开展,很多软件过程资料和系统相关建设文档不齐全,软件源代码校验无法提供,影响了整个 PPP 项目的推进。究其原因,一是在于项目采购中过于关注降低政府每年购买服务的价格,选择

---

① 龚强、张一林、雷丽衡:《政府与社会资本合作(PPP):不完全合约视角下的公共品负担理论》,《经济研究》2019 年第 4 期。

了报价最低的企业，在后期绩效评价中有关单位给予社会资本“态度很好，能力有限”这样的评价。二是政府未能按照全流程规范管理的要求建立相关的管理架构，出现了“协调缺位”和“监管缺失”的情况。“该项目建设内容多、覆盖面广，涉及市、区、县、乡镇、村1000多个单位，由于前期建设基础不一且未能互联互通，实施难度大，必须要各级主管部门高度重视、积极配合，更需要市级主管部门提供协调；此外，很多问题类似与省级平台对接的疾控中心这类专项项目最好还是由他们（政府）牵头成立专项组推动”（企业方负责人访谈记录）。

4. 未能建立完善的风险管理机制

风险问题是访谈中提及较多的因素。公私合作本质在于利益共享、风险分担。因此，需要完善的风险管理，在精准识别合作风险、科学分配风险的基础上，建立起合作双方之间共同承担风险的机制。根据访谈，都提出要建立完善的风险识别、风险分配机制。在案例2中，由于考虑到项目数据的保密性，采取了政府参股的形式，以加强对项目的监管。根据一些项目提供的实施方案，发现识别的风险因素不仅数量少，而且限于一般性风险，未能立足政府信息资源开发利用层面进行深入分析（见表6-6），仅较为笼统地列出了信息安全、数据利用风险。

从风险分配机制来看，“公共部门和私营部门之间缺乏公平的定量风险分担标准”①，“公共部门存在向私营方转移风险的动机”②，“社会资本承接PPP项目后面临被‘敲竹杠’的风险”③，“地方政府在事后谈判中处于强势地位，让社会资本承担公共品负担成为社会资本参与PPP项目的主要风险”这

① 柯永建、王守清、陈炳泉：《基础设施PPP项目的风险分担》，《建筑经济》2008年第4期。

② 敖慧、朱玉洁：《农村基础设施PPP项目风险分担的博弈研究》，《华中农业大学学报（社会科学版）》2021年第2期。

③ Jean-Etienne de Bettignies, Thomas W. Ross, “The Economics of Public Private Partnerships”, *Canadian Public Policy-Analyse*, Vol.30, No.2 (June 2004), pp.135-154。

些都在访谈中体现出来①。“政府信用风险是出现频率较高的一类风险因素”②,对合作企业的私人利益产生较大影响,极大影响了合作的关系和项目的顺利开展。

表 6-6　部分公私合作案例识别的风险因素及分配情况

风险类型	某智慧空港案例	案例 2	案例 3	备注
政策/法律变更风险	◎	★	★	现行法律法规、行业标准发生变化
项目审批风险	★	★	★	项目能否通过审批
行业技术风险	◎	?	●	行业技术重大变革
信息安全风险	●	●	?	影响公共信息安全
数据利用风险	●	●	?	个人隐私、商业机密泄露
不可抗力	◎	◎	◎	自然灾害、社会突发事件
政治不可抗力	★	★	★	征收征用、公有化
投资风险	●	●	●	资本结构不合理、财务管理不完善、成本超支、收益低于预期、需求量风险、融资成本高等
项目设计风险	●	●	●	项目设计存在缺陷
建设进度风险	●	●	●	非政府原因造成的工期延误
建设质量风险	●	●	●	未能达到既定质量标准
市场风险	◎	?	●	通货膨胀、物价上涨
公司失误	●	●	●	包括在审批、建设、运营各个环节的失误

注:●=项目公司承担　★=政府承担　◎=双方共同承担　?=未列出或未明确。
资料来源:自行整理。

① 龚强、张一林、雷丽衡:《政府与社会资本合作(PPP):不完全合约视角下的公共品负担理论》,《经济研究》2019 年第 4 期。

② 亓霞、柯永建、王守清:《基于案例的中国 PPP 项目的主要风险因素分析》,《中国软科学》2009 年第 5 期。

5. 项目激励不足

根据访谈记录,一些政府采购性质项目往往都是低价者中标,企业利润空间较小,并且承担很大的风险。例如案例 4 中,合作企业反映首先需要一次性支付 2000 多万元购买政府部门转让的空气监测站设施,资金压力大,而且还面临着三年后不会续约的可能性,沉淀成本高,存在很大风险。而案例 2、案例 3 等,由于项目兼具公益性与营利性,政府对企业经营行为设有超额利润分享机制防止私营部门获取暴利。还有单纯依靠政府付费的公益性项目,往往存在政府补偿不足的情况。因此,企业都希望通过调价、优惠、补贴等形式以及拓展盈利渠道等形式获得激励。

(四)配套环境:影响公私合作的支持性因素

配套环境既是公私合作行为触发的现实土壤,也对公私合作行为产生调节作用。根据访谈,配套环境主要涉及政府信息资源开发及公私合作方面的政策规章、私营部门的融资环境以及信息市场需求与市场环境等方面。如前所述,国家对政府信息资源开发一直在鼓励和呼吁,但是总体配套环境未能形成有效支撑。

1. 政策不完善

首先,政府信息资源开发及公私合作开发意愿不强的原因之一就是目前政策体系未能形成明确的政府信息资源开发利用职责及公私合作的具体实施细则,无法为现实问题提供明确指导。孙宇等①(2018)对中国 1994—2017 年的政府信息资源开发利用政策进行了内容分析,发现“虽然政策文本不仅强调政务部门内部的信息使用,而且重视市场主体、社会主体的信息使用,但是从措辞上看‘重内轻外’的色彩较重。比如,在部署政务部门内部的信息使用方面,通常使用‘应制定’‘必须纳入’‘要明确’‘着力推动’等动词,在布局市

① 孙宇等:《中国政务信息资源开发利用政策的演进特征及价值嬗变》,《情报杂志》2018 年第 7 期。

场主体、社会主体使用政务信息资源的时候，多使用‘探索’‘稳妥推进’‘鼓励’‘合理引导’等动词”。例如，公私合作中，私营部门对信息商业化应用所得收益的分配问题、新生成数据产品的定价问题、合作中及合作结束后的数据产权归属问题。尤其是在政府数据跨部门融合共享的情况下，还涉及与其他部门的数据融合，如社保数据，从而造成产权归属和收益分配更加复杂。

其次，未能形成明确的个人信息保护具体政策。案例 2、案例 3、S 省苹果大数据平台案例（收集了大量苹果种植户的社会保障、家庭资产等信息）都允许对数据进行商业化开发，不可避免地涉及对个人信息保护问题。案例 2 中，政府采取参股的形式参与到项目中，就是为了加强对信息安全的监管。

2. 融资渠道不通畅

对于政府与社会资本合作，国家陆续出台了系列政策，形成了由国家和地方政府设立的“PPP 融资支持基金”/“PPP 引导基金”、资产证券化、企业债券、保险资金、融资租赁等多种融资渠道。但政府信息资源开发公私合作中私营部门的融资渠道主要为贷款。这些信息企业多为高科技企业，拥有的核心资产通常是技术、专利、著作权等无形资产，因此，常常因为缺乏可供抵押的有形资产而难以获得银行贷款。1995 年的《中华人民共和国担保法》虽然规定“依法可转让的商标专用权、专利权、著作权中的财产权可以质押”。但到 2006 年才出现全国首例小企业知识产权质押贷款案例。后来国家和各地政府持续出台政策，鼓励银行为企业提供无形资产质押贷款，但是依旧存在未能广泛开展的情况。因此，需要进一步完善“信息资产评估制度”，积极探索信息企业以股权、债券、专利、知识产权等无形资产融资的多元方式。

3. 市场培育

市场培育既包括对中小信息企业的培育，也包括对信息消费需求的培育。

要真正推动公私合作，必须有充分竞争的市场环境，但目前总体存在竞争不充分、优势企业垄断的情况。如 X 市“互联网+大数据路况平台”的合作方四维图新，作为国内最大的数字地图提供商，占据了 50%以上的市场份额，并与政府建立了广泛的合作关系。中小微企业却存在融资不畅、获取数据难等问题,使得我国政府信息资源产业总体规模小、产业竞争力弱。

目前,我国信息消费总体存在“消费主体对自身的信息需求以及增值信息产品和服务的认识不足”①的问题,缺少消费意愿,而对于农村及落后地区来说还存在信息消费能力不足的问题,这都大大抑制了私营部门投资于信息资源开发的积极性。根据《2018 年中国互联网产业发展报告》,目前,流量变现依旧是互联网信息服务的主流商业模式②,未能针对信息产品形成直接的投资收益。夏义堃也指出“广告是数据型企业最主要的收入来源”③。因此,需要从政策层面予以扶持和培育,通过补贴、扶持、购买等形式,培育信息消费需求、支持中小微企业。

第二节 公私合作困境的个案分析——数字信息亭的运营之惑④

信息化的发展是内容与渠道互动的结果。随着城市信息化建设的开展,信息和服务日趋丰富化,但信息传递渠道的不足严重制约了我国信息化进程,产生“数字鸿沟”现象,造成信息富有者与信息贫穷者因信息掌握不同而存在发展差距。弥合“数字鸿沟”是构建和谐社会的应有之义。近年来,世界各国投资信息化建设的关注点已从过去单纯强调对经济增长的拉动,逐渐转变为综合考虑信息化建设在经济增长、消除农村贫困、提高国民素质、缩小地区发展差距、

① 赵莉:《我国公共部门信息增值产业培育机制研究》,博士学位论文,武汉大学,2015。

② 艾瑞咨询:《2018 年中国互联网产业发展报告》,2018 年 1 月 24 日,见 http://www.199it.com/archives/680283.html。

③ 夏义堃:《企业开放数据再利用的困境与对策分析》,《电子政务》2018 年第 8 期。

④ 鉴于政府信息资源开发绩效的不易衡量和描述,缺少真正意义上的以政府信息资源内容本体为开发对象的失败案例。虽然访谈中收集到了一些案例,但是缺少更多的公开资料支撑,无法进行更为客观、深入的分析。因此,选择了“城市信息亭”案例,以期能够进一步验证公私合作的困境。

促进民主发展、照顾弱势群体、服务民众等多方面的积极作用。[①] 立足国情，就是要重点发展成本低廉、使用便利、普及性强的信息化终端，为更多公众服务，使这些公共信息终端发挥传播政府信息，满足公众信息需求的角色。

信息亭，通称为 KIOSK，是一种集触摸屏技术、自助服务技术、网络技术、多媒体技术于一身的公用网络自助服务终端。作为公共终端的一种，信息亭以其良好的互动性成为公共信息服务领域的数字宠儿。首先，信息亭是一种公共终端，能够为更广范围内的用户提供信息服务，结合其使用便利的特征，可以为市民、游客等各种群体提供信息服务，发挥着更多的信息意识普及和信息能力提升的作用；其次，信息亭能对用户的使用内容及使用频率进行记录，从而得到用户对信息服务的反馈，尤其是通过相关内容的设计以及对应数据的挖掘，及时梳理出城市居民的信息需求。

国内，北京、上海、青岛、苏州、成都等城市都将信息亭建设列入政府为民办实事的项目，信息亭成为信息化城市的一个新亮点。

一、国内信息亭建设运营模式及其成效分析

纵观国内各地信息亭的建设运营，不再是由政府自行投资建设，而是“政府主导、市场运作”，采取了特许经营模式。政府通过整体规划，并提供地理位置、政务信息等资源，授予私营机构建设运营信息亭的权利，通过特许协议明确政府与特许企业之间的权利和义务，以期通过双方合作，将政府的协调能力、远景规划能力及社会责任和私营部门的管理效率、资金及技术支持充分结合起来，双方共担社会责任，共享投资收益。

（一）特许经营在我国信息亭建设运营项目中的应用实践

“数字北京信息亭”于 2003 年 1 月作为“数字北京”和“数字奥运”的重点

① 廖瑾、汪礼俊：《全球信息基础设施投资热的背后》，《上海信息化》2009 年第 9 期。

示范工程、市政府为老百姓办的60件实事之一在全市推广。项目在市政府“数字信息亭工作领导小组”的推动下，由北京市国有资产经营有限公司和首都信息发展股份公司投资组建的北京首通万维信息技术发展公司负责运营，实施“政府引导、企业运作”模式。自2008年起，“数字北京信息亭”的升级改造和更新置换工作还引入了庄希泉基金会的投资，由该基金会负责投资建设和运营新信息亭的终端设备。

苏州市公共信息亭是苏州市政府2005、2006年实事工程项目，是“数字苏州”的标志性工程之一，被苏州市民评为“2005年十大民心工程”之一。项目由苏州市发改委（信息办）牵头，由苏州市信息化投资公司、邮政局、园区新海宜、一卡通四家单位组成的苏州市公共信息亭有限公司负责建设运营，公司股权结构为：苏州工业园区华发科技有限公司持股68.4%，代表国有资本出资的苏州恒创公司持股15.8%，新世纪邮通有限公司持股13.83%，苏州市城市信息化建设有限公司持股1.97%。信息亭建设项目的市场化运作模式，被看作是苏州市信息化建设项目运作模式的一次全新探索①。

“青岛E城通”信息亭是青岛市委、市政府2003年立项的高科技便民工程，采取“政府主导、市场运作”的模式，由青岛市新闻办公室、青岛市信息化办公室主办，青岛联信高新技术有限公司投资，青岛E城通公众信息传媒有限公司运营。

“成都通”信息亭是成都市政府2002年初推出的为民办实事项目之一，后又被列为2008、2009年市委、市政府民生工程项目，由成都市委宣传部牵头，成都传媒集团投资组建的成都通暨成都多媒体信息亭有限公司负责项目运营和内容建设，并受到市信息办、城管局、公安局、交委、电信成都分公司等多家部门和单位的协办。

---

① 白丽：《缩微的苏州——苏州信息亭市场化运作模式探析》，《中国信息化》2006年第21期。

（二）国内信息亭项目特许经营的成效分析

总体而言，信息亭在国内各大城市的建设运营，取得了一定的社会效益和经济效益，初步达到了政府、企业和公众三赢的局面。

对政府而言，一方面，该模式把建立和维护信息亭及提供24小时服务所需投入的资金及所承担风险降至最低，而且借用私营机构的管理、创意、市场营销经验，能为公众提供更好的服务；另一方面，通过适当引入竞争机制，逐步实现了投资主体多元化，一定程度上打破了政府或国有企业垄断经营的情况。此外，通过特许经营合同的签署，明确了信息化建设各环节的权利、义务关系，运用契约关系使项目的投资、建设和运营逐步步入市场化、规范化、法制化的道路。

对公众而言，信息亭已经由传统的单向信息查询终端变成集信息查询与发布、缴费充值、电子支付等多种功能于一身的公共电子媒体。信息亭面向广大市民服务的内容有：信息查询（如政府公告、衣食住行、文教科普、电子地图等）、信息发布（如买卖租赁、求职求医等）、服务性交易（包括车船机票、影视剧票、景点门票、彩票等）以及交纳水、电、气和通信费用等。在苏州，市民还可通过信息亭的电子商城，购买日常生活用品，所购物品可送货到亭或配送到家，给市民提供了便利。

对企业而言，可以通过销售代理、业务合作和刊登商业广告获取直接经济收益，2005年，苏州信息亭实现营业收入360万元。一些还会获得政府财政补贴（如“数字北京”信息亭曾每年获财政补贴650万元）。另外，通过和政府合作，企业可能会获得其他直接或间接收益，如更多的政策支持、合作事宜及企业声誉。

但是，就如青岛E城通公司总经理吴冀山所说，尽管青岛市信息亭建设已经见到了曙光，但现在言成功为时过早①。在“成都通”运行三年之后，曾有

---

① 白丽：《青岛奥帆赛与银联双飞——青岛数字信息亭运营模式探析》，《中国信息化》2006年第21期。

调查显示存在黑屏、信息更新慢、无人看守，甚至遭到破坏、服务功能停止等现象。“数字北京信息亭”也因为信息过时、设备损坏、疏于维护，少有人问津。2006年，“数字西安”信息亭出现在街头，可以免费查询交通、旅游等信息，但目前这些信息亭几乎都已消失。曾经为很多地方效仿的苏州信息亭到目前尚在有效运营的信息亭数量不足80个。

多种调查显示，信息亭的运营成效并不尽如人意，预期的社会效益和企业盈利因为低利用率未能取得。企业盈利有限限制了信息亭功能的发挥和拓展，甚至因为无利可图，企业放弃对信息亭的管理与维护，导致信息亭成为摆设、卫生死角和垃圾站。

二、国内信息亭特许经营现存问题分析

（一）影响力小

对于信息亭的利用情况，一项调查显示，25个受访人中9个没有用过信息亭。[①] 还有一项调查，对于“你用过数字北京信息亭吗?”这个问题，20个受访人中有17个选择的是“没有”，而且大部分人表示莫名其妙，根本不知道数字信息亭是干什么用的。[②] 2007年的数据显示，617座数字北京信息亭日点击率为65万次左右，按平均每个人在信息亭点击25次计算，平均每座信息亭每天只有约40人光顾。

究其原因，一方面是因为宣传力度太小，公众对信息亭的了解程度不够，从而导致信息需求与信息服务不能有效对接；另一方面是因为目前的信息技术环境制约了信息亭发展。对于老年人及文化程度偏低的人群来讲，他们会认为信息亭的操作过于烦琐，而青年人和信息技术能力较强的人又有手机上

---

① 《数字信息亭：不同地方的不同命运》，2009年12月09日，见 https://m.it168.com/articleq_821630.html。

② 王紫：《投资数千万的“数字北京信息亭”成街头垃圾》，《人民政协报》2010年4月12日。

网等方式，对公共信息亭的使用需求不强烈。[①]

（二）缺少内容支持

信息亭运营的基础在于"信息"。总体而言，目前信息亭提供的信息内容不仅少，而且一些与公众生活息息相关的信息，如电子商务信息、公交查询和电子地图信息，大量存在着不正确、过时的现象，极大地影响了市民对其的使用。曾经国内十多个城市的政府投资建设了信息亭，多数亏损严重，甚至一些已经从街头消失，例如深圳、西安等城市的信息亭。究其原因，很重要的一点就是相关部门不愿放弃自己的利益公开政务服务信息，导致信息亭由于缺少内容支持而进入恶性循环。

（三）功能太少

信息亭作为信息化服务终端之一，是政府对公民服务的一种延伸载体。虽名为"信息亭"，但必须从务虚的信息向务实的服务提升，应成为电子社区、电子政务与电子商务三位一体的落地服务终端，成为本地化服务的载体，成为"服务亭""便民亭"[②]。目前，城市信息亭除了信息查询功能外，开展最多的就是费用交纳服务。所开通功能未达到信息亭全部功能的10%，一些服务"处于建设中"或因为和商家企业合作受限而处于停止状态。青岛市有些信息亭甚至已不具备信息查询、便民交费、证照申办等功能。

（四）企业盈利受限

信息亭获得收益主要来自两方面：广告发布和业务合作。由于政府对公共信息亭这一公共服务平台限制很严，加之缺少政府的支持与推动，企业盈利

---

① 赵生辉：《城市公共信息亭"信息生态系统"的失衡与治理》，《现代情报》2011年第2期。

② 黄蕾：《建设模式不同决定了用处不同》，《中国计算机报》2006年12月11日。

受到很大限制。与银行、水电煤气公司、商家的业务合作，没有政府协调，单靠运营商与商家企业的磋商和合作是远远不够的。广告发布在一些城市也因地方政府政策限制而不能开展。例如，北京市政府不允许信息亭进行商业广告发布，使得企业每年丢掉近 800 万元的广告收入。由于缺乏有效的盈利模式以及利用率较低，无法形成规模效应，实现自我盈利、自立运营，巨大的运营维护资金的压力使得信息亭项目举步维艰。

三、现存问题成因的深度分析

从深层角度分析，信息亭的建设运营不仅仅是一个技术或管理问题，它的有效运营需建立在一整套庞大的支撑体系之上，而现有体系当中诸多因素未能理顺从而导致了上述问题。

（一）公众需求与政府决策的对接问题

如前所述，信息亭实际运营效果未能让公众、企业和政府满意的一个原因在于宣传力度不足导致公众需求未能与信息服务有效对接，但一定程度上也反映出公众需求未能与政府决策有效对接。全国政协委员詹国枢在接受记者采访时表示，北京建设信息亭这件事本身的动机毋庸置疑，但是就目前来看效果不是太好，其中最主要的原因是政府决策缺乏科学性①。立足当前的信息环境，互联网、无线上网以及很多基于语音、互联网、WAP、短信、彩信、位置服务构建的综合信息服务门户的大量存在，都极大地便利了公众对于信息的获取。因此，我们对于信息亭建设项目的立项决策就需要认真分析其可行性并从功能拓展方面予以相应分析，避免“花架子”工程。

① 王紫：《投资数千万的“数字北京信息亭”成街头垃圾》，《人民政协报》2010 年 4 月 12 日。

（二）功能拓展与政府缺位的问题

“缺少内容支持”“功能太少”作为信息亭恶性循环的直接原因虽然可归结为运营企业的运营管理能力问题，但一定程度与政府缺位相关。城市信息亭建设的初衷是作为城市公用信息网络服务平台，为市民提供住、行、购、政务、文化等日常生活信息以及通过信息亭提供电子支付服务，让人们享受电子商务带来的便利。这些业务的开展，仅凭运营商的信息整合和功能拓展能力不足以支撑整个体系。“数字北京信息亭”运营商北京首通万维信息技术发展公司人员所说，在保证信息亭提供的信息权威性方面，远比想象的困难得多，由于缺乏政府协调，很多的企业、个人以及政府部门对于提供信息的合作热情并不高。而在业务拓展方面，“数字北京信息亭”建设过程中也曾出现因为“政府协调力度不够”，使得代缴水电费、电话费等项目，由于电信、电力等公司提供的佣金甚至不够支付给银联的手续费，迟迟不能开通①。在促进公共信息和服务的综合与共享方面，政府必须承担起相应责任。

（三）企业运营与政府承诺缺失的问题

特许经营是一种政府规制下的企业经营，政府的承诺和保证是特许经营中的国际惯例，它有利于降低投资者的风险，保障投资者的合法权益，吸引投资者投资公用事业项目。但在实际中，一些地方政府引资心急，重承诺轻践诺，承诺缺失现象普遍存在。具体表现为：（1）滥用承诺和承诺的不连续性。很多特许经营案例都反映出政府希望将其作为政绩工程或“样板”项目的愿望。北京市政府为了维护服务的公益性质，前期的一些许诺未能兑现，如当初同意的户外广告经营权未能通过审批，使得企业丢掉广告这一重要收入来源。（2）专门管制机构的缺失。特许经营过程中，普遍存在管制机构权力分散的

---

① 谢炜、刘洋：《“数字北京信息亭”受冷遇》，2004 年 9 月 6 日，见 http://www.gmw.cn/content/2004-09/06/content_94532.htm。

情况,形成了多头管理的模式,包括市政、工商、物价、卫生、城管、公安、交通、电信等部门都拥有对信息亭非此即彼的监管权力,这种多机构管理由于缺乏部门之间的协调和分工,容易形成权力交叉、重叠和空缺,因此尽管合同由地方政府或其代理机构签订,但在执行和实施的过程中,合同仍然会受到多部门的交叉约束,由此增加事后预期收益的不确定因素。

尽管运营成效不尽如人意,但我们却发现更多信息亭项目已经启动,例如升级版的“数字北京信息亭”、上海的“智能信息亭”。就如同“S省国家级苹果大数据平台”因公私合作不畅处于停摆状态,而山东省烟台市(苹果产地)、陕西省眉县(猕猴桃产地)却在筹划着部署自己的苹果大数据平台、猕猴桃大数据平台。如何真正让政府信息资源开发项目不再重蹈“摆设”的覆辙,实现社会与经济效益双丰收,是急需要解决的一个现实问题。

第七章　完善我国政府信息资源开发公私合作的对策建议

第一节　微观层面

世界银行通过对60多个案例跟踪研究,对失败的PPP项目情况进行系统分析,得出决定PPP项目成败的三个核心因素:经济、政治和执行。政治方面要求要有有力的组织保障,进行规划、协调利益相关者、促进形成稳定、扶持的监管环境。经济方面应该首先确保项目有合理的经济基础和目标、可持续的商业模式。执行方面应建立严格而高效的一套管理方法和办事程序。[①] 结合前面分析的现实困境涉及的合约、关系、运行规范等影响因素尤其是风险因素来看,履约不善、行政干预、政府失信等都与政府角色定位是否正确有关。因此,转变政府观念,科学界定政府角色,加强项目生命周期管理,建立有效的风险共担机制、合理的收益与补偿机制以及以长期合作为目的的关系契约是确保政府信息资源开发公私合作项目成功的必要条件。

一、转变思想观念,寻求"最佳价值"

如前所述,由于职责缺位、资金等资源不足,政府信息资源开发公私合作

① 贾英姿:《科学合理界定政府在PPP中的角色和责任》,《中国证券报》2015年11月23日。

存在原生动力不足。到底该不该走公私合作之路，以及如何进行才能提高政府信息资源开发的质量与效率，取得“最佳效果”？英国的“最佳价值”体制有一定的借鉴意义。受到新公共管理运动的影响，英国的公共服务从早期主要由地方政府内部直接提供，走向民营化结合的强制性竞标，再转为 20 世纪 90 年代末实施的“最佳价值”体制，要求地方政府经济、效率、效能、品质和公平地提供公共服务，其对公共服务变革的一些理念值得借鉴。

（一）“最佳价值”的缘起与基本特征

“最佳价值（Best Value）”指以最具经济、效率与效能的方式，让服务能够达到所制定的明确标准（包括价格和质量）①，也就是达到“最佳服务效果”。

“最佳价值”是基于对英国“强制性竞标”政策施行效果的反思而提出的。20 世纪 70 年代福利危机之后，在新公共管理运动思潮的影响下，英国开始了以“市场化、私有化、自由化”为主要特征的公共服务改革，要求政府引入竞争机制，将原来由政府直接提供或支持的服务，通过竞标的方式委托给包括私营部门在内的服务供应商，以期通过竞争降低成本、提高效率、减少行政干预和垄断。这即是“强制性竞标（Compulsory Competitive Tendering，CCT）”政策，凡是法律规定的公共服务项目必须实行竞标，“将公共服务带入一种‘准市场’运作模式”②。政府信息项目也被要求施行强制性竞标政策，相关部门要遵循“市场检验”规则来确定政府信息服务招标的范围，并决定是由政府还是私营部门来承担③。

推动公共服务从内部提供走向合同外包的“强制性竞标”，是为了克服官

① 黄源协：《从“强制性竞标”到“最佳价值”——英国地方政府公共服务绩效管理之变革》，《公共行政学报（台湾）》2005 年第 15 期。

② 姚军：《英国公共服务合同外包：历史背景及政策发展》，《科技管理研究》2014 年第 14 期。

③ 田大治：《英国政府信息资源再利用政策分析——以著作权管理为视角》，《图书馆建设》2012 年第 7 期。

僚科层制的低效率、不够灵活以及成本较高的缺陷,"带来服务的多元化与更多的选择",但却又引起了交易成本、员工士气低落,再加上烦琐的程序、竞标者不足、短期的契约等问题,未能有效达到提高效率、改善公共服务品质的目的。甚至引起了私营部门的不满,他们期望与政府的关系是较为长期的伙伴关系,而非对抗关系。

在强制性竞标推行10年之后,英国工党1997年在大选的时候发表政见,"地方政府将被要求能获得最佳价值……我们拒绝必须以民营化的方式才能获得高品质服务的教条看法,同样,如果有更为有效率的方式,我们亦无理由认为公共服务必须由内部直接提供"①。1999年,英国《地方政府法》第一部分正式确立了"最佳价值"政策②,要求政府在所有服务上必须获得"最佳价值"。

(二)"最佳价值"的基本特征

"最佳价值"并非全新的概念,作为新公共管理和社区与地方政府治理(Community and Local Governance,CLG)的融合物,"最佳价值"吸取了社区治理的精华,超越了强制性竞标的竞争本质。

1."最佳价值"融合了新公共管理和社区与地方治理的理念。

Bovaird和Halachmi(2001)③指出"最佳价值"体制吸取了新公共管理和社区与地方治理两者的优点:(1)它改良了新公共管理的契约文化:平衡市场和内部供给,但是必须要能够体现出竞争态势;(2)以伙伴的关系契约代替强制性竞标所倡导的竞争和对抗式契约;(3)将公民视为服务的使用者和纳税者,让他们能够更为广泛地接触各个层次的公共服务;(4)寻找能够授予使用

---

① A. Midwinter, N. McGarvey, "Developing Best Value in Scotland: Concepts and Contradictions", *Local Government Studies*, Vol.25, No.2(March 1999), pp.87-101.

② 姜熙:《从"强制性竞标"到"最佳价值"——英国政府公共体育服务政策发展、改革与启示》,《天津体育学院学报》2014年第6期。

③ T.Bovaird, A.Halachmi, "Learning from International Approaches to Best Value", *Policy & Politic*, Vol.29, No.4(September 2001), pp.451-463.

者能力和社区共同参与服务生产的方式;(5)严格依据中央政府的规定以及地方社区共同设定的目标改善绩效;(6)以使用者共同参与服务生产及委托的伙伴关系代替新公共管理下严格的委托人与服务承包商分离的现象。因此,可以看出最佳价值重视社区参与,强调建立政府与社区的伙伴关系,将公共服务的供给从强制性竞标的交易契约模式转向最佳价值的关系契约。

2.“最佳价值”肯定竞争带来的经济与效率提升,也要求以提升服务品质为目标。

“最佳价值”并没有否定以前的改革,而是建立在其基础上,扩展市场的角色,让地方政府对纳税人及服务的使用者更加负责任。最佳价值与强制性竞标的差异性如表 7-1 所示。

表 7-1　英国强制性竞标及最佳价值政策差异比较①

强制性竞标	最佳价值
最低成本获得最高收益	以最具经济、效率与效能的方式,让服务达到所制定的明确标准
通过法令必须付诸竞争	不预设服务非要政府直接输送、民营或付诸竞标
建立一个规范的竞争架构	建立一个可以获得公正信息的渠道
竞争为唯一的管理工具	竞争是一项重要的管理工具,但不是唯一的管理工具
政府部门扮演契约规划者、购买者及契约监督者	政府部门扮演契约规划者、购买者、服务提供者及契约监督者
由政府部门或委员会主导,缺乏社会参与的决策过程	使用第三者,政府确认签约者的财务能力、工程规划及过去的绩效

总体而言,“最佳价值”表现为:(1)不仅要能持续追求服务的经济、效率和效能,也要能够不断地提升服务品质;(2)要善用竞争机制,但却不受强制

① 姚军:《英国公共服务合同外包:历史背景及政策发展》,《科技管理研究》2014 年第 14 期。

性契约外包的束缚;(3)不仅要关注社区居民的感受,更要社区居民积极地参与;(4)要的不是利害关系人之间的抗衡,而是统筹与合作;(5)强调的不是因循守旧,而是不断的学习与创新;(5)不仅是内部学习,更要求与外部组织的比较和学习等。

"最佳价值"实施以后,在物有所值、效率、品质、部门整合和伙伴关系、创新服务提供方式等方面取得了积极的效果①,形成了多元的公共服务提供模式,例如内部提供、合同外包、信托模式、公私伙伴关系(Public-Private Partnership,PPP)等。②

(三)"最佳价值"对政府信息资源开发公私合作的启示

Midwinter 和 McGarvey 指出,"最佳价值"本质上期望将一种理性的规则,参与和评估的观点引入地方政府管理③。因此,基于最佳价值,需要以追求经济、效率、效能和品质为目标,以关系契约为纽带,以评估为手段,建立有序竞争、多种形式并存的政府信息资源开发格局。

1. 积极评估政府信息资源开发现状

政府信息资源开发并不是要求在政府和私营部门之间简单的非此即彼的抉择,而是需要综合考量多种因素下的择优选择,可以运用"最佳价值"的"5Cs"标准来审视现状是否符合最佳价值。

挑战绩效(Challenging Performance):评判为什么要开发政府信息资源以及如何开发,现有开发方式有哪些?从而通过评判创新方式。

比较绩效(Comparing Performance):通过各种相关的指标与其他组织进

---

① 黄源协:《从"强制性竞标"到"最佳价值"——英国地方政府公共服务绩效管理之变革》,《公共行政学报(台湾)》2005 年第 15 期。

② 姜熙:《从"强制性竞标"到"最佳价值"——英国政府公共体育服务政策发展、改革与启示》,《天津体育学院学报》2014 年第 6 期。

③ A. Midwinter, N. McGarvey, " Developing Best Value in Scotland: Concepts and Contradictions", *Local Government Studies*, Vol.25, No.2(March 1999), pp.87-101.

行比较,这有助于组织间相互学习,从而促进绩效提升。

征询(Consultation):目标的设定必须根据政府信息资源的性质,征询利益相关者的意见,或了解其需求。

竞争(Compete):将竞争视为改善服务品质与效率的管理工具之一,从而使所提供的服务符合最佳价值的成本和标准的要求。

协同(Concordance):协同是最佳价值的核心,即通过合作、伙伴及协同的方式提供服务,提高服务绩效。

通过上述审视活动,就能明白目前政府信息资源开发状态是否达到经济、效率、效能、品质等目标,从而为改善开发现状提供新的绩效标准以及如何达成绩效的行动计划。

2. 审视政府信息资源开发项目的特质

在前面的案例分析中,可以看出公私合作在政府信息资源开发领域具有可能行与可行性。但总体而言,若想真正达成"经济、效率、效能、品质"等多重目标,政府信息资源开发项目必须满足三个基本条件:服务是硬性的,即服务的要求和标准能够被清晰地表述;监督成本不是很高;存在一个提供服务的竞争性市场①,也即对项目进行"市场检验"。满足了这三个条件,就可以通过竞争机制达到降低成本、提高效率、改善服务本质的目的。但很多情况下,政府信息资源开发项目本质上为"软性服务",存在产出不可描述、不可衡量、市场竞争不足的问题,就可同行业内社会声誉度较高的私营部门协商谈判,秉持理性、公平的准则,达成一致意见,制定较为详细且具有弹性的合约;通过营造良好的合作环境,建立良好的合作伙伴关系,实现最佳的效果。总之,无论是政府自行开发,还是通过竞争机制或谈判模式委托私营部门开发,都需要政府综合考虑自身组织资源现状、市场竞争程度、改革目标等多种因素,通过比较、学习,相互借鉴,判断是否存在更有效率的替代方案,从而选择合适的运作模式。

---

① Kevin Lavery,"Smart Contracting for Local Government Services",转引自句华:《公共服务中的市场机制——理论、方式与技术》,北京大学出版社 2006 年版,第 95 页。

3. 实现合作关系从交易型转向关系型

如前所述,最佳价值吸收了社区和地方治理的精华,强调将主要焦点放在以合作伙伴关系作为规划、委托甚至提供公共服务的自然方式,以及以信任为基础的关系契约而非对抗式契约。因而,借鉴“最佳价值”体制,政府部门可以从服务提供者转型为提供契约和管理组织网络的赋能型组织(enabling authority),通过公私合作,以关系契约为纽带,形成多元协同、多主体互动的新格局。

4. 建立竞争性的政府信息资源开发格局

尽管“最佳价值”政策将竞争视为重要的管理工具,而不是唯一的工具,但竞争可以避免垄断、可以提高效率。“政府服务通常成本高而质量差,其原因并不是政府部门雇员的素质比私营部门雇员差。问题的实质不在于公营还是私营,而在于垄断还是竞争。在提供低成本、高质量的物品和服务方面,竞争往往优于垄断……实施得当,民营化会给政府官员和广大公众更多自由选择的机会,这种自由选择能够推进竞争,而竞争又能带来更多成本收益比较高的公共服务”①。

二、明晰政府角色,保障约束并举

有研究统计,政府在项目中的不当履行监管角色或者不当履行交易角色这两类因素占到公私合作项目失败原因的67%。② 科学界定并有效履行政府在公私合作项目中的角色对于项目成功具有关键作用。

(一)公私合作中的政府角色界定

对于公私合作中的政府角色,现有研究从不同角度进行了细分。李明超

---

① [美] E.S.萨瓦斯:《民营化与公私部门的伙伴关系》,周志忍等译,中国人民大学出版社2002年版,第157页。

② 石贤平:《PPP模式中政府交易角色与监管角色冲突的法律平衡》,《商业研究》2015年第12期。

(2016)从宏观、中观和微观三个层面将政府角色划分为宏观调控者和规则制定者、中观监管者、微观授权者与合作者、公共利益代表者四个方面。[①] 何雨佳、石磊(2018)基于PPP项目的关键成功要素将政府角色分为中央政府层面的顶层设计者、系统规划者、行业规制者,地方政府层面的项目规划者、决策者、协调者、参与者、监管者等。[②] 王东(2015)从项目阶段角度出发分为项目规划者、项目发起者、项目产品购买者、项目建设运行的保障者、项目监管及利益协调者等。[③] 国家发改委《关于开展政府和社会资本合作的指导意见》提出,“开展政府和社会资本合作,政府要牢固树立平等意识及合作观念,集中力量做好政策制定、发展规划、市场监管和指导服务,从公共产品的直接‘提供者’转变为社会资本的‘合作者’以及PPP项目的‘监管者’”[④]。结合困境分析,政府必须承担的角色有以下4个。

1. 决策者

即确认政府和社会对政府信息资源的需求,审查政府信息资源开发项目的可行性。例如北京信息亭案例中,信息亭利用率较低的原因与当前的移动互联网和移动终端普及的大环境相关,公众对信息亭的利用需求并不强烈。X市交警案例合作成功的原因之一就是设有互联网创新专班,在每年项目启动之前都会进行为期半年左右项目需求分析和规划,与政府各职能部门、合作企业进行不断沟通与讨论。因此,政府一定要从建设环境、百姓素质、政府与社会需求、企业能力等实际情况出发,审查政府信息资源开发项目的可行性,实现科学决策,确保实现政府决策与政府和公众需求的有效对接。

---

① 李明超:《PPP中政府多重角色冲突及其化解的法律机制研究——以公用事业特许经营为例》,《福建行政学院学报》2016年第6期。

② 何雨佳、石磊:《基于关键成功要素的PPP项目政府角色定位研究》,《项目管理技术》2018年第1期。

③ 王东:《PPP主体关系中的政府:角色定位与行为机制框架》,《中国政府采购》2015年第3期。

④ 《关于开展政府和社会资本合作的指导意见》,2014年12月2日,见http://www.gov.cn/zhengce/2016-05/22/content_5075602.htm。

2. 合作者

即政府作为公私合作的一方，基于合同契约，与合作企业优势互补、风险分担、利益共享，在项目运行中与合作企业友好协商确定彼此的权利义务，充分尊重合作企业的权利，平等、诚信地履行合同约定义务。这个过程中，要求政府：(1)防止越位：政府要由直接管理转变为间接监管，避免干涉合作企业的正常自主经营。政府对企业运营过多干预会无法真正调动企业运营的积极性。(2)避免缺位：政府信息资源开发中，往往涉及政府不同部门、社会公众等多方需求。例如，案例 2 采取“市县乡村”四级一体化，统一规划、统一部署、统一标准，势必涉及各级卫生主管部门、公共卫生服务机构、公立医院、乡镇卫生院、社区卫生服务中心、卫生服务站(村卫生室)的协调，需要政府成为合作企业的协助者。

3. 监管者

监管角色要求政府作为拥有公权的一方，要设定质量标准，对整个公私合作项目过程予以全程监管。监管的内容涉及：对合作企业开发过程是否符合合同要求进行监督、对项目绩效是否符合合同标准进行评价、对其信息商业化运营进行信息内容、质量水平、价格方面的监管，确保其提供的信息服务满足公众的需求。案例 2 中为了确保合作企业对政府数据的合理合法利用，政府采取了参股的合作形式。

4. 制度供给者

制度的相对稳定性以及持续供给能够给予合作企业相应的政策预期，减少投资的政策风险，保障项目顺利完成。此外，公私合作项目建立在市场机制基础之上，而市场机制是镶嵌在制度环境中而发生作用的，市场机制的毛病问题实质上是制度环境的问题。因此，需要政府围绕市场准入、产权保护、公平竞争、市场监管、融资政策等方面构建一个良好的制度环境。

(二)政府角色履行的保障与约束机制

如前所述，在项目具体执行过程中，政府的角色主要涉及“合作者”和“监督者”两种。作为监督者,政府扮演裁判员的角色,作为合作者,政府又是运动员。合作者角色和监管者角色对政府部门提出了不同的要求,往往导致政府两种角色之间的冲突,主要表现为政府监管角色强化,合作角色不足。“受到传统行政惯性的影响,加之政府契约精神的单薄,很难做到在平等法律关系的前提下建立平等合作的契约关系,使得政府的合作者角色不断被挤压和异化”①,违背了公私合作制所倡导的“平等、合作”的最基本运行规则。一方面,政府部门应履行合作角色,却注重主导控制,造成“政府越位”;另一方面,则表现为契约精神缺少,政府承诺难以兑现,导致政府缺位。因此,需要建立政府角色履行的约束与保障机制。

1. 坚持政府在政府信息资源开发中的支持保障作用

由于政府是最大的信息资源拥有者,也因为政府信息资源是“有益物品”,具有很强的正外部性。所以政府的支持对于政府信息资源开发的成功至关重要。例如,美国曾经针对交通信息服务领域的公私合作模式进行多次调研,形成了一系列的研究成果。在《交通信息系统部署的路径选择:制定公私业务计划的决策因素》②(1998)、《美国交通出行信息服务运营模式评述》③(2001)、《实时交通信息服务运营模式:实践述评》④(2007)三个报告中,都强调政府的支持对于交通信息服务的成功开展至关重要,最成功的运营模式都是有政府参与其中。在欧洲,也是强烈地依赖于公共部门实施交通信息服务

① 李明超:《PPP 中政府多重角色冲突及其化解的法律机制研究——以公用事业特许经营为例》,《福建行政学院学报》2016 年第 6 期。

② Mark Hallenbeck, *Choosing the Route to Traveler Information Systems Deployment: Decision Factors for Creating Public/Private Business Plans*, Washington, DC: ITS America, 1998, https://www.fhwa.dot.gov/publications/research/operations/its/pdfs/choosette.pdf.

③ Rick Schuman, Eli Sherer, *ATIS U. S. Business Models Review*, Washington, DC: U. S. Department of Transportation, 2001, https://trid.trb.org/view/712865.

④ Lisa Burgess, *Real-time Traveler Information Services Business Models: State of the Practice Review*, Washington, DC: Federal Highway Administration, 2007, https://ops.fhwa.dot.gov/publications/rtis_busmodels/rtis_busmodels.pdf.

的资金投入、项目管理、数据收集和信息传播。①

2. 强化政府的契约精神,建立政府履职的约束机制

首先,政府部门要转变主导控制的意识,把握公私合作最基本的准则是平等、契约、诚信,“从‘管理者’变为‘监督者、合作者’,更加注重‘按合同办事’,更加注重平等协商、公开透明”。其次,牢固树立法律意识,依法办事,遵守契约,信守合同,在法律框架下实现与合作企业的良好关系。最后,通过法律进一步明确公私合作项目的民商事合同性质,将公私合作双方视为平等主体,以便利用合同机制将双方之间的利益冲突体现在具体的合同条款中。针对目前困境中的“政府需求不断变化、行政干预过多”等情况,应在合同中设定合同变更的相关依据与范围,杜绝无理由变更的情形,或者设定防止公权滥用的条款,例如在美国的 PPP 项目中都有格式条款规定任何对项目公司实质权利的剥夺都可以被提起侵权之诉。②

三、加强流程管理,规范项目运行

政府信息资源开发公私合作的一些风险主要源于可行性分析不够充分,以及对成本、收益的分析不够精确,造成后期很多风险和争端。因此,公私合作首先要加强项目的流程管理,各个环节审慎把关,实现项目规范运行。根据财政部《政府和社会资本合作模式操作指南(试行)》规定,PPP 项目的基本运作流程主要包括:项目识别→项目准备→项目采购→项目执行→项目移交五个阶段。在实践中,依据不同的模式选择,并非所有阶段都能在一个项目中得到完整的体现。结合政府信息资源开发公私合作的特性,本研究从项目识别→项目准备→项目采购→项目执行→项目移交→项目后评价六个阶段认为需

---

① Kan Chen,“ATIS Practices in Europe and North America:A Report on Comparative Analysis”,October 31,2002,http://ops.fhwa.dot.gov/travelinfo/resources/atlantic/atlantic-report.htm.

② 王东:《PPP 主体关系中的政府:角色定位与行为机制框架》,《中国政府采购》2015 年第 3 期。

要做到以下环节和要求。

（一）项目识别

这一阶段主要解决“政府信息资源开发项目是否适合公私合作模式”。在项目识别中主要从以下三方面识别。

1. 项目合规性识别

即项目是否符合国家政策法规要求，主要是指是否不利于信息安全、个人隐私保护等。例如，第三批 PPP 示范项目浙江省温岭市智慧城市一期项目都已处于执行阶段，却因信息安全问题被终止。

2. 项目物有所值（Value for Money，VFM）识别

实践中，很多的公私合作项目并未进行充分的成本测算，从而导致公私合作未能真正实现物有所值。在调研中，某地市环保部门在空气质量数据采集项目的招标文件提供的预算远高于实际成本。所以需要按照 PPP 项目的要求，进行物有所值论证。财政部 2015 年发布了《PPP 物有所值评价指引（试行）》（财金［2015］167 号），将“物有所值”界定为“判断是否采用 PPP 模式代替政府传统投资运营方式提供公共服务项目的一种评价方法”，并提出了六个基本评价指标：全生命周期整合制度、风险识别与分配、绩效导向与鼓励创新、潜在竞争程度、政府机构能力、可融资性。结合政府信息资源具有可增值性的特征，需要将其补充评价指标中的“运营收入增长潜力”纳入评价指标体系，评价项目是否具有产生多种收入的来源的可能性，以此判断项目对于私营部门是否具有吸引力，有助于选择合适的运作模式。

3. 财政承受能力识别

进行财政承受能力论证是为了确保项目运行中政府财政的可持续性。目前政府信息资源公私合作开发的项目多为服务于政府内部决策管理与公共服务职能，项目公益性很强，因此，需要政府承担一定的财政支持责任。根据财政部《政府和社会资本合作项目财政承受能力论证指引》（财金［2015］21

号)，财政承受能力论证是指“识别、测算政府和社会资本合作项目的各项财政支出责任，科学评估项目实施对当前及今后年度财政支出的影响，为PPP项目财政管理提供依据”。这样“一方面为政府履行合同义务提供了重要保障，消除私营部门的后顾之忧；另一方面能够规范项目财政支出管理，防范和控制财政风险”①。

（二）项目准备

这一阶段主要解决“如何实施政府信息资源开发公私合作项目”。主要涉及项目实施的管理架构组建、实施方案编制和实施方案审核。重点环节在于管理架构组建、实施方案编制。

1. 管理架构

政府信息资源开发公私合作属于组织之间的合作，为了实现“最佳效果”，必要的组织保障是不可或缺的，需要建立负责项目协调、检查监督等工作的专门协调机制和项目具体实施机构。在实践中，由于很多的合作项目都属于一次性的交易关系，最多设有专人专项负责，并未组建专门的管理架构，很容易导致“协调缺位”的情况。案例2的“项目监督管理不力”就是一个很好的例证。而案例3的有效运作与专门组建了市级层面的项目协调小组不无关系。交通运输部采取政企合作模式建设的“交通出行云平台”，专门成立了云平台联席会议，出台了《“出行云”平台联席会议章程》，值得借鉴。

2. 编制实施方案

科学的项目实施方案是项目成功开展的前提和基础，是公私合作关系展开的基石。现实中，很多项目采取了类似PPP项目，就是因为缺乏“两评一案”工作。依据财政部《政府和社会资本合作模式操作指南》对实施方案制定提出的规定，项目实施方案需要包括7个部分：项目概况、风险分配基本框架、

① 徐丽红：《财政承受能力论证为PPP装上“安全阀”》，《中国财经报》2015年4月18日。

项目运作方式、交易结构、合同体系、监管机构和采购方式选择等。通过对上述内容的审慎分析，明确项目产出、项目投资、项目建设运营安排、风险合理分配，有助于进一步明确项目的核心条件，有助于提高合同的详细和完备程度，实现降低风险的目的。

（三）项目采购

这一阶段主要解决“和谁合作”的问题。一般包括资格预审→采购文件编制→响应文件评审→谈判与合同签署四个环节。这一阶段需要重点规范的环节是明确合作方的资质条件、选择合适的采购方式以及制定合约。

1. 合作方选择

实践中，在项目资格预审阶段，一般从资质、信誉、财务以及业绩等角度提出要求。在项目实际评选中，私营部门的财务能力、技术能力、管理能力、经验业绩、企业信誉都是重点考虑因素。

2. 采购方式选择

如前所述，目前主要存在公开招标、邀请招标、竞争性谈判、单一来源采购、竞争性磋商等采购方式。公开招标适用于采购需求核心边界条件和技术经济参数明确、完整，符合国家法律法规及政府采购政策，且采购过程中不作更改的项目。由于政府信息资源开发产出的不易衡量性，或者由于技术复杂而不能明确其详细规格与具体要求的，可以采取竞争性磋商方式。该方式引入信息交换机制可以消除信息不对称产生的“信息租金”，激励私营部门在采购阶段付出高努力水准，有助于项目质量提升。① 竞争性磋商虽然能激励创新，却因非竞争性选择以及未来不确定性等因素存在交易成本高、腐败、政府监督困难的问题②，只有竞争性较强且政府腐败风险较低的时候，才能提高社会福利。

---

① 苑贺辉、石磊:《PPP 项目竞争性磋商采购效率分析》,《工程管理学报》2019 年第 2 期。

② M.Hoezen et al.,“Contracting Dynamics in the Competitive Dialogue Procedure”, *Built Envionment Project & Asset Management*, Vol.2, No.1(July 2012), pp.6-24.

3. 合约制定

公私合作本质是一种契约关系,合作双方通过签订合约来确立和调整彼此之间的权利义务关系。合约是合作的基础和依据,保障公私双方能够按照合同约定主张权利、履行义务,推动项目顺利实施。财政部《关于规范政府和社会资本合作合同管理工作的通知》(财金[2014]156号)推出了PPP项目合同指南,介绍了合同中最为核心和具有共性的条款和机制。基于政府信息资源的特质,合约必须明确信息的所有权、信息的机密性与安全性等问题。Foxamn针对信息外包合同,提出了以下的注意事项:文件的控管、确保资料易于取得、确保资料的正确性、确保绩效以及确保双方软硬体设备兼容等。① 此外,考虑信息技术的快速发展,合约必须要有弹性,即在合约中设定弹性修订的空间。总体而言,完善的项目合约条款可以预防投机行为,合作过程中出现风险的范围也就越小。

(四)项目执行

这一阶段主要解决"政府信息资源开发过程中的融资、费用支付、服务监测及绩效考核"等问题。这一阶段需要注意的重点是服务的监测与评估。如前所述,现有监管主要面向合作企业,采取企业定期汇报、政府现场督察等常规手段,以及第三方监管及公众监督等多元监督评价体系。然而立足实际中政府违约的现象,尤其是换届风险,需要加大对政府的监管,建立政府信用的约束机制。可以通过进一步明确公私合作合同的民事性质,而非行政合同性质,强调合作双方的平等性,防止政府滥用权力损害合作企业利益;加大政府信息公开制度,实现对政府部门财政风险和履约能力的监管,制约政府权力、督促政府履约。②

---

① 吴宗璠、谢清佳:《资讯管理理论与实务》,(台北)智胜文化事业有限公司2000年版,第498—500页。

② 王守清、刘婷:《PPP项目监管:国内外经验和政策建议》,《地方财政研究》2014年第9期。

（五）项目移交

这一阶段主要解决“移交什么、如何移交”的问题。这一阶段包括移交准备、性能测试、资产交割等环节。移交本质上是一种资产的转移，政府部门需要按照移交方案和标准对移交资产进行性能测试，然后完成资产交割。这一阶段的重点在于移交准备和性能测试。

1. 移交准备

移交准备包括成立移交工作组、明确移交内容与方式、制定资产评估和性能测试方案。可以通过事前在合约中明确移交内容，也可以签订专门的移交合同。很多政府信息资源开发公私合作中产生的“受制于企业”的风险，都是未能明晰在合约中界定移交的内容。在调研的案例中，都声明“数据所有权、信息系统相关软件的所有权及知识产权归政府所有”。所以就需要仔细列出源代码、相关数据库结构说明、接口标准、数据及相关文档等移交内容，确保项目移交后能够正常运行。

2. 性能测试

性能测试直接关系到移交项目的状况是否符合合同约定或法律规定的移交的条件和标准。需要组建测试机构、制订工作计划、实施测试计划并提交测试报告。

（六）项目后评价

这一阶段主要解决“合作项目目标是否实现”的问题。建立项目后评价机制就是指对已经完成或投入运营或使用的合作项目从决策、设计、建设到运营各个环节进行与项目可行性研究报告或实施方案的对比分析，并及时将评价结果反馈给政府、企业等相关部门，形成良性项目决策机制，避免新建项目重蹈覆辙。项目建设前的可行性评价，会由于国家的宏观经济形势与政策、社会环境以及技术因素等影响，存在一定的不确定性，给项目建设运营带来风险。总体而言,我国目前对项目决策和实施效果的反馈环节尚不完善。因此,引入后评价机制,比较分析已经投入运营或使用项目的实际运营情况与预期目标,及时诊断项目建设运营中各个环节的问题和风险,以便项目决策者和参与者及时作出相应的调整。

建立项目后评价机制的核心在于建立科学完善的项目后评价内容体系。目前,有关公私合作的项目后评价管理的政策法规仍是空白的。可以参照《中央政府投资项目后评价管理办法》(发改投资[2014]2129号)对中央政府投资项目后评价的程序和内容的规定,立足不同的行业背景和项目特点,围绕目标实现程度、技术水平、执行过程、财务及经济效益、社会效益、持续能力等方面形成具体的评价内容体系。

四、加强风险管理,建立风险共担机制

风险分担机制是在精准识别合作风险、科学分配风险的基础上,建立起合作双方之间共同承担风险的机制。结合案例和访谈,政府信息资源开发公私合作项目中,存在风险识别不到位、风险配置不科学、缺乏风险共担的长效机制等问题。因此,需要加强风险识别、合理分担风险,实现风险可控。

(一)加强风险识别

风险识别是风险分配与控制的基础,是在收集资料和调查研究的基础上,通过运用多种方法对客观存在多种风险及尚未发生的潜在风险进行全面识别和系统归类。关于PPP项目的风险研究提出了多种不同的风险因素。例如,Bon-Gang Hwang等(2013)①基于综述提出42个风险因素,排名前十的因素为:缺少政府的支持、资金的可获得性、建设工期延误、不充分的PPP项目经

① Bon-Gang Hwang et al.,"Public Private Partnership Projects in Singapore: Factors, Critical Risks and Preferred Risk Allocation from the Perspective of Contractors", *International Journal of Project Management*, Vol.31, No.3(August 2013), pp.424-433.

验、不稳定的政府、缺少法律政策框架、地点安全、建设成本超支、组织和沟通风险、强烈的政治干预。Cheung 与 Chan(2014)①对中国的水利、电力和交通部门进行了比较,提出了 20 个风险因素,排名在前的主要风险分别为政府干预、政府信用、融资风险、错误的决策过程、主观的项目评估方法、完工风险、政府腐败、不完善的法律和监管政策、特许承包商的不胜任等。Chou 等(2015)基于综述梳理了 69 个风险因素②。Duc A.Nguyen 等(2018)③以高速公路建设 PPP 项目为例,基于案例分析了 34 个风险因素的分配情况。这些风险总体可归为宏观经济、政策法规、政治、社会、自然、建设、运营、关系、金融、不可抗力等。

上述部分风险因素同样适用政府信息资源领域,但并不能全面反映所有相关风险。政府部门需要立足实际,在项目可行性分析阶段有效借助现有风险识别的方法,例如头脑风暴法、专家咨询法、经验法、调查法等识别公私合作的潜在风险因素。这个环节至少需要两轮或以上的有效咨询,而且需要着重立足数据安全与技术可靠层面识别,从而尽可能准确、全面确定公私合作项目风险清单。

(二)合理分担风险

风险分担是指在充分考虑公共利益的前提下,将每个风险分配给“最有能力控制风险并能够以最小代价控制风险的一方”④。当前我国 PPP 项目风

---

① Esther Cheung, Albert P.C.Chan, “Risk Factors of Public-Private Partnership Projects in China: Comparison between the Water, Power, and Transportation Sectors”, *Journal of Urban Planning and Development*, Vol.137, No.4(April 2011), pp.409-415.

② Jui-Sheng Chou, Dinar Pramudawardhani, “Cross-Country Comparisons of Key Drivers, Critical Success Factors and Risk Allocation for Public-Private Partnership Projects”, *International Journal of Project Management*, Vol.33, No.5(July 2015), pp.1136-1150.

③ Duc A.Nguyen et al., “Risk Allocation in U.S.Public-Private Partnership Highway Project Contracts”, *Journal of Construction Engineering and Management*, Vol.144, No.5(May 2018), pp.1-13.

④ 李军鹏:《建立基于物有所值原则的公私合作风险共担机制》,《国家行政学院学报》2016 年第 1 期。

险分配原则的表述普遍基于两部政策性文件，即财政部《关于印发政府和社会资本合作模式操作指南（试行）的通知》（财金［2014］113号）和《关于规范政府和社会资本合作合同管理工作的通知》（财金［2014］156号）。113号文提出了三项风险分配原则，即风险分配优化、风险收益对等和风险可控原则。156号文提出五项内容：第一，承担风险的一方应该对该风险具有控制力；第二，承担风险的一方能够将该风险合理转移（例如通过购买相应保险）；第三，承担风险的一方对于控制该风险有更大的经济利益或动机；第四，由该方承担该风险最有效率；第五，如果风险最终发生，承担风险的一方不应将由此产生的费用和损失转移给合同相对方。因此，政府信息资源开发公私合作中的风险分配也应该做到以下几点。

1.“最佳风险控制力”原则

也即风险分担与控制力对称原则，将风险分配给对其最具控制力的一方。总体而言，在实践中，基本上都是基于政府和私营部门对于风险控制的优劣势和风险偏好进行风险分配，对双方各自的技术、资源进行评估后，衡量每一方对该种风险的控制力。例如，政策法律变更、政治风险等由政府承担，项目开展中涉及的进度、成本、质量、安全等风险由私营部门承担。而一些市场、金融因素，如通货膨胀、利率、市场需求量等双方难以控制的风险，可将其识别为共担风险，由双方经过谈判协商分配，确定合理的风险分担比例，并通过详细的合同明确风险共担结果，体现“最佳风险控制力”原则。

2.“风险收益对等”原则

也即承担风险的大小与所得收益多少相匹配。考虑到政府信息资源的外部性，政府信息资源开发兼具公益性和营利性，具有直接收费（如基于医疗信息的分析开展个性化健康服务）或其他经济收入（如广告、流量变现）、非经济收入（社会声誉、品牌竞争力等），所以需要考虑信息开发带来的社会效益和合作企业获得的项目收益，权衡分担项目风险。

3.“风险可控”原则

也即政府和私营部门承担的风险应设有上限,有助于形成风险分担的激励机制。目前很多政府信息服务属于有市场、无收益,存在付费意愿不足的情况,例如农业信息资源领域。这些项目具有很强的公益性,容易出现项目收入不能完全覆盖成本的问题,就需要政府部门在合同中列出一些补充和调整条款,承诺特定情况下会对其建设成本和运营风险予以补贴。此外,对于通货膨胀、不可抗力等风险可通过调价机制、保险机制实现风险转移或降低风险,确保风险分配结果始终处于双方的控制能力之内,从而避免影响合作双方的积极性。

4.“风险动态分担”原则

由于公私合作合同无法列出所有细节或可能出现的各种情况,因此,往往会在风险责任分担之后出现新的未识别的风险或风险发生演化,就需要对已有的风险分担方案进行持续监测,观察风险状态是否存在演化情况,检查原有风险分配方案是否合理,并对分担不合理的风险进行重新识别和动态调整。

总体而言,项目风险分担环节要构建如图 7-1 所示的风险分担流程。

(三)风险控制

风险控制是指在确定了活动中存在的风险,并分析出风险概率及其风险影响程度的基础上,根据风险性质和决策主体对风险的承受能力而制定的回避、转移、降低或者分担风险等相应防范计划。

1. 积极采用风险缓解工具

公私双方可以采取保险、履约担保等方式降低风险带来的损害。例如,私营部门可以通过购买保险的方式来避免风险变现而产生的损害。政府部门可以要求合作企业提供履约保证金、履约保函或其他形式的保证,用以担保合作企业按照项目合同的约定履行其责任或义务。

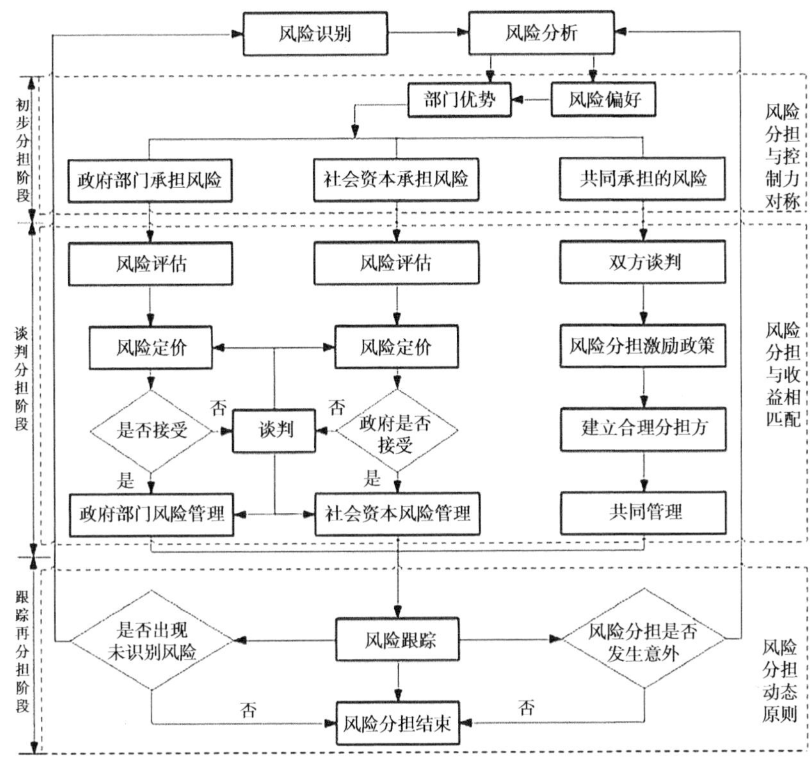

图 7-1　政府信息资源开发公私合作风险分担流程图①

2. 加强合约管理

首先，秉持合作共赢的理念，基于充分的协商，合理权衡双方的利益诉求，建立较为完备的合约条款，明晰双方的权责关系；其次，提高合作双方的法律意识和契约观念，积极履行合约中的责任；最后，基于不完全合约的局限性，需要合作双方对未能及时约定的事项进行预判，并在合约中设计相应的协商机制、争端处理机制。

3. 完善项目的监管机制

建立整合多部门的行政管理职能，借助第三方机构的专业支持，并吸纳社

① 侯亚娟：《PPP 模式风险分担机制研究》，硕士学位论文，中北大学，2019。

会公众的民主参与的监管体系;建立一套章法严格、透明公正、接续有致、环扣相连的工作程序;引入中期评估报告与项目后评价,把握项目的实际风险态势,验证物有所值的具体程度等。

4. 实施信息安全风险的控制机制

即基于数据泄露、侵权、滥用等行为采取各种预防手段,具体如表 7-2 所示。

表 7-2 政府信息资源开发公私合作信息安全控制手段

序号	控制手段	具体内容
1	合作企业资质	调查合作企业在数据保护和安全方面的资质、业绩与经验
2	控制分包	只有当分包方能够完全遵守现有责任和义务时才同意分包
3	加密	存储与传输过程对数据进行加密
4	内部数据审查	对外包的数据进行数据审查获取完整信息
5	控制权限	仅允许合作企业访问开展服务所需的信息
6	安全标准	确保合作企业的物理和数据安全标准符合/超出政府预期
7	保密协议	确保合约协议明确合作企业的安全保密职责、明确涉密信息的边界和处罚规定
8	背景审查	实施对合作企业项目参与员工的背景审查
9	数据处置	项目结束后,由双方项目负责人监督,确保所有不需要的数据以及保留的数据得到妥善处理
10	物理环境	合作企业建立物理安全的环境和充足的安全预防措施
11	常规检查	实施对项目的常规检查、现场督察等
12	合作企业政策	定期查看合作企业有关内部控制和安全管理的相关政策
13	会议事项	将数据保密和隐私保护作为双方会面交流的常规议题
14	许可制度	合作企业任何开发行为均需得到政府部门许可或授权
15	数据脱敏	对数据进行去隐私化和变形,实现敏感隐私数据的保护
16	沙箱技术	建立一个虚拟的封闭系统,防御恶意程序攻击破坏

五、丰富收益形式,提高项目吸引力

公私合作,不可回避的问题就是,政府和私营部门通常具有截然不同的利益诉求,政府关注自身或公共需求的满足,而私营部门强调获取利润。因此,保证私营部门获得合理利润是激励其积极性、提高其竞争与创新能力的关键,最终实现政府、私营部门和公众的"多方共赢"。但实践中,由于出于信息安全或信息控制的思维,政府信息资源开发公私合作,更多表现为"劳务聘用"或单纯的"市场采购",以此缓解政府自身在技术、经验、能力等方面的不足,多为短期的一次性交易,并未树立长期合作开发的意识,忽视通过建立合理的盈利机制来达到激励的作用,影响了政府信息资源开发。

(一)私营部门常规回报机制

公私合作中政府部门通常以让渡收费权、支付可行性缺口补助或(和)政府付费的方式给予合作企业合理的回报。[①] 具体包括:

1. 使用者付费。即由最终用户直接付费。例如,香港特区政府将招投标信息授权给私营部门,允许其建立网上招投标系统。私营部门通过采取会员服务费、单一标的付费方式获取投资收益。使用者付费一般适用于具有经营性质的公共项目。例如,案例 2 和案例 3 中提供的个性化健康服务、智慧旅游云平台企业接入服务等。

2. 政府付费。即由于政府信息资源开发的目的主要是服务于政府部门内部管理与决策、公众服务职能。因此,政府作为利用者需要支付相关费用。例如 X 市交警"互联网+路况大数据平台"项目,政府以财政资金购买私营部门提供的服务。

3. 可行性缺口补助。即对采用使用者付费方式无法满足项目全部成本回收和合理收益的项目,由政府以财政补贴、优惠贷款或其他形式,给予私营部门的投资支持和经济补助。例如,案例 3 中,政府对智慧旅游平台运营前三年提供每年 500 万元的补贴。

---

① 杜亚灵、尹贻林:《基于典型案例归类的 PPP 项目盈利模式创新与发展研究》,《工程管理学报》2015 年第 5 期。

（二）积极利用政策性扶持体系

为了提高私营部门的积极性，首先需要利用政策性的扶持手段，主要包括税收优惠、奖励等形式：

1. 优惠。对合作企业落地提供租房减免政策、税收优惠政策（例如执行高新技术企业税收优惠政策）、享受地方招商引资及人才引进的其他政策等。

2. 奖励。帮助协调政府相关部门配合私营部门申报项目补贴和资金扶持。

3. 调价机制。即根据物价上涨、通货膨胀等因素，设置调价机制，调整可用性服务费或运维绩效服务费。

4. 扶持。为合作企业提供的经营性项目提供免费宣传，例如案例 3 中，为 C 市智慧旅游平台提供全市对外宣传推广渠道。

（三）丰富盈利渠道与方式

1. 配备经营性项目，提高收益预期。例如，仿效 C 市社会服务管理信息化平台建设项目，增加具有经营性质的智慧旅游平台及相关电子商务平台项目，实行公益性项目与经营性项目的捆绑，提高项目对私营部门的吸引力。

2. 拓展资源开发权，拓展收益范围。例如，D 省空气质量监测数据采集案例中，如果能进一步将合作范围从数据采集向下游数据开发应用延伸，形成生态环境数据产品的开发合作，则更能达到开发政府信息资源的目的以及丰富了合作企业获取收益的范围。

3. 开发副产品，增加收益来源。例如，允许合作企业基于“互联网+信息惠民”平台、公共服务平台等，开展电子商务服务介入、城市便民服务等。案例 2 中允许项目公司基于人口健康信息化平台为商业保险提供医保控费服务；开展“云医院”，开发云服务软件，由民营医院使用并支付相关租赁费用。

4. 提供配套服务，拓展盈利链条。例如，案例 3 中，依托智慧旅游平台，围绕旅游行业的“吃住行游购娱”等关键环节，为相关商家提供咨询、宣传推广服务。某智慧空港案例中允许依托政务服务平台提供邮寄和电子签章服务。在医疗领域，例如某智慧空港案例和案例2中，允许合作企业基于健康小屋，为公众提供养生、养老、居家养护、康复、健康管理等服务。

5. 建立声誉激励，提高私营部门声誉资本。首先，可以采取提供冠名权的形式，例如X市交警支队和北京世纪高通有限公司达成初步意向，以后会在世纪高通的导航产品中提供交通信息，并允许设置“X市交通提醒您……”的提示，以此提高私营部门产品的权威性，增加私营部门声誉资本。其次，可以通过声誉认证，对能够高质量完成项目任务的合作企业进行声誉认证，提高其市场竞争力，增加其获取行业相关项目的机会。

6. 提供竞争优势，增加潜在商机。依据特许经营优势，给予合作企业获得更多合作机会和业务拓展机会。例如，承诺以后政府部门的政府信息化建设开发项目优先交给私营部门承接；指定私营部门为政府数据的运营实体，其他任何单位/企业需要使用政府大数据从事数据应用工作均须通过与该项目公司的合作洽谈来完成等。

六、加强关系治理，提升关系质量

在调查问卷中，对于“您认为公私合作中完备详细的正式合约与基于信任、沟通和承诺的良好关系哪一个更重要?”这一问题，62%的认为“完备而详细的合约”比较重要，即通过详尽的合约说明书和完善正规的监管程序来防止合作中的机会主义。但公私合作中，由于合作双方之间的有限理性和信息的不完全性，项目合同无法涵盖应对未来突发状况的所有行动细节。合同的不完备性容易激发项目参与主体实施机会主义行为的内在动机，需要精心设计能应对项目参与主体道德风险和机会主义倾向的补充治理机制。① “关系

① 付建华：《关系契约视角的PPP项目治理机制研究》，硕士学位论文，西南交通大学，2018。

契约”则可以要求根据实际情况随机应变,这就是契约法中的“情势变更”原则的适用。[①] 越来越多的公私合作中,双方采取了合作的方式致力于构建一个价值共创的合作关系。Lane 和 Lum(2011)的调研显示 69.47%的受访者认为他们与承包商之间的关系在一定程度上属于伙伴关系,仅有 12.21% 的认为双方之间的关系属于纯粹的交易关系。[②] Moon 等(2010)对韩国 56 个公共组织开展的 178 个 IT 外包项目进行了调研,结果发现 98 个项目中双方之间的关系都是联盟(alliance)。[③] Tony Bovaird(2004)认为 PPP 和常见的以经济交易为核心的商业契约不同,具有以主体间关系构建和维护为核心内容的关系契约的特点,因此提出 PPP 治理方式也应吸收关系契约的特点。[④]

公私合作本质是一种组织间的交换关系。关系是有价值的资产,关系的存在会使合作双方实现价值增值,任何关系都会为关系双方创造某种价值。[⑤] Ian R.Macneil 提出了“关系契约理论(Relational Contract Theory)”,认为每项交易都是嵌入在复杂的关系中,需要设计一种专用程度高且能持续的交易关系。关系规则是唯一的治理机制,它可以约束(承诺)和排除(机会主义)交换中的特定行为。[⑥] 基于 Macneil 的研究,管理学界开始运用实证分析方法来研究关系契约中的治理行为,即哪些关系规则(relational norms)能够提高关系质

① 王东:《PPP 主体关系中的政府:角色定位与行为机制框架》,《中国政府采购》2015 年第 3 期。

② M.S.Lane, W.H.Lum, “Examining Client Perceptions of Partnership Quality and the Relationships Between Its Dimensions in an IT Outsourcing Relationship”, *Australasian Journal of Information Systems*, Vol.17, No.1(January 2011), pp.47–76.

③ J.Moon et al., “Innovation in IT Outsourcing Relationships: Where is the Best Practice of IT Outsourcing in the Public Sector?”, *Innovation: Management Policy & Practice*, Vol. 12, No. 2 (May 2010), pp.217–226.

④ Tony Bovaird, “Public-Private Partnerships: from Contested Concepts to Prevalent Practice”, *International Review of Administrative Sciences*, Vol.70, No.2(June 2004), pp.199–215.

⑤ DT.Wilson, S.Jan Sud IA, “Understanding the value of relationship”, *Asia-Australia marketing Journal*, Vol.2, No.1(August 1994), pp.55–66.

⑥ I.R.Macneil, *The New Social Contract: An Inquiry into Modern Contractual Relations*, Yale University Press, 1980, p.15.

量(relationship quality),进而提高项目绩效。一些研究者,将这些规则统称为“关系治理(relational governance)”①。因此,政府信息资源开发公私合作如果要打造一个成功、互惠的关系,提高关系质量需要解决两个问题:(1)如何测量关系规则(也即关系质量的维度)?(2)不同关系规则对项目结果的影响大小。因此,本部分内容主要基于文献综述的方式进行。

(一)现有有关关系质量维度的文献综述

目前对于关系规则存在着不同的、复杂的界定或测量。关系规则在许多研究中被转换成许多可测量的构面,例如信任、承诺、相互依赖、知识共享、沟通、冲突解决和文化相容性等。本研究搜集了国内外PPP项目关系方面有关关系质量维度的研究,仅找到9篇论文(田滨帆,2017②;孙树杰等,2018③;陈菡,2016④;李晓光等,2018⑤;丰景春等,2019⑥;李洪佳,2018⑦;Debadutta Kumar Panda,2016⑧;Zou等,2014⑨;杨壮,2017⑩),提出17个对关系阐释的

---

① 陈灿:《当前国外关系契约研究浅析》,《外国经济与管理》2004年第12期。

② 田滨帆:《关系治理对PPP项目管理绩效影响的研究》,硕士学位论文,北京交通大学,2017。

③ 孙树杰等:《PPP项目关系管理的关键成功因素》,《工程管理学报》2018年第1期。

④ 陈菡:《中国情境下的PPP项目治理机制——正式契约与关系契约整合视角》,《开发研究》2016年第2期。

⑤ 李晓光等:《关系治理对PPP项目控制权影响的实证研究》,《北京理工大学学报(社会科学版)》2018年第3期。

⑥ 丰景春等:《关系治理与契约治理导向匹配状态的量化研究——以公私合作模式下A地铁项目为例》,《运筹与管理》2019年第1期。

⑦ 李洪佳:《基于关系嵌入的PPP项目合作机制研究》,《广东行政学院学报》2018年第5期。

⑧ Debadutta Kumar Panda,“Public Private Partnerships and Value Creation:The Role of Relationship Dynamics”,*International Journal of Organizational Analysis*,Vol.24,No.1(March 2016),pp.162-183.

⑨ Zou et al.,“Identifying the Critical Success Factors for Relationship Management in PPP Projects”,*International Journal of Project Management*,Vol.32,No.2(February 2014),pp.265-274.

⑩ 杨壮:《基于公私合作伙伴关系价值的指标体系及评价方法研究》,硕士学位论文,重庆大学,2017。

维度。但出现频次为 2 次以上的维度只有 5 个:信任(6 次)、沟通(4 次)、承诺(3 次)、合作(3 次)、高层管理者的承诺和支持(2 次)。而且,除了孙树杰等(2018)、Zou 等(2014)进行了定量分析,上述论文多为理论或定性分析。因此,立足政府信息资源公私合作的特征,本研究将检索范围拓展到 IT 外包领域有关关系质量(relationship quality)的论文,得出包括信任、承诺、冲突、互相理解、沟通、合作和灵活等在内的 26 个维度(Lee 和 Kim,1999①;Qi 和 Chau,2015②;Grover 等,1996③;Gupta 和 Sushil,2014④;Lee,2001⑤;Lum 和 Lane,2011⑥;Swar 等,2012⑦;Hodosi 等,2012⑧;等等)。表 7-3 列出了上述研究中的所有关系质量维度,合计 34 个维度。

① J.N.Lee, Y.G.Kim, "Effect of Partnership Quality on IS Outsourcing Success: Conceptual Framework and Empirical Validation", *Journal of Management Information Systems*, Vol. 15, No. 4 (March 1999), pp.29-61.

② C.Qi, P.Y.Chau, "Relationship or Contract? Exploring the Key Factor Leading to IT Outsourcing Success in China", *Information Technology and People*, Vol. 28, No. 3 (August 2015), pp. 466-499.

③ V.Grover et al., "The Effect of Service Quality and Partnership on the Outsourcing of Information Systems Functions", *Journal of Management Information Systems*, Vol.12, No.4 (March 1996), pp. 89-116.

④ V.Gupta, Sushil, "Influence of Relationship Quality on IS/IT Outsourcing Success: Indian Vendors' Perspective", *Journal of Information Technology Management*, Vol.XXV, No.3 (June 2014), pp.1-19.

⑤ J.N. Lee, "The Impact of Knowledge Sharing, Organizational Capability and Partnership Quality on IS Outsourcing Success", *Information and Management*, Vol. 38, No. 5 (April 2001), pp. 323-335.

⑥ M.S.Lane, W.H.Lum, "Examining Client Perceptions of Partnership Quality and the Relationships Between Its Dimensions in an IT Outsourcing Relationship", *Australasian Journal of Information Systems*, Vol.17, No.1 (January 2011), pp.47-76.

⑦ B.Swar et al., "Determinants of Relationship Quality for IS/IT Outsourcing Success in Public Sector", *Information Systems Frontiers*, Vol.14, No.2 (April 2012), pp.457-475.

⑧ G.Hodosi et al., "Important Factors in IT Outsourcing Relationship, a Model Development and Verification in Major National Companies", *18th Americas Conference on Information Systems (AMCIS 2012)*, August 9-11, 2012.

表 7-3　相关文献中关于关系质量维度的分析

维度	频次
信任	21
承诺	18
沟通	12
冲突	10
合作	9
相互理解	8
灵活性	5
利益风险共担	5
相互依赖、共识、信息共享	3
文化/文化相容性、协调、权力、宽容、满意、期望、高层领导的支持与参与	2
影响、一致、人际联系、吸引力、融合、开放、参与、倾听、责任感、持续的改进、声誉、共同解决问题、信心、有效的协作、界定关系管理战略的目标、组织各部门之间的融合(打造一支多学科队伍)	1

(二)各种关系维度对于项目绩效影响的实证结果

上述研究基于定量分析对各种关系维度对于项目绩效的影响进行了实证分析(见表 7-4),证明了各种关系质量维度对于项目成功具有重要作用。

表 7-4　关系质量因素对项目成功影响的实证研究结果

自变量	因变量(项目成功)	
	支持	不支持
信任	Grover 等(1996);Lee 和 Kim(1999) Lee(2001);Swar 等(2012)	Hodosi 等(2012) Gupta 和 Sushil(2014)(供应商角度)
承诺	Grover 等(1996);Lee 和 Kim(1999) Lee(2001);Qi 和 Chau(2012,2015) Lai(2014);Gupta 和 Sushil(2014)(供应商角度)	Hodosi 等(2012)
冲突	Lee(2001);Hodosi 等(2012)	Lee 和 Kim(1999)

续表

自变量	因变量（项目成功）	
	支持	不支持
业务理解	Lee 和 Kim(1999);Lee(2001) Swar 等(2012)	
沟通	Qi 和 Chau(2012,2015);Hodosi 等(2012)	
合作	Grover 等(1996);Swar 等(2012)	Hodosi 等(2012)
灵活性	Kim 和 Chung(2003)	Gupta 和 Sushil(2014)(供应商角度)
利益风险共担	Lee 和 Kim(1999);Lee(2001)	

（三）提高关系质量的具体路径

在本研究的问卷调查中，对于“您基于哪些标准衡量政府与企业之间的关系的好坏”，结果如图 7-2 显示，信任、承诺和地位平等较为重要。

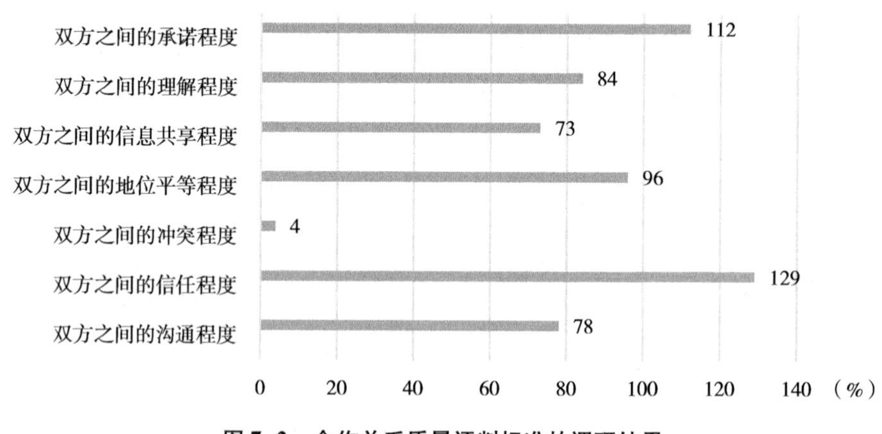

图 7-2　合作关系质量评判标准的调研结果

结合前面对关系质量维度的分析，可以看出提高公私合作的关系质量，核心是信任和承诺。信任和承诺有助于“公共部门向社会资本让渡控制权，进而充分发挥社会资本的专业技术和管理优势，提升项目绩效”①。

1. 建立合作双方之间的信任。信任可以被定义为“交易的一方相信在交换的过程中对方不会牺牲自己的利益来寻求他们自身利益的最大化”，“是对合作对方可靠与诚实的信心”②。信任通过协调不同成员的行为，从而在双方之间形成一种合作秩序。研究表明“合作成员的互信能够大大降低协商成本以及对对方的监控成本”③，减少合作双方冲突的可能性。但是信任不可能是自发形成的，首先，需要加强信息公开，加强合作双方之间的信息共享程度，降低信息不对称而引起的不信任；其次，要建立有效的沟通和公平的纠纷协调机制；最后，还需要引入社会监管机制，例如第三方和公众监督机制，避免政府存在自我冲突的角色定位。

2. 坚守承诺。承诺可以看作“合作双方为了维护双方的关系，保证会尽最大的努力”④。在公私合作关系中，承诺主要表现为合约、协议，以及国家的政策法规，即双方之间在合作期间共同遵守正式合约和相关政策法规的行为表现和结果。承诺的实现就是双方按照约定向社会公众提供更好的公共产品或服务。因此，加强政府、私营部门双方的履约能力是坚守承诺的主要表现。

3. 建立起关系与合约相得益彰的运行机制。对于“关系”和“正式合约”之间的相互关系，有些研究提出关系应该取代正式合约，但越来越多的认为两者之间是互补的。⑤ 关系只有基于正式合约的相关安排才能发挥作用，或者正式合约通过良好的关系才能创造价值。因此，政府信息资源开发公私合作中关系的维持要以正式合约为基础，关系契约为补充，以信任与承诺为核心，不断提高合作质量。

---

① 李晓光等：《关系治理对 PPP 项目控制权影响的实证研究》，《北京理工大学学报（社会科学版）》2018 年第 3 期。

② Robert M. Morgan, Shelby D. Hunt, “The Commitment-Trust Theory of Relationship Marketing”, *Journal of Marketing*, Vol.58, No.3 (July 1994), pp.20–38.

③ 王东：《PPP 主体关系中的政府：角色定位与行为机制框架》，《中国政府采购》2015 年第 3 期。

④ Robert M. Morgan, Shelby D. Hunt, “The Commitment-Trust Theory of Relationship Marketing”, *Journal of Marketing*, Vol.58, No.3 (July 1994), pp.20–38.

⑤ L.Poppo, T.Zenger, “Do Formal Contacts and Relational Governance Function as Substitutes or Complements?”, *Strategic Management Journal*, Vol.23, No.8 (May 2002), pp.707–725.

第二节　环境层面

就如困境分析指出,总体我国存在“信息资源开发利用市场化、产业化程度低、信息资源产业规模较小、缺乏国际竞争力”的问题,导致缺乏成熟、充分竞争的市场主体,影响了公私合作的生成,也因为政策的不明朗,使得政府信息资源开发不可避免地存在着与个人隐私保护、国家安全、版权保护等方面的平衡问题,因此,需要从产权制度安排、市场主体培育、改善投融资环境、完善隐私立法、完善政府信息资源开发利用政策体系等方面进行制度创新,以期为政府信息资源开发公私合作提供良好的政策环境。

一、明确权属,实现产权合理安排

市场机制要想成功地供给公共物品,需要一系列制度条件来保障,其中最重要的制度安排是产权。世界银行的报告也指出,在公共物品供给方面,私有产权安排对于提供者的激励远远优于公有产权的激励。政府信息资源开发公私合作项目实际上已经通过投资比例、股权结构的设置明确了双方的成本、收益与风险的关系,也对双方在政府信息资源开发运营各环节的权利与义务进行了协商确认,从构成要件上,具备“归属明确、受益清晰”的产权内在特征。因此,可以通过有效的产权安排,保护私营部门对政府信息资源相关权利的行使,提高政府信息资源开发效率。

(一)产权界定与安排

目前对于产权未能形成统一界定。黄少安(2004)认为,“产权就是对财产的权利,即对财产的广义的所有权——包括归属权、占有权、支配权和使用权”①。

① 黄少安:《产权经济学》,经济科学出版社2004年版,第54、56—59页。

杨德才(2007)认为,“产权是人们对财产的所有权以及基于所有权而引发的对财产的各种使用处置权利的总称,包括所有权、转让权、收益权、许可使用权等”①。由此可见,产权作为以财产的所有权为基础的权利束可以做多样划分,通过分割、让渡,各种权利进行不同组合,就形成了不同的产权安排。

目前对于政府出版物或政府作品的产权所属存在两种做法:一些国家将政府作品免于版权保护,例如美国。美国《版权法》(1976)第105条明确规定,“本法所规定的版权保护不适用于任何美国政府作品(即由美国政府的官员或雇员在其公务范围内制作的作品)”;一些国家允许政府对其“作品”享有版权,如欧盟、日本、中国。这些国家规定,除了法律规章、政府文件、公文通告之类的信息免受版权保护之外,其他政府“作品”,诸如年度报告、白皮书之类的都在版权保护范畴。但当前的法律体系,并没有专门保护信息财产的法律。② 尤其是在数据时代,数据的权属更加存在难以界定的问题。通行的做法就是“谁出资、谁拥有版权”。因此,对于政府信息资源来说,政府信息资源从本质上应该是全民所有,由政府代理管理,进行公有产权安排。但是公有产权的单一安排,会使政府信息资源开发存在低效,为了调动各方参与政府信息资源开发的积极性,需要通过明晰政府信息资源不同类别层次的产权安排来调整政府信息资源的开发机制。

在对政府信息资源物品属性进行分析时候,我们指出“当政府信息资源需要以竞争性和排他性来激励或制约利用对象,从而达到有效供给政府信息资源的时候,就需要政府信息资源具有私人物品属性,交由市场力量进行开发”。通过产权安排,就能让政府信息资源开发商对其开发的政府信息产品拥有所有权、使用权、转让权和收益权等权利。在政府信息资源开发公私合作中,也应该在维护公众对政府信息资源所有权的前提下,将政府信息资源的使用权、经营权、收益权、许可使用权等交由合作企业,以保证合作企业利益的实

---

① 杨德才:《新制度经济学》,南京大学出版社2007年版,第61—63页。

② 白献阳、安小米:《政府交通出行信息产权界定分析》,《图书馆学研究》2013年第3期。

现,并且实现全社会更高效率地利用政府信息资源的目的。

(二)产权保护

除了界定私营部门对某一政府信息资源具有使用权、经营权、收益权等产权之外,还需要一系列的制度安排来保护其产权的行使,这样私营部门才有动力开发政府信息资源。一方面,政府信息产品的易扩散性和低复制成本,导致信息资源在市场化运作过程中需要很高的维护成本来防止“搭便车”行为,所以需要加强知识产权制度的落实;另一方面,目前在政府数据开放运动的助推下,越来越多的政府部门允许公众自由、免费、不受限制的利用政府数据,从而造成了公私合作中“特许经营”与“免费开放”两者之间的平衡性。因此,需要在坚持政府数据对外免费开放的前提下,在法律许可的范围下,以特许权、使用许可权等形式保护合作企业的地位。例如,指定合作企业为政府数据的运营实体,其他任何单位/企业需要使用政府大数据从事商业性数据应用工作均须通过与该合作企业的合作洽谈来完成等。贵阳在这方面已经开展了具体的实践,授权贵阳块数据城市建设有限公司运营政务云平台及提供政府数据服务。

尽管“欧盟和美国的政策法规中,均规定在政府信息资源开发利用中除非出于公共利益需要,不得签订任何排他性协议,保证各类开发主体具有平等的开发利用信息的权利”①。但在我国政府信息资源开发利用水平较低的大环境下,我们可以通过特许经营的方式实现政府信息资源得到更多的开发,而且目前很多的政府信息资源特许经营开发实际上都是服务于政府和公众,具有公益性。但是为了避免形成垄断,需要设计一些平衡措施,例如超额收益分享制度,对特许企业的经营收益进行分成,收益越高,政府分成比例越高,避免特许经营企业获取暴利;例如数据许可规范制度,要求特许经营公司审慎对待

① 王璟璇:《欧美政府信息资源开发利用政策法规研究》,《情报科学》2011 年第 1 期。

所有出于商业目的数据许可申请，避免造成自己“一家独大”。实际中，私营部门的逐利性使它不会固守现成，而会寻求更多社会资本的投资，扩大规模。

二、顶层设计，建立专项政策体系

相比国外政府信息资源管理与开发利用，我国既没有顶层设计的政府信息资源管理制度与组织体系，也未能针对政府信息资源开发利用形成专项政策予以指导。因此，需要加强制度建设，对政府信息资源的开发利用、管理及公私合作提供指导。

（一）完善我国政府信息资源开发公私合作的相关法规

在前面公私合作政策环境分析中，可以看出我国对于政府信息资源公私合作已经形成共识，呼吁通过政府采购、政府购买、引入社会资本等形式，围绕信息采集、信息开发、数据应用等形成公私合作机制。但总体现有政策多属于鼓励性质，缺少实质意义的具体方案或部署。尽管现有的招标法、采购法、公司法、价格、保险等法律和国家对于 PPP 模式规范运转的制度框架能够基本满足公私合作运作的一般性需求。但是还是需要考虑到政府信息资源公益属性较强，市场整体发育不足，推广公私合作急需加强政策指导。需要针对政府信息资源开发公私合作形成具体规定，明晰国家层面的主导推动机构及相关职责、合作的范围、合作的程序、价费机制、隐私保护、知识产权保护、私营部门权益保障、融资体制等，规范合作行为，增强政府和私营部门参与公私合作的积极性与信心，推动更多政府信息资源开发采取公私合作模式。

（二）建立政府信息资源开发利用的专项政策法规

目前关于政府信息资源开发利用的相关规定都散见于电子政务、信息化建设、大数据发展、政府信息资源管理等方面的文件中，并未建立顶层设计的专门针对政府信息资源开发利用的政策法规。这也是我国政府信息资源开发水平总体不高的根本原因,存在"有者不用、用者无数据"的情况。因此,需要借鉴欧盟专门出台有促进公共部门信息再利用的系列指令,并随时代发展不断调整修订以促进数据开放和公共部门信息再利用的做法,出台我国专门的政府数据与信息资源开发利用政策,形成"权属—权利—利用—保护"四位一体的政策法规架构。

首先,明确政府数据与信息的开放边界、隐私边界、商用边界,明确政府数据与信息的权属,确立政府数据与信息默认开放获取的立场。

其次,完善政府数据与信息的产权保护政策,一方面明确数据主体(包括数据信息所指向的特定对象以及数据信息的收集、存储、传输、处理者)等对数据信息的控制、使用、收益等权利(例如数据知情权、数据采集权、数据收益权、数据共享权、数据救济权等),并进一步将《个人信息保护法》落实到政府数据信息资源开发再利用中;另一方面,坚持"数尽其用"原则,实现政府数据信息合法保护与合理利用之间的平衡,赋予他人利用数据的权利。①

最后,制定保障措施,限制政府部门与私营部门签署排他性的数据交易协议,避免私营部门对政府数据信息的独家垄断开发。

(三)建立我国的政府信息利用许可制度

无论是政府信息资源的开发利用还是政府信息资源开发公私合作,都涉及政府信息或数据的许可利用问题。"尽管越来越多的数据以互通和开放形式提供,但是目前数据很少以一种直接明确第三方如何使用的形式提供……,当数据交换与互通达到网状规模,传统的社会规范已经无法保证数据的合理使用,需要许可机制来明确数据利用的条件与要求"②。"许可使用是准许组

① 连玉明:《中国大数据发展报告(2018)》,社会科学文献出版社 2018 年版,第 135—157 页。

② Paul Miller et al.,"Open Data Commons, A License for Open Data", *CEUR Workshop Proceedings*, April 22, 2008, http://events.linkeddata.org/ldow2008/papers/08-miller-styles-open-data-commons.pdf.

织和个人再利用受到版权或数据库权保护的信息和资料的一种机制，它明确了利用者和再利用者准许做什么和受到哪些限制"①。作为政府信息资源开发利用中的重要元素，许可协议不但可以确保政府数据如何被利用、传播，也有益于进一步发展出基于许可协议的商业模式。② 因此，建立完善我国的政府信息利用许可制度，能够有效约束政府与信息用户的行为，调和或缓解数据价值释放与风险管理之间的冲突③。我国应该立足本国实际、全球视野，以国际性政府数据开放许可协议为蓝本，借鉴英国、法国、加拿大等国的经验，出台专门的政府信息利用许可制度，根据不同信息数据的特点与开发利用者的性质，划分并授予不同的许可使用模式和类型，实现信息的合理利用与价值最大化。

首先，针对不同性质的政府信息资源设计多种许可方式。例如，英国在2010年由国家档案馆制定了《英国政府许可协议框架》，设计了三种许可方式：1. 开放政府许可（Open Government License），即完全开放，允许信息利用者免费、自由、不受限制地对政府信息或数据进行商业化或非商业化利用；2. 非商业性政府许可（Non-Commercial Government License），即允许信息利用者免费、自由利用，但是仅限于非商业性目的；3. 收费许可，即要求付费方可利用，一般适用于受版权或数据权保护的信息，收费标准采取成本回收（cost-recovery）形式。在实践中，我国政府信息资源一般也被分为三类：可公开类、可交换类、限制利用类。因此，针对不同类别的政府信息资源，依据开发利用目的的不同，建立我国政府信息资源利用的总体许可协议框架，用以明确不同类别的政府信息资源在开发利用中准许做什么，受到哪些限制等。

---

① 白献阳、安小米：《国外政府信息资源再利用许可使用模式研究》，《情报资料工作》2013年第1期。

② 郑磊、高丰：《中国开放政府数据平台研究：框架、现状与建议》，《电子政务》2015年第7期。

③ 范佳佳：《中国政府数据开放许可协议（CLOD）研究》，《中国行政管理》2019年第1期。

其次，在许可制度建立选择过程中，注意与国际接轨，提高许可协议的兼容性，采取开放式许可制度。目前，国外政府数据开放许可协议基本包括：1. 国际组织制定的开放许可协议，主要包括知识共享许可协议（Creative Commons，CC）和开放数据共享许可协议（Open Data Commons，ODC）；2. 政府制定的开放数据许可协议，如英国、法国、德国、加拿大、新加坡等专门制定了各自政府数据开放许可协议；3. 法律公告/使用条款，如欧盟、德国等；4. 其他声明：如法国、德国、澳大利亚等的文字说明，如“其他（开放）”“其他（署名）”“其他（公共领域）”等形式。这些许可制度以简练、清晰的方式告知数据利用者和提供者在数据提供、使用、分享和再利用中的权利和义务，简化了许可机制，以简单、自动化、可机读的形式列出权限，直接将许可授予任何想利用它的人，既承认了数据创作者的版权，又能推动数据信息合法地分享、使用与演绎，这与政府部门信息资源开发再利用的目标具有很好的契合性。我们应借鉴英国、法国等国的经验，尽可能少设限制，使得许可机制具有最大的兼容性。理想的协议应为放弃所有权利或者仅仅提出“署名”要求。

最后，在数据信息利用权利方面，许可制度应该满足“开放”标准，授予用户全球范围（world-wide）、免于版权（royalty-free）、永久（perpetual）、非排他性（non-exclusive）的利用，包括商业性利用信息的权利。但是为了“追踪和监管数据使用行为，政府（许可人）要求用户（被许可人）在新作品中注明数据来源”①。在政府管理方面，需要在协议文本中明确政府免责条款、豁免数据开放范围及政府的一些附加性要求（例如数据应用情况备案、接受相关数据利用情况的调查等）。

（四）加强政府信息资源管理的顶层设计

我国在政府信息资源整个生命周期都存在一些问题，如信息的组织、分类

① 范佳佳：《中国政府数据开放许可协议（CLOD）研究》，《中国行政管理》2019 年第 1 期。

与保存标准不一，信息交换和利用渠道不畅通，信息不完整不准确等，从而使得政府信息资源的全面系统、可用性、可信性受到影响，信息质量不高。这些问题源于管理不善，而管理不善主要是因为缺少顶层设计的组织体系和规章制度。

1. 完善政府信息资源管理的制度体系

（1）建立统一、集成的政府信息资源管理框架

政府信息资源管理是围绕政府信息资源采集、组织、分类、保存、发布与使用等信息生命周期各环节展开的。目前我国还没有一个类似于美国 A-130 号通告那样的全面、统一、贯穿于政府信息资源整个生命周期的战略及政策，无法用刚性的制度和法律来约束政府行为，从而无法实现政府信息收集、加工处理等各环节的规范化运作。所以可以借鉴美国的《联邦政府信息资源管理条例》（A-130 号通告）和加拿大的政府信息管理框架（Framework for the Management of Information in the Government of Canada，FMI ），对政府在信息的收集、记录管理、发布等各个环节的相关规定。

（2）设立 CIO（首席信息官）/CDO（首席数据官）制度

通常所谓的 CIO 一般是指处于该职位并负责一个组织（包括政府、公司和社团等）战略信息管理活动的高级行政管理人员，负责制定组织的信息政策、标准，并对整个组织的信息资源进行管理和控制。[①] CIO 不仅仅是一个职位，更是一套制度。“无论是政府信息资源公开、共享，还是政府、企业分工合作的信息资源再利用，对于政府重要的行政机构来说，设立 CIO 制度都有利于相关项目的可持续发展”[②]。我国虽然在十多年前有些部门就设立了 CIO 制度，但是专职的、参与决策的、有协调权利的首席信息官制度在我国未能建立起来。适应政府信息化向数据层面延伸的发展趋势，2010 年，美国又设置了首席数据官（CDO）制度。不仅包括承担大数据挖掘、存储、分析等

① 焦宝文：《政府 CIO 战略管理与技术实施》，清华大学出版社 2005 年版，第 1 页。

② 张郁：《政府信息再利用缺乏商业模式》，《每周电脑报》2004 年第 36 期。

活动的相关职能部门的设置、功能定位、人员分工等;还涉及大数据管理活动各个环节的各项规章和制度,如数据挖掘制度、数据存储制度、数据检索制度、数据公开制度、数据分析制度、数据监管制度以及数据可视化制度等。①

2. 强化我国政府信息资源管理的组织体系的制度建设

(1)建立专管的政府信息资源管理部门

政府信息资源管理需要具有综合协调能力的专管、超脱的机构来统筹规划,从而实现政府信息资源管理的顶层设计与整体性治理。国外一般都设有各种领导和促进政府信息资源管理的政府机构、委员会和工作组。例如,美国在管理与预算办公室(OMB)下设有 CIO 委员会、联邦首席技术官、电子政务办公室等机构负责政府信息资源管理工作的推动;澳大利亚设有信息委员会和专门的政府信息管理办公室。我国在国家层面虽然也设有中国共产党中央网络安全和信息化委员会统筹协调全国各个领域的网络安全和信息化重大问题,但由于其更加侧重网络安全保障方面,所以需要设立专门的政府信息管理办公室去统一协调、规划和管理政府信息资源体系。

(2)建立公私合作的政府信息资源管理组织架构

即在政府和私营部门之间建立合作的载体。例如,澳大利亚成立了信息通信技术部长级委员会,成员由中央政府各职能部门的领导和私营部门精通信息技术的高级经理组成。美国商务部设有数据咨询委员会,由私营部门领导者组成,主要职责是围绕如何更好利用商务部政府数据展开咨询,以实现商务部政府数据价值最大化,同时围绕消费者需求与私营部门合作开发新的数据产品和服务。②

---

① 王枫云:《美国地方政府首席数据官制度及其功能》,2019 年 5 月 13 日,见 http://www.cssn.cn/skjj/skjj_jjgl/skjj_xmcg/201905/t20190513_4884325.shtml。

② 才世杰、夏义堃:《发达国家开放政府数据战略的比较分析》,《电子政务》2015 年第 7 期。

三、政策引导，培育市场与需求

（一）放松准入规制，鼓励私营部门介入

由于政府信息资源是政府和信息的统一体，其所具有的权威性和政治性不可避免地形成了信息资源产业的特殊性，即信息资源产业不仅具有商业经营功能，还具有宣传导向和社会服务功能，从而决定了信息企业市场准入规制的特殊内涵。目前，私营部门进入政府信息资源开发面临着机构准入和业务准入壁垒。机构准入壁垒，即企业获得从事信息资源经营活动的基本资格存在条件过高、程序烦琐的情况。业务准入壁垒，即政府信息资源的可获得性不高，企业需要通过向政府或第三方购买才能获得，导致成产成本上升。

1. 完善登记备案和事后监管制度。继续落实《关于加强信息资源开发利用工作的若干意见》（中办发[2004]34号）、《关于印发全国深化"放管服"改革转变政府职能电视电话会议重点任务分工方案的通知》（国办发[2018]79号）、《关于进一步扩大和升级信息消费持续释放内需潜力的指导意见》（国发[2017]40号）中提到的"完善登记备案和事后监管"①，"坚持包容审慎监管，加强分类指导，深入推进'放管服'改革，进一步简化优化业务办理流程，推行清单管理制度，放宽新业态新模式市场准入，强化事中事后监管"②的要求，采取清单制度，明晰私营部门可以投资、介入的政府信息资源开发领域，逐步扩大市场准入范围，甚至通过优惠政策诱导市场参与，营造宽松的准入环境，促进市场主体多元化发展，以改进社会信息福利总水平和减轻国家财政压力。

2. 加大数据开放力度。尽管公私合作需要保护合作企业对所形成信息

① 《关于加强信息资源开发利用工作的若干意见》，2004年12月13日，见 http://xxzx.mca.gov.cn/article/dzzw/201212/20121200390090.shtml。

② 《关于进一步扩大和升级信息消费持续释放内需潜力的指导意见》，2017年8月24日，见 http://www.gov.cn/zhengce/content/2017-08/24/content_5220091.htm? trs=1。

产品的产权及相应的收益权等，而数据开放允许社会免费、自由、不受限制的利用政府数据，两者看似矛盾，实际上却相辅相成。数据开放有助于培育市场主体。美国、欧盟进行数据开放后，催生了一批从事开放数据再利用的企业。而且对于已有的信息市场主体而言，则大大降低了获取政府数据的成本，并且有助于开拓新的市场领域，尤其是“对于那些需要借助不同来源数据进行分析和可视化的新的信息产品/服务而言，开放数据是其重要的原材料”①。此外，加大数据开放也有利于培育公众的信息意识，进而激发更多的信息需求。因此，政府需要进一步推进政府数据开放的落实。

3. 推动政府向私营部门购买基础性的信息加工处理服务。在国际上，政府采购是支持本国产业发展的通行做法。因此，可以将一些政府信息资源加工处理的工作列入政府采购目录，促进信息市场主体的发展。萨瓦斯的《民营化与公私部门的伙伴关系》一书中在提到“外包给私营企业的市镇和县政府服务”时，指出数据录入、数据处理都属于此类。1982 年，美国 23%的地方政府将信息处理工作外包给私营部门，1997 年的比例为 15%。②

（二）培育信息消费市场

供给与需求是相辅相成的，有需求才会产生相应的生产动力。因此，培育信息消费需求有助于提高企业参与政府信息资源开发的积极性。目前，我国信息消费总体存在“消费主体对自身的信息需求以及增值信息产品和服务的认识不足”③的问题，缺少消费意愿，而对于农村及落后地区来说还存在信息消费能力不足的问题，这都大大抑制了私营部门投资于信息资源开发的积极性。根据《2018 年中国互联网产业发展报告》，目前，流量变现依旧是

---

① 夏义堃：《开放数据开发利用的产业特征与价值链分析》，《电子政务》2016 年第 10 期。

② ［美］E.S.萨瓦斯：《民营化与公私部门的伙伴关系》，周志忍等译，中国人民大学出版社 2002 年版，第 75 页。

③ 赵莉：《我国公共部门信息增值产业培育机制研究》，博士学位论文，武汉大学，2015。

互联网信息服务的主流商业模式[1]，未能针对信息产品形成直接的投资收益。夏义堃(2018)也指出“广告是数据型企业最主要的收入来源”[2]。因此，需要从政策层面予以扶持和培育，这也符合《关于促进信息消费扩大内需的若干意见》(国发[2013]32号)中提出的“建立和完善有利于扩大信息消费的政策环境”的要求。结合案例调研的情况，需要从以下几个方面进行制度设计：

1. 分类培育。分清政府信息资源开发项目的公益性程度，采取不同的制度建设，形成分类管理制度，例如案例2中提供高端的个性化健康服务，政府只需进行合理定价，提高其消费意愿即可。而对于农村大数据平台之类的具有公益性和很强正外部性的项目，面对农民既无消费意愿也无支付能力，可以采取政府扶持或政府购买以及引进其他社会资本的形式，选择部分地区进行试点，培养农民对自身信息需求的认知，形成利用信息产品和服务的意识。

2. 资金支持。即通过政策设计引导政府和社会资本投资到政府信息资源开发的重点领域或者薄弱环节。例如，依据《政府投资基金暂行管理办法》，政府可以通过预算安排，设立专项投资基金，以单独出资或者与社会资本共同出资设立，采用股权投资等市场化方式来培育信息消费需求。

3. 优化消费环境。一方面，加大信息基础设施建设，统筹提高城乡宽带网络普及水平和接入能力，降低公众的信息接入成本；另一方面，加强政府信息或数据开放力度，降低企业获取政府信息的成本，并通过建立合理的信息产品定价机制，降低信息产品或服务的价格，激发公众的信息消费意愿。

---

① 艾瑞咨询：《2018年中国互联网产业发展报告》，2018年1月25日，见http://www.199it.com/archives/680283.html。

② 夏义堃：《企业开放数据再利用的困境与对策分析》，《电子政务》2018年第8期。

四、丰富渠道,营造良好的融资环境

私人资本规模的发展是私营部门参与政府信息资源开发活动的一个前提条件。政府信息资源开发是一个持续的过程,存在投资周期长、投资收益慢的问题。尤其是目前的一些政府信息资源开发项目不仅是获取企业的技术,而且采取共同投资的情况。因此,需要为私营信息企业提供良好的投融资环境,解决其融资不畅的问题。

(一)继续完善落实无形资产抵押贷款制度

信息资源开发利用中的市场主体——信息企业多为高科技企业,拥有的核心资产通常是技术、专利、著作权等无形资产,因此,常常因为缺乏可供抵押的有形资产而难以获得银行贷款。1995 年的《中华人民共和国担保法》虽然规定“依法可转让的商标专用权、专利权、著作权中的财产权可以质押”。但到 2006 年才出现全国首例小企业知识产权质押贷款案例。后来国家和各地政府持续出台政策,鼓励银行为企业提供无形资产质押贷款,但是依旧存在未能广泛开展的情况。2017 年国家知识产权局选择了北京市海淀区、长春市、南昌市、湖南省湘潭市、广东省佛山市以及宁夏的知识产权局作为全国知识产权质押融资试点单位,以期在全国更大范围内推广无形资产质押贷款。因此,需要进一步完善“信息资产评估制度”,积极探索信息企业以股权、债券、专利、知识产权等无形资产融资的多元方式。

(二)政策引导推动形成多元融资体系

目前,在 PPP 领域,国家陆续出台了系列政策(见表 7-5),已经形成了由国家和地方政府设立的“PPP 融资支持基金”/“PPP 引导基金”、资产证券化、企业债券、保险资金、融资租赁等多种融资渠道。

表 7-5　我国 PPP 项目融资政策

融资渠道	政策文件名称	相关内容表述
PPP 融资支持基金	《关于在公共服务领域推广政府和社会资本合作模式指导意见的通知》(国办发[2015]42 号)	"中央财政出资引导设立中国政府和社会资本合作融资支持基金,作为社会资本方参与项目,提高项目融资的可获得性"
资产证券化	《关于促进传统基础设施政府和社会资本合作(PPP)项目资产证券化相关工作的通知》(发改投资[2016]2698 号)	"积极推进符合条件的 PPP 项目通过资产证券化方式实现市场化融资"
PPP 项目专项债券	《政府和社会资本合作(PPP)项目专项债券发行指引》(发改办财金[2017]730 号)	"积极发挥企业债券融资对 PPP 项目建设的支持作用,为 PPP 项目融资提供新的渠道"
融资租赁	《关于加快融资租赁业发展的指导意见》(国办发[2015]68 号)	"探索融资租赁与政府和私营部门(PPP)融资模式的结合"
保险资金	《关于保险资金投资政府和社会资本合作项目有关事项的通知》(保监发[2017[41 号)	"支持保险资金通过基础设施投资计划,投资符合条件的 PPP 项目。通过基础设施投资计划支持保险基金投资合格的 PPP 项目"

因此,可以研究上述方式在政府信息资源开发领域应用的可行性。也可以鼓励政府部门积极应用 PPP 模式进行政府信息资源的开发,扩大企业融资范围和能力。此外,可通过设立产业基金等形式扶持私营信息企业。例如,北京、山西、福建、贵州、陕西等都设有大数据产业基金。以政府数据资产运营为主要业务领域的大数据企业九次方大数据信息集团,已完成 3 轮融资,获得共计 33 家政府引导基金、顶尖产业基金先后注资,吸纳资本市场超过 12 亿元投资。因此,政府引导基金、产业基金等形式具有可行性,可以通过制度化建设进一步明晰和落实。

五、完善立法,加强隐私风险评估

政府信息资源开发公私合作重要的隐含之意在于对政府信息资源的再加工与分析利用,不可回避的一个话题就是个人信息保护。前面的案例 2、案例

3、S 省苹果大数据平台案例分别涉及医疗健康信息、信用信息、社会保障信息的开发利用，均属于个人隐私保护的主要领域。基于我国实际情况，需要完善隐私保护立法，加强政府信息资源开发利用中的隐私风险评估。

（一）完善个人信息保护立法

自 2009 年，我国《刑法修正案（七）》首次将侵犯公民个人信息的行为纳入刑法规制范围后，我国政府陆续出台了一系列个人信息保护相关政策。2016 年《中华人民共和国网络安全法》对数据安全和个人信息保护提出了原则性规定。2017 年《中华人民共和国民法总则》首次在法律层面确认公民享有隐私权，要求保护个人信息。2017 年出台的国家标准《信息安全技术：个人信息安全规范》（GB/T 35273-2017）对个人信息的收集、保存、使用等各环节提出具体要求。2021 年 6 月 10 日，第十三届全国人民代表大会常务委员会第二十九次会议通过《中华人民共和国数据安全法》（以下简称《数据安全法》）。作为我国首部数据安全领域的基础性立法，《数据安全法》聚焦数据安全领域的突出问题，确立了数据分类分级管理，建立了数据安全风险评估、监测预警、应急处置，数据安全审查等基本制度，并明确了相关主体的数据安全保护义务，为了规范数据处理活动，保障数据安全，促进数据开发利用提供监管依据。

2021 年 8 月 20 日《中华人民共和国个人信息保护法》（以下简称《个人信息保护法》）审议通过。该法在吸纳整合前文所述各项政策法律中的相关规定和国际经验的基础上，立足于数字经济发展的实践进一步细化、完善了个人信息保护制度，比如在“个人信息”的界定上将匿名化的信息排除在外，有助于推动个人信息匿名化处理技术的提升，促进个人信息的合理利用与流通；在个人信息处理活动类型上，在延续民法典所列举类型的基础上新增了“删除”，个人信息处理基本原则上，新增了“诚信”，更加全方位地规范了个人信息处理活动；在法律适用范围上，赋予了必要的域外适用效力，有助于进一步完善我国境内自然人的个人信息权益保护。《个人信息保护法》成为我国第一部专门针对个人信息保护的系统性、综合性法律，标志着我国在个人信息立法保护史上迈出了具有里程碑意义的一步，也标志着个人信息保护政策即将迈入规范化发展的新阶段。

但是本研究对所收集的153份有关个人信息保护的政策进行分析，保护个人信息权益、规范个人信息处理活动、促进个人信息合理利用这3项政策目标得分占政策目标总得分的比例分别为32.75%、40.74%、26.51%，一定程度上体现了规范个人信息处理活动是现阶段个人信息保护政策最直接、最核心的目标。很多个人信息保护政策对于促进个人信息合理利用及相关信息产业发展仅停留在鼓励层面，并未有实质性的实施办法。此外，现有政策未提及对企业依法合规收集的个人信息数据进行保护，未能明确针对企业数据财产保护形成规定，一定程度上不利于企业从事数据收集分析、开发利用数据的积极性。

因此，完善个人信息保护立法，需要从以下两个方面进行：

1. 统筹平衡个人信息保护与利用之间的关系

第一，在理念上应当充分认识到个人信息既是促进经济发展的重要资源，也是推动社会整合、制度变迁的动力，要以个人利益与公共利益平衡为出发点和落脚点，兼顾个人信息保护与利用；第二，应当积极完善促进个人信息合理利用的相关细则，基于敏感度和利益受损风险等级对个人信息进行准确的分级分类，针对不同级别的个人信息，制定具体详细的利用细则；第三，对于个人信息跨境传输、提供，应根据不同的适用对象与情景，设计多元的补充认定机制，积极促进国际贸易往来；第四，将个人信息保护规制重点转向信息流通与利用阶段，全面掌控企业在流通和利用阶段的个人信息处理行为①；第五，应当制定相应的政策对企业依法合规取得的个人信息数据进行保护，切实保护企业的合法数据权益，推动数字经济的持续健康发展。

---

① 陈梓铭、翟相娟：《利益衡量视角下个人信息保护与利用的立法完善》，《沈阳大学学报（社会科学版）》2020年第6期。

2. 构建统一立法和行业立法并举的个人数据保护制度体系

基于我国的实际情况，我国应该采取统一立法和行业立法并举的个人数据保护制度构建。首先，像欧盟一样出台国家层面的统一的个人信息保护法，对个人信息的采集、存储和利用过程中的隐私保护提供统一的标准和原则。其次，考虑个人信息的分散性，可以在统一立法所确立的最低保护标准之外，授权有关行业主管部门制定适用该行业的更高的保护标准，从而建立起完善的隐私保护制度。例如，美国在医疗领域设有《美国健康保险流通与责任法案》(Health Insurance Portability and Accountability Act,HIPAA)、《个人健康信息隐私国家标准》《卫生信息技术促进法》等。在信用信息方面有《金融隐私权法》《公平信用报告法》《公平准确信用交易法》等法规。

(二)建立政府信息资源开发隐私风险评估的制度要求

由于目前很多公私合作的形式与L市案例和C市案例类似。私营部门参与政府信息化平台的建设、运营维护及数据的开发利用，涉及政府信息资源管理的整个生命周期。而现有政策规范、合规性审查、设立标准等都以事后而非事前应对为主，且囿于制度规范的可操作性程度不高，需要加强事前控制——隐私风险评估(Privacy Impact Assessment,PIA)。

1. 隐私影响评估的发展历程、概念界定与价值分析

(1)历程

隐私影响评估受启发于20世纪60、70年代的技术评估、环境影响评估而出现。因其能够有效识别政府信息管理项目中的隐私风险因素、评估隐私风险的影响以及制定相应的隐私风险应对方案，已经成为政府保护公民隐私的重要工具，在西方发达国家隐私管理实践中有着二十多年的应用与发展历程。但在我国这一政策工具迄今尚未得到有效应用。①

① 陈朝兵、郝文强:《作为政府工具的隐私影响评估:缘起、价值、实施与启示》,《中国行政管理》2020年第2期。

1999年,新西兰隐私保护委员会发布《信息匹配隐私影响评估指南》,标志着隐私影响评估工具在政府管理领域正式应用。美国针对隐私风险评估的做法始于2002年美国的《电子政务法案(The E-Government Act of 2002)》[①]在第208条隐私条款(Privacy Provisions)下规定:政府部门在采购或者开发对可识别性信息进行收集、保管、传播的信息系统之前,必须由首席信息官或同等级别的官员组织对政府信息系统和采集的可识别性数据进行隐私风险评估。2003—2008年,以美国、英国、加拿大、澳大利亚为代表的国家出台了一系列隐私影响评估政策文件。例如美国的《隐私影响评估:隐私办公室官方指南》、新西兰的《隐私影响评估手册》等,而且一些国家针对金融服务、无线射频识别技术等出台专门的隐私影响评估标准。2012年,欧盟委员会出台《通用数据保护条例》(General Data Protection Regulation,GDPR),专门针对数据保护引入隐私影响评估的概念,在第35条提出"数据保护影响评估制度(Data Protection Impact Assessment,DPIA)",规定了数据保护执行影响评估的法律义务及其最低要求,进一步推动隐私影响评估的法制化进程。

(2)概念界定

目前,学者和实践界都对隐私影响评估进行了概念界定。D.莱特(David Wright)将隐私影响评估定义为一种方法,是"用于评估项目、政策、计划、服务、产品或其他举措对隐私构成的风险,并设计解决方案来避免或减少风险"[②]。新西兰的《隐私评估手册》指出"隐私影响评估(PIA)是根据项目提案对隐私的影响评估项目提案的系统过程"[③]。随着数据保护影响评估实践的

① H.R. 2458-E-Government Act of 2002, December 17, 2002, https://www.congress.gov/bill/107th-congress/house-bill/2458.

② David Wright, "The State of the Art in Privacy Impact Assessment", *Computer Law & Security Review*, Vol.28, No.1(February 2012), pp.54-61.

③ "Privacy Impact Assessment Handbook", June 2007, https://www.privacy.org.nz/assets/New-order/Resources-/Publications/Guidance-resources/Privacy-Impact-Assessment-Handbook-June2007.pdf.

开展,相关的研究日渐增多。罗尔夫·H. 韦伯(Rolf H.Weber)指出“数据保护影响评估(DPIA)(部分也称为隐私影响评估)是一种评估个人数据处理组织活动涉及的隐私风险的方法或过程”①。欧盟《通用数据保护条例》第 35 条第 1 款指出“DPIA 是指在运用新技术处理数据的过程中,考虑数据处理的性质、范围、背景和目的,可能会对自然人的权利和自由造成高风险,数据控制者应在数据处理之前,评估设想的处理操作会对个人数据保护产生的影响”②。

(3)价值分析

总体而言,无论隐私影响评估还是数据保护影响评估都是一个系统而全面的过程,能够有效提升个人数据保护的效率与效果。

从数据处理组织机构层面看,通过识别隐私风险、预见问题并提出相应的风险应对方案,能够帮助机构:①确定项目提案可能对个人隐私产生的潜在影响;②检查如何克服对隐私的任何不利影响;③确保新项目符合信息隐私原则③,从而大大提高项目的合规性、项目决策的科学性,降低项目的风险成本。

从个人信息保护管理模式看,隐私影响评估基于“风险分析”“影响评估”和“全生命周期管理”等理念,强化了数据控制者主体责任,推动个人信息保护由传统事后监管模式转向以风险管理为路径的新型保护模式,由自上而下的政府监管模式转变为自内而外的自我执行模式。④

从数据保护与利用的有效平衡来看,隐私影响评估强调基于对数据处理行为的目的、性质、范围以及对自然人的权利和自由带来损害的可能性与严重性,构建不同的风险治理规则,不仅有助于保障数据主体的权利和自

① Rolf H.Weber,“Privacy Management Practices in the Proposed EU Regulation”,*International Data Privacy Law*,2014,Vol.4,No.4(September 2014),pp.290-297.

② “Art.35 GDPR-Data Protection Impact Assessment”,https://gdpr-info.eu/art-35-gdpr/.

③ Roger Clarke,“Privacy Impact Assessment:Its Origins and Development”,*Computer Law & Security Review*,Vol.5,No.2(March 2009),pp.123-135.

④ 崔聪聪、许智鑫:《数据保护影响评估制度:欧盟立法与中国方案》,《图书情报作》2020年第 5 期。

由，同样能够帮助组织合规进行数据处理活动，降低数据处理行为带来的风险和危害。①

2. 完善我国政府信息资源开发隐私影响评估的路径

（1）将隐私影响评估纳入强制性制度要求

目前，我国的《网络安全法》仅仅是鼓励各单位开展风险评估。我们需要像美国《电子政务法案》“隐私条款（Privacy Provisions）”下的规定一样，将政府信息资源开发隐私影响评估设置为强制性义务，强化数据控制者的责任，增强其在数据处理中的责任意识和保护机制。

首先，以制度明确要求数据控制者建立隐私影响评估工作机制，即在项目开始之前，组织由公私合作双方、IT专家、隐私保护领域的专家等组成的评估小组，对政府信息资源收集、存储、加工处理、利用整个生命周期进行全阶段风险评估。

其次，将隐私风险评估纳入政府主管部门领导的职责范围，要求其督促制定本部门实施隐私影响评估的政策和指南；监督隐私影响评估的实施；要求下属部门对现有信息系统或者以可识别形式收集信息的活动实施隐私影响评估。

最后，建立隐私影响评估报告公示制度，仿效美国，要求将隐私影响评估报告在政府部门的网站、微信、APP等媒介上进行公示，征求公众意见，在满足公众隐私保护诉求与期望的同时，强化隐私影响评估的外部监督力量。

（2）出台隐私影响评估指南规范具体操作

目前我国的《信息安全技术个人信息安全规范》（GB/T 35273-2020）规定了开展收集、存储、使用、共享、转让、公开披露、删除等个人信息处理活动应遵循的原则和安全要求，但是该标准对于个人信息安全影响评估的内容、流程

---

① 崔聪聪、许智鑫：《数据保护影响评估制度：欧盟立法与中国方案》，《图书情报工作》2020年第5期。

等的规定都存在不够完善与明晰之处。[①] 国外隐私影响评估的有效运行，在于各个国家均出台了专门针对隐私风险评估的手册或指南，例如美国、英国、新西兰、法国、澳大利亚等。我们需要全球视野、立足实际制定我国的隐私影响评估指南，明确隐私风险评估的适用情形、评估内容、评估流程等。

首先，明确个人隐私影响评估的适用情形。

并非所有的个人数据处理行为都需要进行隐私影响评估，隐私影响评估制度建立的首要问题是明确哪些数据处理行为需要进行隐私影响评估。国外主要从两方面规定了个人隐私影响评估的适用范围：一是从适用的活动对象进行界定，即指出凡是涉及个人隐私安全的任一程序（Procedure）、系统（System）、技术（Technology）与规则制定（Rule-making）都适用隐私影响评估[②]；二是从适用的活动范围进行类型，加拿大、新西兰、澳大利亚等都规定只要项目实施涉及个人信息的使用并有可能存在隐私侵害风险，均应实施隐私影响评估，也即数据处理的目的、范围、性质会对数据主体的相关权利和自由造成高风险就需要数据控制者实施该项工作。欧盟的《通用》（GDPR）第 35 条第 1 款将运用新兴科学技术作为“高风险”的一般情形，在第 35 条第 3 款列出了三类尤其需要进行数据保护影响评估的情形，一是基于自动处理的对自然人个人信息进行系统、广泛的评估，例如画像，尤其是基于该评估会对自然人产生法律效力或类似巨大影响；二是大规模处理某些特殊类别（例如医疗记录）或与刑事犯罪和违法行为有关的数据；第三，对公共区域的大规模系统监控数据。

建议我国采取原则性规则以及清单制的方式，即原则上规定只要对个人数据的处理行为有可能带来隐私侵害风险，均应实施隐私影响评估，此

---

① 肖冬梅、谭礼格：《欧盟数据保护影响评估制度及其启示》，《中国图书馆学报》2018 年第 5 期。

② 陈朝兵、郝文强：《作为政府工具的隐私影响评估：缘起、价值、实施与启示》，《中国行政管理》2020 年第 2 期。

外，通过制定清单列明重点评估情形以及不必要进行数据保护影响评估的情形。

其次，细化个人隐私风险评估的制度内容。

隐私影响评估的系统全面一方面是通过对隐私影响评估的内容体现出来的。美国《电子政务法案(The E-Government Act of 2002)》第 208 条隐私条款(Privacy Provisions)规定风险评估的内容涉及：收集哪些信息？为什么收集？信息的利用目的？信息将与谁共享？给个人提供哪种形式的隐私告知或者同意的机会？信息如何做到安全？是否与美国隐私法案的相关规定保持一致？欧盟的 GDPR 要求数据保护影响评估应至少包括：①对设想的数据处理操作和处理目的的系统描述，以及数据控制者追求的合法利益；②评估与目的相关的数据处理操作的必要性和相称性；③评估对数据主体的权利和自由的风险影响；④应对风险而设想的措施，包括数据保障和数据安全的措施和机制，以确保保护个人数据并在考虑到数据主体和其他相关人员的权利和合法利益的情况下证明遵守本条例。

因此，为了更规范地实施隐私影响评估，我国可以借鉴 GDPR 的做法，构建一个综合的、可操作的隐私风险评估内容框架，要求数据控制者必须做到：描述设想的数据处理操作和目的、基于隐私保护原则评估必要性与相称性、预期的风险、预期的风险防范措施、相关的监督审查机制等，在逻辑上为数据处理组织机构提供隐私保护最低限度要求的模板。

最后，精心设计隐私影响评估的流程。

精细化的流程设计是规范和保障隐私风险评估执行的重要工具。美国、英国、新西兰等国家都建立了本国的 PIA 流程规范。借鉴比克(Felix Bieker)等学者对欧盟 GDPR 中的 DPIA 流程的详细分析①，我国政府信息资源开发隐

① Felix Bieker et al.,"A Process for Data Protection Impact Assessment Under the European General Data Protection Regulation", in *Privacy Technologies and Policy*, K. Rannenberg, D. Ikonomou (eds.), Fourth Annual Privacy Forum, Springer International Publishing, 2016.

私影响评估流程可以围绕准备阶段、评估阶段、报告及保障措施阶段等进行设计(见图 7-3)。

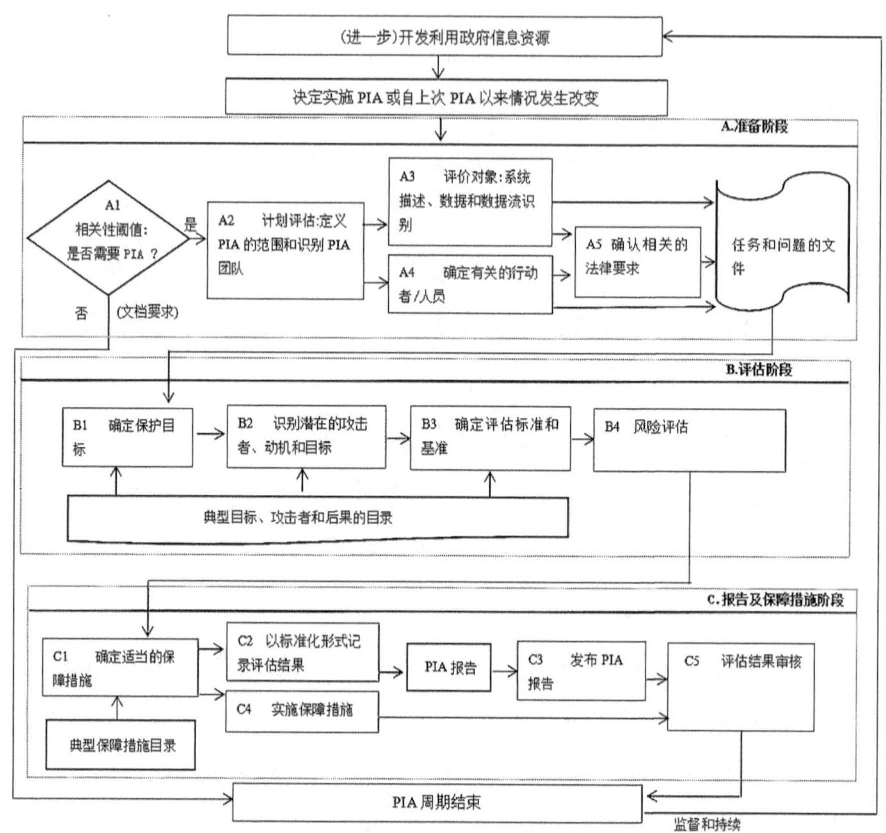

图 7-3 我国政府信息资源开发隐私影响评估流程设计框架图

准备阶段:政府信息资源控制者需要判断是否需要开展 PIA,如果需要,就需要确认 PIA 实施的范围,明确评价对象,确定评估执行人员,确认相关的法律要求,生成包括评估目标与任务的文档。

评估阶段:依据保护目标,识别潜在风险,依据本国隐私保护的相关原则并基于保护与利用有效平衡的理念确立评估基准,实施对风险的评估。

报告及保障措施阶段:针对识别出的隐私风险确定科学合理的风险保障

措施,以规范标准的格式记录评估结果,生成并发布隐私影响评估报告;实施保障措施;对评估结果进行审核。

这些阶段的工作是动态循环的,确保能够及时跟踪、全面识别、有效应对风险的变化以及新出现的风险。

结　语

政府信息资源作为生产要素、无形资产和社会财富，更是重要的现代战略资源，提高政府信息资源开发利用水平是促进经济增长方式转变，增强我国综合国力和国际竞争力，实现经济社会全面、协调、可持续发展的必然选择。推进信息资源开发利用工作，从根本上、长远上讲是要解决机制中存在的某些问题，这样才能长效发展。

经过前文的分析，我们知道政府信息资源具有内容构成的多元性和物品属性的边界模糊性，从而为多元开发机制的构建提供了理论基础。从根本上说，政府开发提供政府信息资源的责任是与生俱来的。抛开政府存在的意义不谈，仅就其本身来分析，政府的比较优势也决定了它必须肩负开发的主要责任，但政府开发并不等同于政府自己进行。在政府加大信息公开、数据开放力度便于市场和社会力量进行增值开发与供给的同时，也可利用市场力量实行政府开发职能的市场化运作，以合同外包、特许经营以及私有化等方式，交由私营部门来完成，借助市场机制的高效和创新优势节约政府成本、改进政府开发质量和提高政府开发效率。

本研究开展的过程见证了政府信息资源开发公私合作从零星实践到日渐广泛开展，形成了多种多样的合作形式。但是，我们也看到现有公私合作的形式多为政府采购或政府购买形式，多为一次性交易，并未形成一个有序竞争、优势互补的长效合作开发体系。无论在项目的生成阶段、运行阶段还是公私合作的运作环境方面都存在很多困境，需要从政策、组织、运行规范等多方面予以明晰的引导和保障。

随着国家和地方对大数据产业发展的重视、我国 PPP（政府和社会资本合作）模式的广泛推行与相关政策体系不断完善，我们有理由相信政府作为数据资源的主要拥有者，作为大数据协同创新价值链的关键主体，将会更多的和私营部门等其他价值链主体建立深度合作关系，打造多元主体优势互补、协同发展的政府信息资源开发格局。

本研究囿于实践案例较少而且可获得性不高等因素，以及研究团队知识结构等问题，存在很多的不足，例如研究深度有限，未能有效利用委托代理理论、交易成本理论等深入分析合作中政府与合作企业作为委托人和代理人之间的博弈问题等。但是鉴于目前对于政府信息资源开发公私合作的研究较少，现有研究多集中于对政府信息资源开发的市场化运作模式（例如合同外包、特许经营、补助、用者付费等）进行一般性描述，对合作的具体运作过程缺少详细分析。本研究基于问卷调查、访谈、案例分析等搜集了大量一手数据，能够较为真实地反映公私合作的合作动机、合作内容、合作方式、合作效果以及合作困境，因此，研究的预期目的基本实现。

本研究会继续跟踪并搜集更多相关的案例，以期形成更为共性和有规律性的研究结论。今后将主要围绕两方面开展研究：一是进行量化研究，将合作中的影响因素、合作效果等形成明确的可测量性指标，从而深入了解什么因素发挥作用、作用的程度大小等；二是立足于合作企业角度展开研究，引入交易成本理论、委托代理理论等，深入分析影响企业合作意愿、造成企业逆向选择及道德风险等问题的因素。

参考文献

图书文献

邓集文:《当代中国政府公共信息服务研究》,中国政法大学出版社 2011 年版。

冯惠玲等:《中国信息资源产业发展与政策》,中国人民大学出版社 2017 年版。

胡鞍钢:《影响决策的国情报告》,清华大学出版社 2002 年版。

黄达强、刘怡昌:《行政学》,中国人民大学出版社 1988 年版。

黄少安:《产权经济学》,经济科学出版社 2004 年版。

郭静静:《我国信息资源产业组织政策研究》,上海世界图书出版公司 2016 年版。

焦宝文:《政府 CIO 战略管理与技术实施》,清华大学出版社 2005 年版。

句华:《公共服务中的市场机制——理论、方式与技术》,北京大学出版社 2006 年版。

李道亮:《中国农村信息化发展报告(2017)》,电子工业出版社 2017 年版。

李刚:《市场信息学》,武汉大学出版社 1996 年版。

连玉明:《中国大数据发展报告(2018)》,社会科学文献出版社 2018 年版。

马费成:《信息资源开发与管理》,电子工业出版社 2004 年版。

宋世明:《美国行政改革研究》,国家行政学院出版社 1999 年版。

世界银行:《1994 年发展报告:为发展提供基础设施》,中国财政经济出版社 1994 年版。

世界银行:《1997 年世界发展报告》,中国财政经济出版社 1997 年版。

陶传进:《社会公益供给——NPO、公共部门与市场》,清华大学出版社 2005 年版。

乌家培:《信息资源与信息经济学》,东北财经大学出版社 1986 年版。

吴宗璠、谢清佳:《资讯管理理论与实务》,(台北)智胜文化事业有限公司 2000 年版。

徐引篪、霍国庆:《现代图书馆学理论》,北京图书馆出版社 1999 年版。

杨德才:《新制度经济学》,南京大学出版社 2007 年版。

朱会冲、张燎:《基础设施项目投融资理论与实务》,复旦大学出版社 2002 年版。

[美]E.S.萨瓦斯:《民营化与公私部门的伙伴关系》,周志忍等译,中国人民大学出版社 2002 年版。

[美]菲利普·库珀:《合同制治理——公共管理者面临的挑战与机遇》,竺乾威等译,复旦大学出版社 2007 年版。

[美]G.戴维·加森等:《公共部门信息技术:政策与管理》,刘五一译,清华大学出版社 2005 年版。

[美]詹姆斯·M.布坎南:《公共物品的需求与供给》,马珺译,上海人民出版社 2009 年版。

[美]约瑟夫·斯蒂格里兹:《政府经济学》,曾强等译,春秋出版社 1988 年版。

[美]罗纳德·哈里·科斯:《论生产的制度结构》,盛洪等校译,上海三联书店 1994 年版。

[英]F.A.哈耶克:《个人主义与经济秩序》,贾湛等译,北京经济学院出版社 1989 年版。

George Aichholzer, H. Burkert, *Public Sector Information in the Digital Age: Between Markets, Public Management and Citizens' Rights*, Northampton: Edward Elgar Publishing, Inc, 2004.

I.R.Macneil, *The new social contract: An inquiry into modern contractual relations*, New Haven: Yale University Press, 1980.

期刊文章

敖慧、朱玉洁:《农村基础设施 PPP 项目风险分担的博弈研究》,《华中农业大学学报(社会科学版)》2021 年第 2 期。

白献阳、安小米:《国外政府信息资源再利用许可使用模式研究》,《情报资料工作》2013 年第 1 期。

白献阳、安小米:《政府交通出行信息产权界定分析》,《图书馆学研究》2013 年第 3 期。

才世杰、夏义堃:《发达国家开放政府数据战略的比较分析》,《电子政务》2015 年第 7 期。

陈灿:《当前国外关系契约研究浅析》,《外国经济与管理》2004 年第 12 期。

陈朝兵、郝文强:《作为政府工具的隐私影响评估:缘起、价值、实施与启示》,《中国行政管理》2020 年第 2 期。

陈传夫、冉从敬:《欧美政府信息增值开发制度及其对我国的启示》,《情报资料工作》2008 年第 4 期。

陈菡:《中国情境下的 PPP 项目治理机制——正式契约与关系契约整合视角》,《开发研究》2016 年第 2 期。

陈怀平、金栋昌:《基于大数据时代的公共信息服务政企合作路径分析》,

《图书馆工作与研究》2014 年第 8 期。

陈兰杰、和婧、刘建平:《政府信息商业化开发保障机制研究》,《图书馆》2014 年第 2 期。

陈秋月、黄威、王守清:《基于案例的我国 2014—2020 年 PPP 项目失败原因分析》,《建筑经济》2021 年第 3 期。

陈婉玲:《公私合作制的源流、价值与政府责任》,《上海财经大学学报》2014 年第 5 期。

陈晓:《基于案例分析的 PPP 不成功项目失败历程及启示》,《建筑经济》2017 年第 5 期。

陈秀珍:《政府信息资源管理与开发》,《学会》2002 年第 4 期。

陈雅芝:《政府信息资源商业化开发的驱动力与制约因素剖析》,《情报资料工作》2010 年第 1 期。

陈振明:《当代西方政府改革与治理中常用的市场化工具》,《福建行政学院福建经济管理干部学院学报》2005 年第 2 期。

陈梓铭、翟相娟:《利益衡量视角下个人信息保护与利用的立法完善》,《沈阳大学学报(社会科学版)》2020 年第 6 期。

程曼丽:《政府传播机理初探》,《北京大学学报(哲学社会科学版)》2004 年第 2 期。

程真:《中国政府出版物与政府信息传播》,《国家图书馆学刊》2001 年第 4 期。

丁波涛:《推进我国政府信息资源商业化开发的对策研究》,《情报资料工作》2010 年第 6 期。

董宝青:《信息资源开发利用的公共政策设计》,《中国教育网络》2005 年第 4 期。

董杨:《逆向合同外包:反思中国事业单位改革的新视角》,《行政论坛》2017 年第 1 期。

杜亚灵、尹贻林:《基于典型案例归类的PPP项目盈利模式创新与发展研究》,《工程管理学报》2015年第5期。

樊自甫、樊可欣:《基于微分博弈的政企合作数据开放策略研究》,《重庆邮电大学学报(社会科学版)》2021年第6期

范佳佳:《中国政府数据开放许可协议(CLOD)研究》,《中国行政管理》2019年第1期。

丰景春等:《关系治理与契约治理导向匹配状态的量化研究——以公私合作模式下A地铁项目为例》,《运筹与管理》2019年第1期。

高红等:《我国公共图书馆政府信息服务的现状与国际经验借鉴》,《图书情报工作》2008年第7期。

龚强、张一林、雷丽衡:《政府与社会资本合作(PPP):不完全合约视角下的公共品负担理论》,《经济研究》2019年第4期。

顾丽梅:《中国信息化趋势报告(十八) 政府治理的社会化与信息社会公共行政理念的重塑》,《中国信息界》2004年第13期。

国务院发展研究中心课题组:《中国信息化国研报告(一) 信用体系建设与政府信息公开立法基本框架》,《中国信息界》2005年第12期。

国务院信息化工作办公室"政府信息资源开发利用政策研究课题组":《中国信息化趋势报告(五)——加强我国政府信息资源开发利用的若干问题》,《中国信息界》2003年第14期。

何雨佳、石磊:《基于关键成功要素的PPP项目政府角色定位研究》,《项目管理技术》2018年第1期。

胡小明:《电子政务信息资源共享的经济学研究(之五)——政府信息资源的市场化服务》,《中国信息界》2004年第21期。

黄春蕾等:《环境监测领域政府与社会资本合作模式与改革路径——基于山东省的实践》,《华东经济管理》2017年第5期。

黄如花、陈闯:《美国政府数据开放共享的合作模式》,《图书情报工作》

2016年第19期。

黄如花、李楠:《美国开放政府数据中的个人隐私保护研究》,《图书馆》2017年第6期。

黄源协:《从“强制性竞标”到“最佳价值”——英国地方政府公共服务绩效管理之变革》,《公共行政学报(台湾)》2005年第15期。

贾康、孙洁:《公私伙伴关系(PPP)的概念、起源、特征与功能》,《财政研究》2009年第10期。

贾一苇、刘鹭鸶:《英国完善数据开放提升政府服务质量经验借鉴》,《电子政务》2015年第12期。

姜熙:《从“强制性竞标”到“最佳价值”——英国政府公共体育服务政策发展、改革与启示》,《天津体育学院学报》2014年第6期。

柯永建、王守清、陈炳泉:《基础设施PPP项目的风险分担》,《建筑经济》2008年第4期。

赖茂生等:《我国政府信息资源开发利用模式创新研究》,《图书情报工作》2014年第6期。

赖茂生等:《信息资源开发利用基本理论研究》,《情报理论与实践》2004年第3期。

李洪佳:《基于关系嵌入的PPP项目合作机制研究》,《广东行政学院学报》2018年第5期。

李军鹏:《建立基于物有所值原则的公私合作风险共担机制》,《国家行政学院学报》2016年第1期。

李明超:《PPP中政府多重角色冲突及其化解的法律机制研究——以公用事业特许经营为例》,《福建行政学院学报》2016年第6期。

李平:《开放政府视野下的政府数据开放机制及策略研究》,《电子政务》2016年第1期。

李晓光等:《关系治理对PPP项目控制权影响的实证研究》,《北京理工大学学报(社会科学版)》2018 年第 3 期。

李绪蓉、徐焕良:《政府信息资源开发利用体系初探》,《电子政务》2005 年第 Z4 期。

李友生:《美国政府信息引导对我们的启示》,《中国农业教育》1999 年第 4 期。

李月、侯卫真:《政府大数据应用的多元主体协同策略研究——纽约市案例分析》,《图书情报工作》2017 年第 10 期。

李振良:《行政信息不对称的原因分析——对行政公开制度功能的一种考察》,《行政论坛》2004 年第 5 期。

廖金翠、郭玖玉:《我国信息服务业现状及其发展思路》,《图书馆》2004 年第 4 期。

廖瑾、汪礼俊:《全球信息基础设施投资热的背后》,《上海信息化》2009 年第 9 期。

刘焕成:《我国政府信息资源管理的演进》,《图书情报知识》2003 年第 4 期。

刘谊、刘星:《我国政府信息透明度的思考》,《中国软科学》2004 年第 9 期。

马费成、龙鹜:《信息经济学(五) 第五讲 信息商品和服务的公共物品理论》,《情报理论与实践》2002 年第 5 期。

穆勇等:《新技术环境下政务数据资源开发利用的研究》,《电子政务》2019 年第 5 期。

亓霞、柯永建、王守清:《基于案例的中国 PPP 项目的主要风险因素分析》,《中国软科学》2009 年第 5 期。

钱明辉等:《中国信息资源产业结构优化的政策取向:来自数字出版行业的分析》,《中国人口·资源与环境》2017 年第 12 期。

石贤平:《PPP 模式中政府交易角色与监管角色冲突的法律平衡》,《商业研究》2015 年第 12 期。

孙树杰等:《PPP 项目关系管理的关键成功因素》,《工程管理学报》2018 年第 1 期。

孙宇等:《中国政务信息资源开发利用政策的演进特征及价值嬗变》,《情报杂志》2018 年第 7 期。

谭必勇:《政府信息资源再利用问题初探》,《档案学研究》2007 年第 4 期。

田大治:《英国政府信息资源再利用政策分析——以著作权管理为视角》,《图书馆建设》2012 年第 7 期。

汪燕:《以契约精神构建 PPP 伙伴关系》,《浙江经济》2015 年第 13 期。

王安耕:《如何更好地开发利用政府信息资源》,《电子商务》2005 年第 7 期。

王东:《PPP 主体关系中的政府:角色定位与行为机制框架》,《中国政府采购》2015 年第 3 期。

王法硕、王翔:《我国政府数据开放利用的影响因素与实现路径——一项基于扎根理论的质性研究》,《情报杂志》2016 年第 7 期。

王芳:《政府信息资源的经济学特征及其产权界定》,《图书情报工作》2005 年第 5 期。

王芳等:《跨部门政府数据共享:一个五力模型的构建》,《信息资源管理学报》2018 年第 1 期。

王灏:《PPP 的定义和分类研究》,《都市快轨交通》2004 年第 5 期。

王璟璇:《欧美政府信息资源开发利用政策法规研究》,《情报科学》2011 年第 1 期。

王名、贾西津:《中国 NGO 的发展分析》,《管理世界》2002 年第 8 期。

王守清、刘婷:《PPP 项目监管:国内外经验和政策建议》,《地方财政研究》2014 年第 9 期。

王翔等:《我国公共数据开放的促进与阻碍因素——基于交通运输部“出行云”平台的案例研究》,《电子政务》2018 年第 9 期。

王雁红:《公共服务合同外包的内在冲突与现实挑战》,《经济社会体制比较》2015 年第 4 期。

王则柯等:《瓦里安谈信息市场和信息管理》,《国际经济评论》2001 年第 2 期。

翁列恩、李幼芸:《政务大数据的开放与共享:条件、障碍与基本准则研究》,《经济社会体制比较》2016 年第 2 期。

吴剑辉:《物品属性及其制度涵义》,《商业经济》2005 年第 6 期。

吴英慧:《美国大数据协同创新及启示》,《情报杂志》2019 年第 4 期。

夏义堃:《公共信息资源属性、分类及管理结构分析》,《图书情报工作》2007 年第 5 期。

夏义堃:《开放数据开发利用的产业特征与价值链分析》,《电子政务》2016 年第 10 期。

夏义堃:《企业开放数据再利用的困境与对策分析》,《电子政务》2018 年第 8 期。

谢阳群:《美国联邦政府的信息资源管理》,《国外社会科学》2001 年第 5 期。

徐步陆:《从美国〈文书削减法〉和 A-130 通报看我国政府信息资源管理》,《现代信息技术》2003 年第 8 期。

许焱等:《综合交通信息平台的政府行为型发展模式研究》,《交通运输系统工程与信息》2007 年第 5 期。

杨学敏、刘特、郑跃平:《数字治理领域公私合作研究述评:实践、议题与展望》,《公共管理与政策评论》2020 年第 9 期。

姚军:《英国公共服务合同外包:历史背景及政策发展》,《科技管理研究》2014 年第 14 期。

苑贺辉、石磊:《PPP 项目竞争性磋商采购效率分析》,《工程管理学报》2019 年第 2 期。

岳军:《公共产品供给制度分析》,《山东财政学院学报》2003 年第 3 期。

张敬伟、马东俊:《扎根理论研究法与管理学研究》,《现代管理科学》2009 年第 2 期。

张丽梅等:《公共图书馆政府信息服务的现状及对策分析》,《图书与情报》2012 年第 4 期。

张琦:《布坎南与公共物品研究新范式》,《经济学动态》2014 年第 4 期。

张琦:《公共物品理论的分歧与融合》,《经济学动态》2015 年第 11 期。

张勇进、章美林:《政务信息系统整合共享:历程、经验与方向》,《中国行政管理》2018 年第 3 期。

赵生辉:《城市公共信息亭“信息生态系统”的失衡与治理》,《现代情报》2011 年第 2 期。

郑春勇、朱永莉:《论政企合作型技术治理及其在重大疫情防控中的应用——基于中国实践的一个框架性研究》,《经济社会体制比较》2021 年第 2 期。

郑磊、高丰:《中国开放政府数据平台研究:框架、现状与建议》,《电子政务》2015 年第 7 期。

郑磊、熊久阳:《中国地方政府开放数据研究:技术与法律特性》,《公共行政评论》2017 年第 1 期。

郑磊:《开放政府数据研究:概念辨析、关键因素及其互动关系》,《中国行政管理》2015 年第 11 期。

中国行政管理学会课题组:《我国社会中介组织发展研究报告》,《中国行政管理》2005 年第 5 期。

周毅:《政府信息资源公益性开发服务的政策问题研究》,《中国图书馆学报》2007 年第 4 期。

周志忍:《英国公共服务中的竞争机制》,《中国行政管理》1999 年第 5 期。

朱晓峰、王忠军:《政府信息资源基本理论研究》,《情报理论与实践》2005 年第 1 期。

朱正萱、祝松林:《提供公共信息服务:政府的主要职能》,《江苏商论》2002 年第 3 期。

A.Midwinter, N.McGarvey, "Developing Best Value in Scotland: Concepts and Contradictions", *Local Government Studies*, Vol. 25, No. 2 (March 1999), pp. 87-101.

Angela Ballantyne, " Cameron Stewart, Big Data and Public-Private Partnerships in Healthcare and Research: The Application of an Ethics Framework for Big Data in Health and Research", *Asian Bioethics Review*, Vol.11, No.3 (September 2019), pp.315-326.

B.Swar et al., "Determinants of Relationship Quality for IS/IT Outsourcing Success in Public Sector", *Information Systems Frontiers*, Vol. 14, No. 2 (April 2012), pp.457-475.

Bon-Gang Hwang et al., "Public Private Partnership Projects in Singapore: Factors, Critical Risks and Preferred Risk Allocation from the Perspective of Contractors", *International Journal of Project Management*, Vol. 31, No. 3 (August 2013), pp.424-433.

Boriana Rukanova et al., "A Framework for Voluntary Business-Government Information Sharing", *Government Information Quarterly*, Vol. 37, No. 4 (October 2020), pp.101-501.

C. Qi, P. Y. Chau, "Relationship or Contract? Exploring the Key Factor Leading to IT Outsourcing Success in China", *Information Technology and People*, Vol.28, No.3 (August 2015), pp.466-499.

D.W.M.Chan et al.,"An Empirical Survey of the Benefits of Implementing Pay for Safety Scheme(PFSS) in the Hong Kong Construction Industry",*Journal of Safety Research*,Vol.41,No.5(October 2010),pp.433-443.

Debadutta Kumar Panda,"Public private partnerships and value creation:the role of relationship dynamics",*International Journal of Organizational Analysis*,Vol.24,No.1(March 2016),pp.162-183.

Duc A.Nguyen et al.,"Risk Allocation in U.S.Public-Private Partnership Highway Project Contracts",*Journal of Construction Engineering and Management*,Vol.144,No.5(May 2018),pp.1-13.

Esther Cheung,Albert P.C.Chan,"Risk Factors of Public-Private Partnership Projects in China:Comparison between the Water,Power,and Transportation Sectors",*Journal of Urban Planning and Development*,Vol.137,No.4(April 2011),pp.409-415.

Esther Cheung et al.,"A Comparative Study of Critical Success Factors for Public Private Partnerships(PPP) Between Mainland China and the Hong Kong Special Administrative Region",*Facilities*,Vol.30,No.13/14(October 2012),pp.647-666.

Grace M.Begany,Erika G.Martin,"Moving Towards Open Government Data 2.0 in U.S. Health Agencies: Engaging Data Users and Promoting Use",*Information Polity*,Vol.25,No.3(June 2020),pp.301-322.

H.H.Perritt,"Commercialization of Government Information:Comparisons Between the European Union and the United States",*Internet Research*,Vol.4,No.2(June 1994),pp.7-23.

Harold C.Relyea,"Federal Government Information Policy and Public Policy Analysis:A Brief Overview",*Library & Information Science Research*,Vol.30,No.1(March 2008),pp.2-21.

J.N.Lee,Y.G.Kim,"Effect of Partnership Quality on IS Outsourcing Success: Conceptual Framework and Empirical Validation",*Journal of Management Information Systems*,Vol.15,No.4(March 1999),pp.29-61.

J.Moon et al.,"Innovation in IT Outsourcing Relationships:Where is the Best Practice of IT Outsourcing in the Public Sector?",*Innovation:Management Policy & Practice*,Vol.12,No.2(May 2010),pp.217-226.

J.N. Lee,"The impact of knowledge sharing, organizational capability and partnership quality on IS outsourcing success",*Information and Management*,Vol. 38,No.5(April 2001),pp.323-335.

James A.Jacobs et al.,"Government Information in the Digital Age:The Once and Future Federal Depository Library Program", *Journal of Academic Librarianship*,Vol.31,No.3(May 2005),pp.198-208.

James Love,"Pricing Government Information",*Journal of Government Information*,Vol.22,No.2(September-October 1995),pp.363-387.

Jean-Etienne de Bettignies, Thomas W. Ross, "The Economics of Public Priviate Partnerships", *Canadian Public Policy-Analyse*, Vol. 30, No. 2 (June 2004),pp.135-154.

Johan Pas,De Vuyst,"Re-establishing the Balance between the Public and the Private Sector:Regulating Public Sector Information Commercialization in Europe", *The Journal of Information, Law and Technology*, Vol. 24, No. 2 (April 2004),pp.16-20.

Jui-Sheng Chou,Dinar Pramudawardhani,"Cross-Country Comparisons of Key Drivers,Critical Success Factors and Risk Allocation for Public-Private Partnership Projects",*International Journal of Project Management*,Vol.33,No.5(November 2015),pp.1136-1150.

June-Hwan Koh,Kim Moon-Gie,"The Efficient Public Private Partnerships for the Geospatial Data", *Spatial Information Research*, Vol.20, No.2 (April 2012), pp.71-79.

Katleen Janssen, "The Influence of the PSI Directive on Open Government Data: An Overview of Recent Developments", *Government Information Quarterly*, Vol.19, No.4 (October 2011), pp.446-456.

L.Poppo, T.Zenger, "Do Formal Contacts and Relational Governance Function as Substitutes or Complements?", *Strategic Management Journal*, Vol. 23, No. 8 (May 2002), pp.707-725.

M.S.Lane, W.H.Lum, "Examining Client Perceptions of Partnership Quality and the Relationships Between Its Dimensions in an IT Outsourcing Relationship", *Australasian Journal of Information Systems*, Vol. 17, No. 1 (January 2011), pp. 47-76.

M.Hoezen et al., "Contracting Dynamics in the Competitive Dialogue Procedure", *Built Environment Project & Asset Management*, Vol.2, No.1 (July 2012), pp.6-24.

Mark Fitzgerald, "Should Government Information be Privatized?", *Editor & Publisher*, Vol.128, No.45 (September 1995), pp.30.

Min Ho Kim, Bo-ok Lee, "Recent Trends of the Amendment of the Public Sector Information Directive in EU and Its Implications to the Republic of Korea", *Sung Kyun Kwan Law Review*, Vol.32, No.1 (March 2020), pp.1-30.

Peter N.Weiss, Peter Backlund, "International Information Policy in Conflict: Open and Unrestricted Access Versus Government Commercialization", The Computer Law and Security Report, Vol. 12, No. 6 (November-December 1996), pp. 382-389.

Robert M. Morgan, Shelby D. Hunt, "The Commitment-Trust Theory of Relationship Marketing", *Journal of Marketing*, Vol.58, No.3 (July 1994), pp.20-38.

S. H. Linder, "Coming to Terms With the Public-Private Partnership", *American Behavioral Scientist*, Vol.43, No.1 (March 1999), pp.35–51.

Saeed Asadi Bagloee, Mohammad Kermanshah, Claire Bozic, "Assessment of Public-Private Partnership in Traveler Information Provision Case Study of a Developing Country", *Journal of the Transportation Research Board*, Vol. 2394, No. 1 (January 2013), pp.19–29.

Shih-Kung Lai, "Creating Public-Private Partnership of a Real Estate Database through Web Geographic Information Systems", *Journal of Urban Management*, Vol.10, No.4 (December 2021), pp.311–313.

Stephen Saxby, "Public Sector Information-To Sell or Not to Sell?", *Computer Law & Security Review*, Vol.24, No.3 (March 2008), pp.187–188.

Susan McMullen, "US Government Information: Selected Current Issues in Public Access vs. Private Competition", *Journal of Government Information*, Vol. 27, No.5 (September-October 2000), pp.581–593.

T.Bovaird, A.Halachmi, "Learning from International Approaches to Best Value", *Policy & Politic*, Vol.29, No.4 (September 2001), pp.451–463.

D.T.Wilson, S.Jan Sud IA, "Understanding the Value of Relationship", *Asia-Australia Marketing Journal*, Vol.2, No.1 (August 1994), pp.55–66.

Tony Bovaird, "Public-Private Partnerships: From Contested Concepts to Prevalent Practice", International Review of Administrative Sciences, Vol.70, No.2 (June 2004), pp.199–215.

Tsuyoshi Maita, "Utilization of Open Data via Public-Private Cooperation in Tourism Sector", *Fujitsu Scientific & Technical Journal*, Vol. 54, No. 2 (April 2018), pp.9–15.

V.Grover et al., "The Effect of Service Quality and Partnership on the Outsourcing of Information Systems Functions", *Journal of Management Information*

Systems, Vol.12, No.4(March 1996), pp.89–116.

V. Gupta, Sushil, "Influence of Relationship Quality on IS/IT Outsourcing Success: Indian Vendors' Perspective", *Journal of Information Technology Management*, Vol.XXV, No.3(June 2014), pp.1–19.

Zou et al., "Identifying the Critical Success Factors for Relationship Management in PPP Projects", *International Journal of Project Management*, Vol.32, No.2 (February 2014), pp.265–274.

学位论文

程万高:《基于公共物品理论的政府信息资源增值服务供给机制研究》,博士学位论文,武汉大学,2010。

付建华:《关系契约视角的 PPP 项目治理机制研究》,硕士学位论文,西南交通大学,2018。

何寿奎:《公共项目公私伙伴关系合作机理与监管政策研究》,博士学位论文,重庆大学,2009。

刘欢:《数字治理时代政企合作机制研究》,硕士学位论文,浙江师范大学,2021。

田滨帆:《关系治理对 PPP 项目管理绩效影响的研究》,硕士学位论文,北京交通大学,2017。

田井夫:《公共信息服务供给中政府与通信运营商合作问题研究》,硕士学位论文,天津师范大学,2015。

王增忠:《公私合作制的理论与应用》,博士后学位论文,同济大学,2008。

夏义堃:《公共信息资源的多元管理体制研究》,博士学位论文,武汉大学,2005。

杨壮:《基于公私合作伙伴关系价值的指标体系及评价方法研究》,硕士学位论文,重庆大学,2017。

应飞虎:《信息失灵的制度克服研究》,博士学位论文,西南政法大学,2002。

赵莉:《我国公共部门信息增值产业培育机制研究》,博士学位论文,武汉大学,2015。

Xavier R.Lopez, "The Impact of Government Information Policy on the Dissemination of Spatial Data: A North American-European Comparative Study", *Doctoral Dissertation of University of Maine*, 1996.

会议文献

G.Hodosi et al., "Important Factors in IT Outsourcing Relationship, A Model Development and Verification in Major National Companies", *18th Americas Conference on Information Systems (AMCIS 2012)*, August 9-11, 2012.

Paul Miller et al., "Open Data Commons, A License for Open Data", *CEUR Workshop Proceedings*, April 22, 2008.

Sharon S.Dawes et al., "Challenges of Treating Information as a Public Resource: The Case of Parcel Data", *Proceedings of the 39th Hawaii International Conference on System Sciences*, January 4-7, 2006.

Temesgen A.Weseni, Richard T.Watson, Salehu Anteneh, "A Review of Soft Factors for Adapting Public-Private Partnerships to Deliver Public Information Services in Ethiopia: A Conceptual Framework", *Proceedings of the 12th AFRICON International Conference*, September 14-17, 2015.

研究报告

Kan Chen, *ATIS Practices in Europe and North America: A Report on Comparative Analysis*, Washington, DC: U.S.Department of Transportation, 2002.

Lisa Burgess, *Real-time Traveler Information Services Business Models: State of the Practice Review*, Washington, DC: Federal Highway Administration, 2007.

Mark Hallenbeck, *Choosing the Route to Traveler Information Systems Deployment: Decision Factors for Creating Public/Private Business Plans*, Washington, DC: ITS America, 1998.

Rick Schuman, Eli Sherer, *ATIS U. S. Business Models Review*, Washington, DC: U.S.Department of Transportation, 2001.

Vehicle Information and Communication System Center, *VICS Evolution 1990-2010*, Tokyo: Vehicle Information and Communication System Center, 2010.

政策文件

《关于规范政府和社会资本合作合同管理工作的通知》(财金[2014]156号)。

《关于加强信息资源开发利用工作的若干意见》(中办发[2004]34号)。

《关于进一步扩大和升级信息消费持续释放内需潜力的指导意见》(国发[2017]40号)。

《关于开展政府和社会资本合作的指导意见》(发改投资[2014]2724号)。

《关于印发政务信息系统整合共享实施方案的通知》(国办发[2017]39号)。

《关于在公共服务领域推广政府和社会资本合作模式的指导意见》(国办发[2015]42号)。

《商会协会行业信用建设工作指导意见》(整规办发[2005]29号)。

《政府采购竞争性磋商采购方式管理暂行办法》(财库[2014]214号)。

《政府和社会资本合作项目政府采购管理办法》(财库[2014]215号)。

《中华人民共和国统计法》(中华人民共和国主席令第十五号)。

《中华人民共和国政府信息公开条例》(国务院令第711号)。

《贵阳市政府数据共享开放条例》(贵阳市人大字[2017]4号)。

《贵阳市政府数据共享开放实施办法》(贵阳市人民政府令第55号)。

《关于授权贵阳块数据城市建设有限公司运营政务云平台及提供政府数

据服务的通知》(筑府办发[2017]24号)。

《山东省环境保护厅 山东省财政厅关于推广全省城市环境空气质量自动监测站TO模式工作的通知》(鲁环发[2012]48号)。

European Parliament, European Council, *Directive 2003 /98/EC of the European Parliament and of the Council of 17 November 2003 on the Reuse of Public Sector information*, Official Journal of the European Union, No. 345 (November 2003).

U.S.A.Congress, *H.R.2458-E-Government Act of 2002*, Congressional Record, Vol.148(2002).

报纸文章

黄蕾:《建设模式不同决定了用处不同》,《中国计算机报》2006年12月11日。

贾英姿:《科学合理界定政府在PPP中的角色和责任》,《中国证券报》2015年11月23日。

王学鹏:《环境监测改革创新的山东实践》,《中国环境报》2017年10月18日。

王紫:《投资数千万的“数字北京信息亭”成街头垃圾》,《人民政协报》2010年4月12日。

徐丽红:《财政承受能力论证为PPP装上“安全阀”》,《中国财经报》2015年4月18日。

网络资料

艾瑞咨询:《2018年中国互联网产业发展报告》,2018年1月24日,见http://www.199it.com/archives/680283.html。

高新民:《政府信息资源的再利用》,2004年9月1日,见http:// www.

ciia-eg.org.cn/meeting/gaoxinmin_beijing.ppt。

国家测绘地理信息局:《2017 中国地理信息产业报告》,2017 年 9 月 8 日,见 https://www.sohu.com/a/190684251_335896。

国家互联网信息办公室:《数字中国发展报告(2020 年)》,2021 年 7 月 2 日,见 http://www.cac.gov.cn/2021-06/28/c_1626464503226700. htm。

国家民政部:《2017 年社会服务发展统计公报》,2018 年 8 月 2 日,见 http://xxzx.mca.gov.cn/article/dzzw/201212/20121200390090. shtml。

国家信息中心:《2017 中国信息社会发展报告》,2017 年 11 月 26 日,见 http://www.sic.gov.cn/News/566/8728. htm。

国脉研究院:《政务数据资源体系建设白皮书》,2016 年 6 月 1 日,见 http://www.echinagov.com/report/53098. htm。

李斌:《政企合作模式下综合交通信息服务共享应用》,2014 年 7 月 2 日,见 http://www.tranbbs.com/news/cnnews/news_136524. shtml。

王枫云:《美国地方政府首席数据官制度及其功能》,2019 年 5 月 13 日,见 http://www. cssn. cn/skjj/skjj _ jjgl/skjj _ xmcg/201905/t20190513 _ 4884325. shtml。

王守清:《PPP 在中国——内涵、现状与发展趋势》,2018 年 6 月 16 日,见 https://www. pmreview. com. cn/index. php/Home/zlzz/zlzz2/id/5998/cate _ id/9. html。

中国信息通信研究院:《中国大数据发展调查报告 2018》,2018 年 6 月 6 日,见 http://www.199it.com/archives/733576. html。

中国信息协会《政府信息资源的管理与立法》课题组:《政府信息资源的管理与立法》, 2000 年 4 月 15 日, 见 http://www. doc88. com/p - 90594047206. html。

中为智研:《中国咨询业发展研究报告》,2016 年 12 月 4 日,见 http://www.sohu.com/a/120616130_321122。

Open Government Working Group, "The 8 Principles of Open Government Data", https://opengovdata.org/.

OpenKnowledge Foundation, " Open definition ", http://opendefinition.org/od/2.1/en/.

World Wide Web Foundation, "Open Data Barometer (Third Edition)", http://www.opendatabarometer.org.

责任编辑:高晓璐
封面设计:徐　晖

图书在版编目(CIP)数据

政府信息资源开发中的公私合作研究/范丽莉 著. —北京:人民出版社,
2023.2
ISBN 978 - 7 - 01 - 025122 - 6

Ⅰ.①政…　Ⅱ.①范…　Ⅲ.①国家行政机关-信息管理-研究-中国
Ⅳ.①B630.1

中国版本图书馆 CIP 数据核字(2022)第 182261 号

政府信息资源开发中的公私合作研究
ZHENGFU XINXI ZIYUAN KAIFA ZHONG DE GONGSI HEZUO YANJIU

范丽莉　著

人民出版社 出版发行
(100706　北京市东城区隆福寺街 99 号)

北京九州迅驰传媒文化有限公司印刷　新华书店经销

2023 年 2 月第 1 版　2023 年 2 月北京第 1 次印刷
开本:710 毫米×1000 毫米 1/16　印张:18
字数:276 千字

ISBN 978 - 7 - 01 - 025122 - 6　定价:66.00 元

邮购地址 100706　北京市东城区隆福寺街 99 号
人民东方图书销售中心　电话 (010)65250042　65289539